Jón Gnarr, 1967 in Reykjavík (Island) als Sohn eines Polizeibeamten geboren. Mit 19 Jahren schrieb er seinen ersten Roman. Bekannt wurde er als Bassist einer Punkrockband; er wirkte in mehreren Filmen mit. Bei der Kommunalwahl 2010 erzielte seine Partei »Besti flokkurinn« die meisten Stimmen. Das Bürgermeisteramt bekleidete er bis zum Sommer 2014. Er selbst bezeichnet sich weiterhin als Anarchist.

Tina Flecken (Übersetzung Teil I) wurde 1968 in Köln geboren. Nach mehrjähriger Tätigkeit als Verlagslektorin übersetzt sie Prosa und Lyrik aus dem Isländischen.
Betty Wahl (Übersetzung Teil II) wurde 1965 geboren. Nach ihrer Schulzeit verlagerte sie ihren Lebensmittelpunkt allmählich in Richtung Island. Seit 2001 ist sie als Literaturübersetzerin und als Dozentin für Alt- und Neuisländisch tätig und pendelt zwischen Reykjavík und Frankfurt am Main.

JÓN GNARR

INDIANER UND PIRAT

KINDHEIT EINES BEGABTEN STÖRENFRIEDS

UNTER MITARBEIT VON
HREFNA LIND HEIMISDÓTTIR

AUS DEM ISLÄNDISCHEN VON
TINA FLECKEN UND BETTY WAHL

TROPEN SACHBUCH

Tropen
www.tropen.de
Die Originalausgaben erschienen unter dem Titel
»Indjáninn« (Teil I) und »Sjóræninginn« (Teil II)
im Verlag Forlagið, Reykjavík.

Printed in Germany
Umschlag: Herburg Weiland, München
unter Verwendung eines Fotos von © Jón Gnarr
Foto von Jón Gnarr (S. 1) © Hördur Sveinsson
Gesetzt in den Tropen Studios, Leipzig
Gedruckt und gebunden von CPI – Clausen & Bosse, Leck
ISBN 978-3-608-50141-4

Bibliografische Information der Deutschen Nationalbibliothek:
Die Deutsche Nationalbibliothek verzeichnet diese Publikation
in der Deutschen Nationalbibliografie; detaillierte bibliografische
Daten sind im Internet über <http://dnb.d-nb.de> abrufbar.

EINIGE WORTE VORAB

Wahrscheinlich fragen sich viele, ob dieses Buch eine Biografie oder ein Roman ist. Es ist beides. Es ist nicht gänzlich wahr, aber auch nicht vollkommen erfunden. Ich meine, dass Lügen das größte Hindernis in der geistigen Entwicklung des Menschen sind. Aber ich schmücke Vieles aus. Ich schreibe aus dem Gedächtnis. An Einiges erinnere ich mich nicht mehr und bin deshalb auf die Erinnerungen anderer angewiesen.

Ich hoffe, für dieses Buch den richtigen Ton gefunden zu haben. Er begann Mitte Juni 2006 in mir zu klingen. Vorher dachte ich, der Lärm in mir wäre mein Ton, doch im Grunde überdeckte er nur den wirklichen Ton. Wenn man seinen wahren Ton gefunden hat, erkennt man das daran, dass die Seele in seinen Klang einstimmt.

Es wäre schade, wenn dieses Buch und das darauffolgende als Biografien gelesen würden. Sollte irgendeine Bibliothek das Buch unter Sachbüchern einsortieren, werde ich mich beschweren. Warum? Weil Memoiren Fiktion sind. Jede Erinnerung ist Fiktion. Unser Gehirn ist der größte Täuschungskünstler im Universum. Zwei Menschen können unterschiedliche Erinnerungen an dasselbe Ereignis haben.

Ich möchte, dass man bei diesem Buch weint. Ich möchte auch, dass man lacht. Aber das ist keine Pflicht.

TEIL EINS
INDIANER

Im Anfang schuf Gott den Himmel und die Erde. Die Erde aber war wüst und leer. Finsternis lag über dem Abgrund, und der Geist Gottes schwebte über den Wassern.

Da sprach Gott:

»Es werde Licht!«

Und es ward Licht.

Das war am 2. Januar 1967, mittags um kurz nach zwölf. An diesem Tag bin ich offiziell entstanden. Davor gab es nichts, und ich war nur ungeformte Materie im Bewusstsein des Universums, ein schlafender Tropfen in einem Meer ohne Wasser, in einer Ewigkeit ohne Zeit.

Mein Zustandekommen war für die Familie ein harter Schlag. Mama war 45 Jahre alt. Papa war 50. Sie fühlten sich zu alt für ein Baby. Und damals war so etwas sehr ungewöhnlich. Mama schämte sich. Sie versuchte zwar nicht direkt, ihre Schwangerschaft zu vertuschen, ging damit aber auch nicht offen um. Ich war die Folge eines unbedachten Augenblicks in einer lauen Frühlingsnacht bei Flókalundur am Barðaströnd, etwa dort, wo einst der Landnehmer Raben-Flóki an Land gegangen war. Er hatte dieses Land Island genannt. Mich nannten sie Jón Gunnar. Jón nach meinem Großvater und Gunnar zu Ehren meiner Tante Gunna.

Der errechnete Geburtstermin fiel auf den Neujahrstag. Also wurde eifrig spekuliert, ob ich vielleicht das erste Baby des Jahres würde und zusammen mit Mama auf einem Foto in die Zeitung käme. Davon wollte Mama jedoch nichts wissen. Sie war überhaupt nicht darauf aus, mehr Aufmerksamkeit zu erregen als nötig. Also versuchte sie, die Wehen hinauszuzögern.

Die Ärzte bereiteten sie darauf vor, dass ich aufgrund ihres hohen Alters wahrscheinlich geistig behindert auf die Welt käme. Sie empfahlen ihr eine Fruchtwasseruntersuchung, damals ein ziemlich gefährlicher Eingriff, der das hohe Risiko einer Fehlgeburt mit sich brachte. Mama wollte davon nichts wissen. Ärzten vertraute sie sowieso nicht, sondern nahm die Dinge, wie sie kamen, und zwar ohne Gejammer oder großes Trara. Mama hasste Unaufrichtigkeit und Drückebergerei. Durch eigene, bittere Erfahrung hatte sie gelernt, gelassen zu bleiben. Und sie hatte ebenfalls gelernt, dass der leichteste und angenehmste Weg nur selten der richtige ist. Und da sie nun mal schwanger war, würde sie dafür auch die Verantwortung übernehmen und das Kind zur Welt bringen und großziehen, behindert oder nicht.

Meine Geburt war für meine Familie ein weiterer Schlag. Behindert bin ich zwar nicht. Doch nach der Geburt sahen sie sich mit einer anderen, niederschmetternden Tatsache konfrontiert: Ich bin rothaarig. Der Schock hätte nicht größer sein können, selbst wenn ich schwarz auf die Welt gekommen wäre.

Papa ist dunkelhaarig. Mama ist blond. Alle meine Geschwister sind braunhaarig. Niemand in der Familie hat rote Haare. Niemand. Schon seit unzähligen Generationen nicht.

Oma Anna äußerte sofort den Verdacht, dass das nicht mit rechten Dingen zugegangen sein könne. Sie konnte Rothaarige noch nie leiden. Für sie waren Rothaarige die Zigeuner des Nordens, Menschen zweiter Klasse, die allenfalls als Haifischköder taugten. Sie hatte im Leben noch keinen ehrbaren und anständigen Rothaarigen getroffen. Rotschöpfe waren Diebe. Von Natur aus.

Das sorgte für reichlich Gesprächsstoff und allerlei Gemunkel. Die Leute begannen, die Vaterschaft anzuzweifeln.

– Jaja, witzelte Papa, sieht tatsächlich so aus, als hätte ich an dem Jungen überhaupt nicht mitgewirkt.

Oma fand das überhaupt nicht komisch.

– Vielleicht hättest du mal ein bisschen öfter zu Hause sein sollen!

Oma Anna hat mich nie wirklich akzeptiert. In ihren Augen war ich ein Bastard, ein schwarzes Schaf inmitten einer blütenweißen Herde, ein hässlicher Schandfleck im Familienalbum. Wenn mich jemand lobte oder bewunderte, brummelte sie gerne:

– Intelligent mag er ja sein, und ansehnlich ist er auch, das lässt sich nicht leugnen ... Aber er ist und bleibt nun mal ein Rotschopf!

Das neue Haus ist fertig, und wir sind gerade eingezogen. Es ist groß, riecht nach Feuchtigkeit und frischem Beton.

Ich drücke meine Nase an die ungestrichene Wand und atme diesen unverkennbaren Geruch ein. Er wird zu einer Erinnerung, die sich in mein Gedächtnis brennt. Vierzig Jahre später ist diese Erinnerung noch immer lebendig, und sobald ich einen Neubau betrete, ist das Gefühl wieder da.

Das Wohnzimmerfenster ist mit Plastikplane abgedeckt. Fast überall fehlen noch die Türen. Auch draußen ist alles ziemlich chaotisch, Gräben und Schotterwege und halbfertige Häuser. Manche sind schon bewohnt, andere noch im Rohbau und mit Gerüsten verkleidet. Zwischen den Häusern warten leere Grundstücke auf ihre Bebauung. In manchen Erdlöchern sammelt sich Wasser wie nach einem Bombenangriff. Bei anderen liegt schon das Betonfundament, aus dem dunkle Eisenstäbe ragen. Dazwischen überall Betonmischmaschinen und Bauwagen.

Unser Haus ist ein zweistöckiges Reihenhaus aus Beton, das Endhaus in einer Zeile von dreien. Vor dem Haus ist ein Parkplatz. Wir haben die Hausnummer eins. Im Souterrain gibt es noch eine Zweizimmerwohnung mit eigenem Eingang vom Garten aus. Diese haben Papa und Mama vermietet.

Unsere Wohnung ist groß. Zuerst kommt man in eine geräumige Diele. Gleich rechts befinden sich eine kleine Abstellkammer und eine große Küche mit einem Fenster zur Straße. Geradeaus geht es in unser riesiges Wohnzimmer, und von da aus in einen Fernsehraum mit vielen Bücherregalen. Hinter dem Wohnzimmer liegt eine große Vorratskammer, in der die Kühltruhe steht. Von dort führt eine Treppe ins Kellergeschoss, wo es einen weiteren Vorratsraum gibt. Das Wohnzimmer hat einen Südbalkon mit Aussicht über das ganze Fossvogur-Tal und rauf bis nach Kópavogur. Der Balkon hat zwei Zugänge, einen vom Wohnzimmer und einen vom Elternschlafzimmer.

Links von der Diele geht es in einen langen Flur mit einem großen Einbauschrank. Auf der einen Seite liegen zwei Schlafzimmer mit Fenster zur Straße. Das erste ist das Zimmer meiner Schwester Eyrún und dient nach ihrem Auszug als Telefonzimmer. Zwischenzeitlich wird es dann Oma Guðrúns Zimmer, die eine Weile bei uns wohnt, während sie auf einen Platz im Altersheim wartet. Und daneben, am Ende des Flurs, liegt das Zimmer von Oma Anna. Sie wohnt ein paar Jahre bei uns, bis zu ihrem Tod. Danach wird aus ihrem Zimmer mein Zimmer.

Neben meinem Zimmer ist ein großes Bad mit Badewanne und Waschbecken und einer Nische für die Waschmaschine. Das Bad hat kein Fenster, nur eine Luke in der Decke, die hinauf auf den Dachboden führt.

Gegenüber am Ende des Flurs ist das Elternschlafzimmer. Es ist das größte Schlafzimmer in der Wohnung und hat eingebaute Kleiderschränke. Dort bei Mama und Papa schlafe ich während der ersten Jahre. Über der gesamten Wohnfläche erstreckt sich ein großer, leerer Dachboden. Das Haus steht mitten auf einer uneingezäunten Wiese.

Ich habe drei Geschwister, die alle viel älter sind als ich. Mein Bruder Óskar ist bei meiner Geburt schon 25 und längst von zu Hause ausgezogen. Dann habe ich noch zwei Schwestern: Anna Stína ist 20 Jahre älter als ich und lebt in Norwegen, und Eyrún ist zwölf Jahre älter.

Wir sind eine durchschnittliche isländische Familie. Mama ist Hausfrau und arbeitet nebenher in der Küche des Städtischen Krankenhauses. Sie ist als jüngstes von acht Geschwistern in Reykjavík geboren und aufgewachsen. Opa war gelernter Maurer, konnte aber aus Krankheitsgründen nicht lange in seinem Beruf arbeiten. Er litt an Rheuma und war, als ich auf die Welt kam, schon lange tot. Mama hat mir von ihm erzählt, seine Finger seien so verkrümmt gewesen, dass er sie nicht mehr bewegen konnte. Oma Anna, Mamas Mutter, war Hausfrau. Nachdem ihr Mann ausgefallen war, sprangen Mamas Geschwister ein und brachten die Familie durch. Sie wohnten alle zusammen in einer winzigen Wohnung im Þingholt-Viertel. Mamas ältere Brüder verdienten sich hier und da ein paar Kronen und organisierten Lebensmittel für die Familie, meistens Fisch, den sie den Fischern unten am Hafen abkauften.

Papa kam im Großen Frostwinter von 1918 zur Welt. 1918 war für die Isländer und die Weltbevölkerung überhaupt ein schweres Jahr – ein Jahr, in dem hier unter anderem die Spanische Grippe grassierte und 300 Isländern das Leben kostete.

Papa war im Westen Islands geboren und aufgewachsen, als eines von sechs Geschwistern. Sein Vater war Bauer und Postbote. Seine Mutter war Oma Guðrún.

Ich habe diesen Opa nie kennengelernt. Genau wie mein anderer Opa starb er lange vor meiner Geburt. Er hatte Tuberkulose und lag monatelang im Lungensanatorium von Vífilsstaðir. Doch schließlich wurde er wieder ganz gesund und machte sich an einem milden Sommertag im Jahr 1954 auf in Richtung Westen. In Stykkishólmur besorgte er sich eine Überfahrt nach Brjánslækur, doch auf dem Weg über den Breiðafjörður kenterte das Boot und versank im Fjord. Wrackteile hat man nie gefunden. Danach zog Oma nach Reykjavík zu ihren Kindern.

Papa war Anfang zwanzig, als er in die Stadt kam. Er wollte Schauspieler werden und schrieb sich in der Schauspielschule ein, doch weil er kein Geld hatte, musste er das Studium wieder aufgeben. Er konnte weder das Schulgeld aufbringen noch sich etwas zu essen kaufen. Bei der Polizei suchten sie zu dieser Zeit gerade Leute, und da er gesund und kräftig war, wurde er sofort eingestellt.

Vierzig Jahre lang war er Polizist und meldete sich keinen einzigen Tag krank. Aufgrund seiner politischen Gesinnung – er war überzeugter Kommunist – brachte er es bei der Polizei jedoch nie zu etwas Höherem. Er ging in den Straßen von Reykjavík auf Streife, schlug sich mit Randalierern herum, nahm Unfälle zu Protokoll und erledigte alles, womit andere nichts zu tun haben wollten. Zum Schluss wurde er – pro forma – zum Wachtmeister ernannt und durfte im Präsidium an der Pforte sitzen. Schließlich war er, nachdem er sich jahrzehntelang in miserablem Schuhwerk für den Staat die Hacken wundgelaufen hatte, auch nicht mehr gut zu Fuß. Später entschädigte ihn der Staat immerhin dadurch, dass er ihm ein funkelnagelneues Hüftgelenk spendierte.

Das Leben zu Hause verläuft in ruhigen, festen Bahnen. Wenn ich morgens aufwache, ist Papa schon aus dem Haus. Er kommt erst am späten Abend zurück und schaut die Nachrichten. Später, wenn er wieder ausgeruht ist, unterhält er sich manchmal noch ein bisschen mit mir.

Er weiß so viel, und es gibt so vieles, was ich wissen will. Wir schauen zusammen *Neues aus Wissenschaft und Technik*, und dann erklärt er mir alles, was ich nicht verstanden habe.

Mama weiß nichts. Das ist ihr auch völlig egal. Sie will überhaupt nicht wissen, wie ein Flugzeug funktioniert oder warum Schiffe nicht sinken, obwohl sie so schwer sind.

Sie redet mit mir in kurzen, klaren Sätzen. Wenn Papa nicht zu Hause ist, frage ich Mama manchmal nach Dingen, die ich nicht verstehe.

– Keine Ahnung, frag deinen Vater, lautet ihre Standardantwort.

Aber Papa ist nach der Arbeit meistens viel zu müde. Er muss schließlich jeden Tag arbeiten, und manchmal auch nachts. Ab und an hat er sogar an Weihnachten Dienst. Dann kommt er nur kurz nach Hause, um etwas zu essen, und muss dann gleich wieder weg.

Wenn Papa sehr müde ist, habe ich oft das Gefühl, dass er überhaupt nicht hört, was ich sage, obwohl ich direkt vor ihm sitze. Er ist mit seinen Gedanken oft ganz woanders.

Gunni hat mich mal gefragt, ob mein Vater taub sei. Er war nämlich mal mit seinem Vater zu Hause im Garten, als Papa und ich dort vorbeikamen. Gunnis Vater grüßte ihn, aber Papa antwortete nicht. Da rief Gunnis Vater noch mal, diesmal lauter, aber Papa reagierte immer noch nicht.

Er ist nicht taub. Mama hat ihn erst kürzlich zum Hörtest geschleppt. Papa ist nicht taub. Er ist bloß geistesabwesend.

Außerdem verwechselt Papa oft Leute. Manchmal sieht er in der Zeitung eine Todesanzeige und glaubt, ein Freund oder Verwandter sei gestorben.

Auch wie jemand heißt, kann er sich nie merken. Manchmal redet er meine Freunde mit falschen Namen an. Ich habe genau drei Freunde. Sie heißen Gunni, Stebbi und Anton und wohnen alle in unserer Straße. Papa hat sie schon oft getroffen, aber für ihn heißen sie alle Siggi. Dabei habe ich gar keinen Freund, der Siggi heißt.

Papa ist Kommunist, aber Mama wählt die Selbständigkeitspartei. Papa ist gegen die Selbständigkeitspartei. Für ihn sind das »die Konservativen« oder sogar »die Scheiß-Konservativen«. Die Konservativen sind die Feinde der Kommunisten und geben *Morgunblaðið* heraus.

Mama hat längst nicht so viel Interesse an Politik wie Papa. Ihr ist es völlig egal, wer mit wem verfeindet ist. Sie wählt die Selbständigkeitspartei einfach deshalb, weil schon ihre Mutter und ihr Vater und ihre ganze Familie das so gemacht haben. Bräuche und Traditionen sind ihr ungeheuer wichtig.

Wenn Mama einmal etwas beschlossen hat, lässt sie sich nur äußerst selten wieder davon abbringen und ist auch nicht bereit, darüber zu diskutieren. Sie interessiert sich einfach nicht für Veränderungen und neue Ideen und hat es am liebsten, wenn alles so bleibt, wie es schon immer war. Für ihre Mitmenschen interessiert sich Mama dagegen schon. Sie redet viel über andere Leute und stellt gerne Überlegungen an, warum sie dies und jenes tun oder lassen. Eine Klatschtante ist sie aber trotzdem nicht.

Mama hat über andere eine sehr klare Meinung. Entweder ist jemand in Ordnung, oder eben nicht. Dabei ist sie nicht überheblich und fragt nie nach Beruf oder Herkunft. Aber wenn sie über Unbekannte keine zuverlässigen Informationen hat, ist sie misstrauisch. Sie beurteilt die Menschen allein nach ihrem persönlichen Eindruck, und wenn das Urteil einmal gefallen ist, bleibt es in der Regel bis in alle Ewigkeit. Wenn Mama jemanden nicht leiden kann, besteht wenig Aussicht darauf, dass sie ihre Meinung noch einmal ändert. Und wenn sie mit Leuten aneinandergerät, redet sie einfach nicht mehr mit ihnen.

Mama macht sich die Dinge nicht unnötig kompliziert. Sie regt sich nicht weiter darüber auf, dass Papa Kommunist ist. Ab und zu unternimmt er den halbherzigen Versuch, sie in politische Diskussionen zu irgendeinem bestimmten Thema zu verwickeln, aber damit kommt er bei ihr nicht weit.

Mama liest dänische Zeitschriften. Ihre Freundinnen überlassen ihr ab und zu ganze Stapel davon. Ich finde diese Hefte todlangweilig. Nichts als Kochrezepte und Interviews mit Prinzessinnen oder Leuten, die in Dänemark berühmt sind.

Ich habe *Die Jugend* abonniert. Ich mag diese Zeitschrift, besonders die Comics. Manchmal kauft Mama mir auch ein Donald Duck-Heft. Donald Duck ist klasse. Er ist meine Lieblingscomicfigur. Er ist so wie ich. Er hat tolle Ideen, die dann zum Schluss doch in die Hose gehen. Donald ist ein anständiger Kerl, dem ständig irgendwelche Missgeschicke passieren. Genau wie mir. Er muss immer für Onkel Dagobert schuften. Trotzdem ist er chronisch pleite. Onkel Dagobert ist ein ausgemachter Geizkragen, aber zugleich auch äußerst nützlich, denn er hat einen Tresor voller Geld und lädt Donald und Tick, Trick und Track zu allerhand waghalsigen Abenteuern ein, in Länder, die vielleicht noch nie ein Mensch betreten hat, wenn nicht gleich bis in den Weltraum. Ich bin mir absolut sicher, dass ich später mal so werde wie Donald Duck.

Papa hat zwei Zeitschriften abonniert. Eine davon ist der *Polizei-Anzeiger*. Ein todlangweiliges Blatt. Darin stehen vor allem Artikel über Verkehrsthemen und Interviews mit Polizisten über irgendeinen Stumpfsinn. Alle Fotos sind von Polizisten, die Geburtstag haben oder einen Pokal in irgendeiner Sportart gewonnen haben, meistens im Schwimmen.

Die andere Zeitschrift heißt *Sowjet-Nachrichten*. Die lese ich manchmal, obwohl ich kein Wort verstehe. Darin steht nämlich lauter komisches Zeug, zum Beispiel Meldungen wie: »Neue Traktoren nach Nischnewartowsk«. Daneben ein Foto von mit Traktoren beladenen Eisenbahnwaggons und fröhlichen, fahnenschwenkenden Menschen.

Die Leute auf den Fotos in dieser Zeitschrift sind immer fröhlich und haben immer Fahnen in der Hand. Manchmal gibt es auch Bilder von Militärparaden, bei denen die Soldaten feierlich durch die Straßen marschieren. So, als hätten sie in der Sowjetunion immer Nationalfeiertag. Anton hat gesagt, die Sowjetunion ist ein schreckliches Land, und die Fotos von dort sind alle gefälscht. Er sagt, wenn man nicht immer fröhlich seine Fahne schwenkt, kommt der Geheimdienst und nimmt einen mit, dann foltern sie dich und schicken dich ins Arbeitslager nach Sibirien, wo es entsetzlich kalt ist, weil da immer Winter herrscht und es keinen Sommer gibt.

Anton weiß ziemlich viel. Aber alles weiß er auch nicht. Zum Beispiel hat er mal erzählt, dass Mädchen keinen Pimmel hätten.

– Und womit pinkeln sie dann?, fragte ich.

Er dachte nach und zuckte dann mit den Schultern.

– Mit dem Po, glaube ich.

Ich fand das seltsam. Aber ich traute mich nicht, Mama danach zu fragen. Mama redet nicht gern über so was. Und auf die Idee, Papa zu fragen, kam ich erst gar nicht.

In unserer Straße wohnen zwei Mädchen, die nicht doof sind. Als ich die eine mal draußen beim Seilspringen sah, ging ich zu ihr und fragte sie.

– Womit pinkeln Mädchen eigentlich?

Sie starrte mich an, als wäre ich der dümmste Junge, der ihr je begegnet war.

– Anton sagt nämlich, Mädchen pinkeln mit dem Po, fügte ich hinzu.

– Der Toni Trainingshose?

– Ja.

– Mädchen pinkeln doch nicht mit dem Po! Bist du total bescheuert?

– Mit was pinkeln sie dann?

– Mit der Scheide.

Darauf sauste ich auf schnellstem Weg zu Anton, um mein neu erworbenes Wissen mit ihm zu teilen.

– Sie pinkeln mit der Scheide.

– Mit der Scheide?

– Ja, erklärte ich und klang wie einer, der sich auskennt.

– Und was ist das?

Das wusste ich auch nicht. Ich rannte zurück, aber da war das Mädchen nicht mehr da.

Manchmal bekommt Papa Bilder zugeschickt, auf denen irgendwelche Männer drauf sind. Große Bilder in breiten Rahmen. Die Kerle gucken immer ziemlich grimmig, tragen schwarze Kleidung und oft auch schwarze Hüte. Und sie sind alt. Ich weiß, dass diese Leute die Chefs in der Sowjetunion sind.

Wenn solche Bilder in der Post sind, gibt es zwischen meinen Eltern jedes Mal Ärger. Papa will die Bilder zu den Familienfotos im Wohnzimmer hängen. Mama ist strikt dagegen.

– Warum denn nicht?

– Weil das nicht in Frage kommt. Darum.

– Darf ich nicht mal ein Bild aufhängen, das man mir geschenkt hat?

– Nein.

– Darf ich es dann vielleicht ins Fernsehzimmer hängen?

– Erst recht nicht.

– Und warum nicht?

– Weil das lächerlich ist.

– Lächerlich? Was ist denn daran lächerlich?

– Wenn dir das nicht selber klar ist, habe ich auch keine Lust, mit dir darüber zu diskutieren.

– Dieses Bild ist ein Geschenk.

– Hör auf mit diesem hirnverbrannten Gewäsch! Du wirst dieses Bild hier nicht aufhängen, und damit basta.

Mama hat immer das letzte Wort. Sie hat hier das Sagen. Und da Papa die Porträts nicht ins Wohnzimmer hängen darf, kommen sie nach unten in den Keller. Da hängen sie nun, die Herren Gromyko, Breschnew, Chruschtschow und Stalin, und tauschen vielsagende Blicke aus.

Mama zieht mir den Matschanzug an.

– Gehen wir auf den Spielplatz?, fragt sie.

Ich nicke. Der Spielplatz ist ein Ort mit Klettergerüsten und einem Zaun drumherum. Da gibt es Schaukeln und eine Wippe und einen riesengroßen Sandkasten mit Baggern aus Stahl, auf denen man sitzen und Sand schaufeln kann. Auf dem Platz spielen Kinder.

Ich trage eine rote Matschhose und ein blaue Matschjacke. Mama zieht mir noch schwarze Stiefel, eine Mütze und Handschuhe an, dann gehen wir los.

Auf dem Spielplatz regnet es immer. Mama bringt mich oft hin und lässt mich da. Mir gehört dort alles: die Schaukeln und die Wippe und die Hütte. Die anderen Kindern dürfen mit allem spielen, aber nur, wenn sie mich vorher um Erlaubnis fragen. Wenn ein Kind spielt, ohne um Erlaubnis zu fragen, ziehe ich es an den Haaren, bis es heult.

Mir gehört auch ein Junge auf dem Spielplatz. Er heißt Ragnar. Der Junge muss nicht um Erlaubnis fragen, weil er mir gehört.

Einmal sind Ragnar und ich vom Spielplatz abgehauen. Wir haben am Zaun Autoreifen aufgestapelt und sind rübergeklettert, als die Frauen nicht hinsahen. Dann rannten wir weg und verliefen uns. Überall waren Autos. Erst fing Ragnar an zu heulen, und dann ich. Da schloss ich die Augen und legte mich einfach auf den Bürgersteig. So was haben wir nie wieder gemacht.

Manchmal gehe ich in den Raum, wo sich die Frauen aufhalten. Sie sitzen rum und rauchen. Wenn ich reinkomme, putzen sie mir die Nase, und ich kriege einen Zuckerwürfel.

Ich nehme vor Mama Reißaus. Sie ruft nach mir, aber ich antworte nicht. Sie ist doof, und ich will nicht mit ihr zusammen sein, deshalb renne ich, so schnell ich kann. Ich will mich verstecken und suche nach einem guten Versteck. Mama ruft wieder. Es gibt keinen Ort, an dem man sich verstecken kann, nur große Straßen und Autos.

Ich renne auf die Straße. Ein großes Auto hupt so laut, dass ich zusammenzucke. Ich habe es gar nicht bemerkt, es war auf einmal da. Ich hüpfe auf eine Verkehrsinsel. Die Autos rasen auf beiden Seiten an mir vorbei, und ich kann nicht über die Straße zurücklaufen. Sie kommen unentwegt von vorne und hinten, wohin ich mich auch drehe. Ich sitze fest. Und ich habe Angst.

Ich schaue immer wieder nach rechts und nach links. Die Autos dröhnen in rasendem Tempo vorbei. Ich fange an zu weinen. Niemand unternimmt etwas. Den Autos sind kleine Jungen wie ich völlig egal. In meinem Kopf dreht sich alles, ich presse die Augen zusammen und lasse mich ins Gras fallen. Das Gras riecht gut. Aber es riecht auch nach Benzin. Aus der Ferne höre ich Mama rufen.

– Bleib ganz still liegen!

Langsam und ruhig sinke ich ins Gras und in den Boden, tief hinunter in die Erde, zu den Würmern. Ich summe, und die Geräusche um mich herum verstummen.

Jemand berührt mich an der Schulter. Es ist ein Mann.

– Alles in Ordnung mit dir, Junge?

Ich sage nichts, will nichts sagen. Ich will meine Ruhe haben und mich wieder berappeln. Ich habe Angst.

Der Mann ist stark. Er hebt mich hoch und nimmt mich auf den Arm. Bei ihm fühle ich mich sicher. Er trägt mich über die Straße. Die Autos fürchten sich vor ihm und bremsen. Alle Autos gehören ihm, und er bestimmt über sie.

Auf der anderen Straßenseite wartet Mama. Sie ist ganz anders als sonst, nicht müde und trübsinnig, sondern aufgeregt und hat Tränen in den Augen. Ich finde es schön, das zu sehen.

Ich trage meine Sonntagskleidung, die Mama mir angezogen hat, und darüber die Jacke. Wir sitzen im Wartezimmer, und ich lese in meinem Heft. Ein intensiver und ungewohnter Geruch liegt in der Luft, beißend, süßlich und steril. Ich weiß nicht, woher dieser Geruch kommt. Vielleicht aus einem Schwimmbad?

– Jón bitte!, sagt die Frau.

Mama bedeutet mir, zu gehen. Ich stehe auf und schlendere durch einen Flur, finde dort aber niemanden. Hier riecht es genauso. Ich gehe wieder zurück und in den anderen Flur.

Ich versuche, eine Tür zu öffnen, aber sie ist abgeschlossen. Als ich mich suchend umschaue, sehe ich, dass mich ein Arzt beobachtet, aber er sagt nichts. Ich sage auch nichts, gehe in sein Zimmer und setze mich auf einen Stuhl. Er schließt die Tür und setzt sich mir gegenüber.

Ich vertiefe mich in mein Heft. Es ist ein Indianer-Heft. Ich kann nicht lesen, aber ich schaue mir die Bilder an und studiere sie ausgiebig. Die Indianer spionieren die Cowboys aus. Die Indianer sind gut, und die Cowboys sind böse.

– Willst du deine Jacke nicht ausziehen?, fragt der Arzt.

Mir ist warm. Ich schlüpfe aus der Jacke, ohne von dem Heft aufzuschauen, und lasse sie auf den Boden fallen.

Der Arzt heißt Einar. Er ist nett, aber seltsam. Immer, wenn ich etwas sage, denkt er darüber nach und schreibt etwas in sein Buch. Ich weiß nicht, was er schreibt. Vielleicht eine Geschichte. Vielleicht eine Geschichte über einen Jungen wie mich, der frech zu seiner Mutter ist. Vielleicht versteht er mich ja und begreift, dass ich nicht böse bin. Oder bin ich doch böse? Manchmal ziehe ich andere Kinder an den Haaren und bin frech zu Mama oder mache beim Spielen meine Sachen kaputt. Manchmal sind die Leute auch sauer auf mich und schimpfen mit mir, aber ich weiß meistens nicht, warum. Es gibt böse Männer, die kommen und ungezogene Jungen mitnehmen.

Oben im Regal steht ein Kran.

– Was ist das?, frage ich und zeige auf den Kran.

– Das ist ein Kran.

– Der ist ja komisch.

– Er ist aus Bilofix.

Ich betrachte den Kran. Bilofix ist ein Bausatz wie Lego. Er besteht aus Holzteilen mit Löchern drin und bunten Plastikschrauben, mit denen man die Teile zusammenbauen kann. Außerdem gibt es noch Räder. Ich habe schon mal mit Bilofix gespielt.

– Den will ich haben, sage ich.

Der Arzt steht auf, holt den Kran und gibt ihn mir. Der Kran ist super. Er hat eine Schnur, die man hochkurbeln kann, wenn man an einem Rad dreht, aber einige Schrauben sind lose. Ich schraube sie ab und an anderen Stellen wieder dran. Ich würde den Kran gerne auseinander- und wieder zusammenbauen. Manchmal baue ich etwas aus Lego, zum Beispiel ein Haus, und schmeiße es dann auf den Boden, sodass es auseinanderkracht. Aber das ist nicht schlimm, weil Lego nicht zerbricht und man immer wieder etwas Neues bauen kann. Bilofix ist genauso, Meccano auch, aber Meccano ist aus Metall.

Der Kran fällt auseinander, und ich kriege ihn nicht wieder zusammengebaut. Außerdem verheddert sich die Schnur immer, aber das ist nicht schlimm. Ich habe nichts kaputt gemacht. Das weiß ich, weil Einar nicht sauer ist. Er schaut mich nur forschend an und schreibt etwas in sein Buch.

Ich wickle die Schnur um die Holzteile und werfe alles auf den Boden. Dann nehme ich das Blatt, das zu dem Bilofix gehört. Darauf sind Anleitungen und Bilder, aber das ist mir alles zu kompliziert.

– Ich kann das nicht.

Einar steht auf, nimmt die Bilofix-Teile und legt sie in eine Kiste. Dann setzt er sich wieder und schreibt in das Buch.

– Deine Mutter hat mir erzählt, dass du nicht gerne mit anderen Kindern spielst?

Das stimmt. Es macht mir keinen Spaß. Ich bin lieber alleine, weil ich nicht weiß, was andere Kinder wollen. Sie nehmen meine Spielsachen und bringen alles durcheinander. Sie sind einfach nur seltsam.

Meistens werde ich ganz konfus, wenn ich mit anderen Kindern zusammen bin, und fühle mich unwohl. Manchmal bin ich so frustriert, dass ich anfange zu weinen. Ich habe Angst vor ihnen, obwohl sie nicht böse zu mir sind. Ich verstehe sie nur nicht, und sie verstehen mich auch nicht. Es ist, als sprächen wir nicht dieselbe Sprache. Sie sind besser als ich. Sie können alles Mögliche, was ich nicht kann, und werden nie ausgeschimpft, aber ich bin stärker als sie.

Kinder überrumpeln mich immer. Eigentlich finde ich sie gar nicht blöd und möchte nicht böse zu ihnen sein, aber wenn ich Angst kriege, reiße ich an ihren Haaren. Am liebsten wäre mir, sie würden gehen und mich in Frieden lassen.

– Warum willst du nicht mit ihnen spielen?, fragt er.

Ich weiß nicht, was ich sagen soll.

– Bist du so schüchtern, Jón?

Ich bin nicht schüchtern, aber ich habe Angst. Ich habe Angst vor Leuten, auch vor Einar, aber das sieht man mir nicht an. Ich will, dass er aufhört mit mir zu reden und mich anzuschauen. Ich will nach Hause in mein Zimmer. Ich will nicht ich sein, und ich will nicht hier sein. Am liebsten würde ich in mich hineinkriechen, immer weiter, ganz tief in mich hinein, wo mich niemand stört und niemand sauer auf mich ist.

Manchmal kurz vorm Einschlafen fühle ich mich ganz seltsam. Dann wird mein Daumen riesengroß, und ich krieche in ihn rein. In dem Daumen sind zwei Männer, die sich unterhalten. Sie sprechen leise, und ich höre nicht, was sie sagen. Sie bemerken mich nicht. Ich gehe an ihnen vorbei in einen langen Gang, die Treppe hinunter und dann über eine lange Leiter weiter nach unten. Nachdem ich durch einen anderen langen Gang gelaufen bin, komme ich am Ende zu einem Raum, der wie eine weiche Baumwollkugel ist. Ich schlinge die Arme um meinen Körper und lege mich auf den Fußboden. Und dann schlafe ich ein.

– Jón?

Plötzlich fängt es vor dem Haus an zu dröhnen, und der Boden vibriert.

– Was ist das?, frage ich.

– Was glaubst du denn, was es ist?, entgegnet der Arzt.

Ich weiß es nicht, vielleicht ärgert uns jemand. Vielleicht ist es ja der Teufel, der mich holen kommt. Der Teufel weiß über mich Bescheid. Er ist böse.

Einmal hat Mama mich ins Telefonzimmer gerufen. Sie gab mir den Hörer und sagte, da wolle eine Frau mit mir sprechen. Ich bekam Angst. Die Frau fragte mich, ob ich ungezogen sei. Ich verneinte, doch sie sagte, sie wisse alles über mich. Dann fragte sie mich, ob ich wisse, was mit bösen Jungen gemacht werde. Als ich darauf nichts sagte, meinte sie, der Teufel würde ungezogene Jungen wie mich holen und in einen schwarzen Sack stecken. Dann fragte sie, ob ich es darauf anlegen würde, dass der Teufel mich holen käme. Ich sagte Nein.

Nach dem Telefongespräch ging ich in mein Zimmer, konnte kaum mehr atmen und bekam nur noch Luft, indem ich gähnte. Ich wurde furchtbar müde und wollte in meinen Daumen kriechen.

Das Dröhnen geht weiter. Einar schaut mich abwechselnd an und schreibt in sein Buch.

– Das kommt aus der Ecke, sage ich.

Ich bin böse und hässlich. Vielleicht ist der Teufel gekommen, um mich zu holen. Vielleicht kommt er aus der Erde, und Einar ist ein Freund des Teufels. Vielleicht ist es Mama egal, wenn der Teufel mich holt. Vielleicht ist sie schon gegangen, und ich darf nie wieder zurück nach Hause. Ein schwerer Stein legt sich auf meine Brust. Ich bin schutzlos, ich habe mein Messer nicht dabei.

Jäh springe ich auf und lausche. Das Geräusch kommt aus der Heizung. Aus der Heizung in meinem Zimmer kommen manchmal auch Geräusche, aber eher ein leises Blubbern und nicht solcher Lärm. Dann begreife ich, was es ist. Jemand bohrt. Ich atme erleichtert auf und setze mich wieder.

– Hattest du Angst, Jón? Hattest du Angst vor dem Geräusch?

– Nee.

– Weißt du, wie alt du bist?

– Sechs.

– In welcher Schule bist du?

– Foxvox!

– Fossvogur?

– Ja, hab ich doch gesagt.

– Ist es schön in der Schule?

– Ja.

– Wie heißt deine Lehrerin?

– Kristín. Ich hab auch einen Schulranzen. Der ist rot, und vorne drauf ist ein Bild von einem Jungen, der steht vor einem Baum und gibt einem Mädchen einen Apfel.

– Ist das ein schöner Ranzen?

– Stebbi sagt, es ist ein Mädchenranzen.

– Wer ist Stebbi?

– Mein Freund.

– Du hast also doch Freunde?

Ich möchte nicht über dieses Thema reden, das finde ich doof. Lieber denke ich an den Geruch meines Schulranzens.

Ledergeruch ist mein Lieblingsgeruch. Ich mag meinen Schulranzen, weil man darin gut atmen kann. Manchmal stecke ich den Kopf rein und atme den Geruch ein, und dann geht es mir gut, aber manchmal riecht es auch nach dem Pausenbrot, das in dem Ranzen war.

Gerüche sind wichtig. Meine Schwester Eyrún ärgert mich manchmal, indem sie mich an Hirschhornsalz riechen lässt. Das riecht übel. Ich mag fast alle Gerüche, außer Kacke- und Pissegeruch von anderen und Gurken.

Gurkengeruch ist am allerschlimmsten. Davon wird mir schwindelig. Einmal wollte Mama mir ein Brot geben, auf dem Gurkenscheiben waren. Sie warf die Scheiben einfach weg und schmierte stattdessen Pastete auf das Brot. Aber ich roch es trotzdem. Gurken riechen so stark. Irgendwie grün und stachelig.

Auf dem Tisch liegen Papier und Filzstifte. Filzstifte riechen gut. Ich schnuppere gerne an ihnen. Aber man muss aufpassen, dass man sich dabei nicht anmalt. Rote Filzstifte riechen nach Apfelsinen.

Ich nehme ein Blatt und Farben und male ein Bild vom Teufel mit dem schwarzen Sack. Dann male ich noch ein Messer und eine Pistole, mit der man den Teufel umbringen kann. Wenn der Teufel kommt, töte ich ihn mit dem Messer.

– Was ist das?, fragt Einar und betrachtet das Bild.

– Der Teufel.

– Und wer ist das?

– So ein Typ.

– Kennst du ihn?

– Nee.

– Weißt du, wo er wohnt?

– Er ist ein Freund vom Schwarzen Mann.

– Und wer ist das?

Darüber möchte ich nicht reden. Es macht mich traurig, deshalb schweige ich lieber. Vielleicht verschwindet das alles, wenn ich nicht mehr darüber rede. Ich werde nicht über den Teufel reden. Ich möchte noch nicht mal an ihn denken. Und ich werde auf keinen Fall über den Buhmann reden.

Einar schaut mich forschend an. Ich wünschte, er würde das lassen. Ich möchte nicht, dass er mich sieht. Vielleicht kann er sehen, was ich denke. Mama sieht mir immer an, wenn ich etwas angestellt habe. Der Arzt denkt bestimmt darüber nach, was er mit einem so bösen und hässlichen Jungen wie mir machen soll.

Ich hole mir die Sachen aus der Spielzeugkiste und stelle sie auf den Tisch: ein großer Stier, Cowboy-Figuren, ein Löwe und ein Elefant. Der Stier greift alle Cowboys an und tötet sie. Er tötet auch den Löwen und den Elefanten und stößt sie mit den Hörnern vom Tisch. Ich stelle den Stier auf den Tisch und baue eine Festung um ihn herum, damit niemand ihn töten oder verletzen kann. Dafür verwende ich alle Gegenstände, die auf dem Tisch liegen.

Ich nehme das Telefon und baue aus der Schnur einen Zaun. Aus dem Telefonhörer tutet es, aber das stört mich nicht. Niemand darf den Stier verletzen. Der Stier passt auch auf sich selber auf und kann alle, die ihn töten wollen, mit den Hörnern aufspießen. Wenn der Teufel kommt, stößt der Stier ihn tot.

Nachdem der Stier sicher ist, blättere ich wieder in meinem Heft.

Einar schreibt etwas in sein Buch. Ich kenne das J. Das ist mein Buchstabe. Aber es ist schwierig, ihn zu schreiben, allerdings nicht ganz so schwierig wie R und S.

Stebbi kann schon lesen. Einmal hat seine Mutter auf die Buchstaben auf dem Kühlschrank gezeigt und uns gefragt, wie sie heißen. Ich wusste es nicht. Es gibt ja auch so viele Buchstaben. Aber Stebbi wusste es: A-D-M-I-R-A-L.

Einar geht in den Flur und ruft nach Mama. Sie unterhalten sich, aber ich höre ihnen nicht zu. Es ist mir egal, was sie sagen.

– Zieh jetzt deine Jacke an, sagt Mama.

Ich ziehe sie an, während ich mein Heft weiterlese.

Ich will nicht hier sein. Ich will gehen und meine Ruhe haben. Auf einmal sind wir draußen, und ich möchte da nie wieder hin.

Jón Gunnar war aufgrund von mangelnder Impulskontrolle und starker Rückzugstendenzen vor anderen Kindern bei mir zur Untersuchung. Er wirkt orientierungslos und handelt impulsiv, kann sich nicht lange auf eine Sache konzentrieren und ist sich seiner Umwelt nicht bewusst. Als Jón Gunnar, der mit seiner Mutter im Wartezimmer saß, aufgerufen wurde, ging er erst in einen falschen Flur und wollte dann in einen falschen Raum, bevor er in mein Büro kam. Er grüßte mich, ohne mich anzuschauen, und las in einem Indianer-Heft, das er mitgebracht hatte. Er trat einfach ein, ohne ein Gefühl für mich als fremde Person zu entwickeln, setzte sich an den Schreibtisch und las in seinem Heft. Er behielt seine Jacke an, und als es ihm nach kurzer Zeit zu warm wurde, frage ich ihn, ob er die Jacke nicht ausziehen wolle. Er las einfach weiter, schlüpfte dabei aus der Jacke und ließ sie neben sich auf den Boden fallen.

Nachdem er eine Weile in meinem Büro gesessen hatte, begann er sich umzuschauen, entdeckte etwas oben im Regal und sagte: »Ich will das haben«. Es war ein Kran aus Bilofix, mit dem er sich sofort beschäftigte. Obwohl der Kran ziemlich kompliziert war, zögerte Jón Gunnar nicht, ihn auseinanderzunehmen und daran herumzuschrauben. Schon nach einer halben Minute war der Kran nicht mehr wiederzuerkennen, die Schnur war verknotet, und der Kran drohte auseinanderzufallen. Da nahm Jón Gunnar die Schnur, wickelte sie um die einzelnen Teile und wollte sie zusammenbinden. Als ihm dies nicht gelang, ließ er den Kran einfach auf dem Boden liegen und schaute sich die Bilofix-Anleitung an, auf der verschiedene Vorlagen abgebildet sind. Er sagte: »Ich kann das nicht und das nicht und das nicht«, fand schließlich die einfachste Vorlage und sagte: »Das kann ich«. Er machte jedoch keine Anstalten, das Modell nachzubauen, ließ die Bilofix-Sachen auf dem Boden liegen und störte sich nicht daran, dass er darübersteigen musste, um mit etwas anderem zu spielen.

Als er auf dem Tisch mit Spielzeugtieren und Cowboys spielte, erklärte er mir, was gerade passierte. Er nahm einen Stier, der ein schreckliches Blutbad veranstaltete und alle anderen Tiere und die meisten Menschen tötete. Danach baute Jón Gunnar auf dem Tisch einen Schutzwall um den Stier. Dazu benutzte er alles, was es gab, unter anderem den Telefonhörer. Es kümmerte ihn nicht, dass es aus dem Hörer circa fünf Minuten lang laut tutete. Schließlich sagte er: »Ich lese mein Heft«, hockte sich hin und las circa zehn Minuten. Währenddessen versank er komplett in seiner eigenen Welt, vergaß alles um sich herum und schaute mich kein einziges Mal an.

Während der Sitzung malte er aus eigenem Antrieb ein Bild und sagte mir, das sei der Teufel. Ich wollte mehr darüber wissen, und er sagte, der Teufel sei ein Freund des Schwarzen Mannes. Im Lauf der Stunde, die der Junge bei mir verbrachte, konnte ich nur sehr begrenzt Kontakt zu ihm aufnehmen. Während der gesamten Zeit schaute er mich kein einziges Mal an und beachtete mich nicht. Als er ging, wirkte er noch genauso unzugänglich wie am Anfang.

(Landeskrankenhaus, Psychologische Abteilung der Kinderklinik 03.07.73)

Ich ging raus und sammelte große Steine. Dafür musste ich mehrmals gehen, weil sie so schwer waren. Die Steine stapelte ich erst an der Hausecke auf und brachte sie dann heimlich ins Haus, einen nach dem anderen, ohne dass Mama es mitbekam. Ich war mir sicher, dass sie mir das verbieten würde. Ich legte jeweils mehrere Steine in meine Liverpool-Tasche und wickelte meine Jacke darum, brachte sie dann in mein Zimmer und versteckte sie im Schrank.

Nachdem ich alle Steine ins Haus getragen hatte, ging ich wieder raus und sammelte Brennmaterial. Ich füllte die Liverpool-Tasche mit Holzstücken und Papiermüll. Anschließend holte ich die Steine aus dem Schrank, legte sie auf dem Boden in einen Kreis und die Holzstücke und das Papier in die Mitte.

Ich baute eine Feuerstelle wie die Indianer in den Western. Es würde gemütlich sein, im Bett zu liegen und am knisternden Lagerfeuer Donald Duck zu lesen. Mama wäre bestimmt begeistert, wenn sie es sähe. Papa würde sich vielleicht mit mir ans Lagerfeuer setzen, wenn er von der Arbeit nach Hause kam. Wir könnten auch runter zum Fluss gehen, ich würde ein paar Lachse angeln, und die würden wir dann über dem Feuer grillen.

Ich bin ein Indianer. Ich bin im Indianerclub. Mama will mir keine Indianerkleidung nähen, weil sie wegen der Gicht in ihren Fingern nicht mehr näht. Immerhin habe ich ein Messer und ein Stirnband mit Federn, das ich im Spielzeugladen in Grímsbær gekauft habe. Es ist wunderschön: ein braunes Plastikband, das über die Stirn läuft und hinten von einem Gummi zusammengehalten wird. Das Plastikband reicht bis hinter die Ohren und hängt dort herunter.

Auf dem Band sind alle möglichen Muster, und darin stecken bunte Federn, die an der Stirn nach oben ragen und an den Seiten auf die Schultern hängen. Es sind Federn, wie Häuptlinge sie haben.

Das Messer ist echt – groß und eindrucksvoll – und steckt in einem Etui, das wunderbar nach Leder riecht. Papa nennt es Dolch. Aber es ist ein Indianermesser, ein richtig echtes Indianermesser, made in USA. Ein Messer ist das Einzige, was Indianer brauchen. Alles andere kann man ihnen wegnehmen. Sie können genauso gut normale Kleider tragen wie andere Leute, aber ihr Messer vergessen sie nie. Sie brauchen es, um sich zu verteidigen, zu schnitzen und zu jagen.

Als das Lagerfeuer fertig war, schlich ich aus dem Zimmer. Mama telefonierte gerade. Ich schlenderte ins Wohnzimmer, nahm das große Tischfeuerzeug vom Tisch und steckte es in die Tasche. Dann ging ich zurück in mein Zimmer und entzündete das Lagerfeuer.

Das Feuer brauchte eine Weile. Erst brannte das Papier, doch dann fraßen sich die Flammen in das Holz, und im Handumdrehen entwickelte sich ein höllischer Brand. Und Rauch. Meine Augen brannten und tränten, als sich das Zimmer mit Qualm füllte. Hustend rannte ich in den Flur. Mama beendete das Telefonat hastig und kam angelaufen. Der Rauch quoll durch meine Zimmertür.

– Was zum Teufel hast du da gemacht, Junge?!

Als Papa einige Zeit später nach Hause kam, wusste ich, warum. Ich wusste auch, was nun käme, und bekam einen Knoten im Hals. Ich versuchte, tief zu atmen, bekam aber keine Luft.

Es ist schlimm, den Hintern versohlt zu bekommen. Ich versuchte, mich an meinem Bett festzukrallen und den Po von ihm wegzudrehen, aber er war stärker als ich. Er klemmte mich unter den Arm und legte mich über seine Knie.

Tränen liefen mir übers Gesicht, mein Herz hämmerte, als

wollte es sich aus meiner Brust losreißen und wegrennen, zur Bücherei rennen und sich dort hineinsetzen oder den ganzen Weg bis zu Tante Salla laufen.

Ich schlug mit Armen und Beinen um mich und schrie wie ein zum Tode Verurteilter:

– Ich mach es nie wieder! Ich mach es nie wieder, ich mach es nie wieder!

Meine Schule heißt Foxvox-Schule. Es fällt mir schwer, still zu sitzen. Nach einer Weile muss ich mich bewegen oder die Sitzposition ändern. Es fällt mir auch schwer, nicht reden zu dürfen, wann ich will.

Aber in der Kuschelecke ist es gemütlich. Da setzt sich die ganze Klasse rein, wir hocken auf weichen Kissen, und die Lehrerin spricht mit uns und stellt uns Fragen. Ich rede gerne und erzähle lustige Geschichten. Manchmal habe ich mich nicht im Griff und muss einfach drauflosquatschen. Ich falle anderen ins Wort und plappere gerne Worte nach, die andere gesagt haben, aber ich sage sie ein bisschen anders. Außerdem macht es mir Spaß, zu reimen. Wenn jemand ein komisches Wort sagt, reime ich darauf ein anderes.

Die meisten Reimworte sind Quatsch, aber nicht alle. Wenn jemand »Baum« sagt, dann sage ich vielleicht »Traum«. Manche Worte wiederhole ich immer wieder, weil es einfach Spaß macht, ihren Klang zu hören. Das Wort »Milchbubi« ist zum Beispiel toll. Ich könnte es endlos wiederholen.

Meine Lehrerin sagt, das sei dumme Alberei. Sie findet es gar nicht witzig, wenn ich reime oder Worte nachplappere. Sie findet mich nicht lustig und denkt, ich würde sie veräppeln, aber das tue ich nicht. Ich weiß nicht, warum ich das mache. Die Worte klingen immer wieder in meinem Kopf, setzen sich fest, und ich werde sie nur los, indem ich sie laut ausspreche. Aber weil das bescheuert ist, tue ich so, als mache ich absichtlich einen Witz.

Ich erfinde auch Worte, die es nicht gibt oder die nichts bedeuten. *Djaridosta* ist eins davon, *Splundrens* ein anderes. Ich sage sie manchmal, wenn ich nicht weiß, was ich antworten soll. Es ist besser, witzig zu sein als dumm.

Manchmal stellt die Lehrerin Fragen, auf die niemand die Antwort weiß, außer mir. Das macht Riesenspaß.

– Kinder, wisst ihr, wie man Schmetterlinge vor der Verpuppung nennt?

Ein paar Kinder melden sich. Ich auch.

– Puppen?

Die Lehrerin schüttelt den Kopf.

– Maden?

– Nein.

Endlich werde ich drangenommen. Die Lehrerin schaut mich an und nickt.

– Planierraupen.

Alle fangen an zu lachen. Es macht mir Spaß, Worte zusammenzumixen und Blödsinn zu produzieren. Die Lehrerin lächelt und nickt. Sie heißt Svandís und ist sehr streng. Manchmal kneift sie mich, wenn ich frech bin. Ich versuche, sie möglichst nicht zu ärgern.

Zu Beginn meiner Schulzeit dachte ich, ich müsste sterben. Mama musste mich jeden Morgen hinbringen, weil ich nicht gehen wollte. Ich hatte solche Angst. Doch nach und nach fühlte ich mich wohler. Ich lernte andere Kinder kennen und merkte, dass sie nett waren, aber es gab auch ein paar ältere Jungen, die gemein waren und mich in der Pause ärgerten. Sie liefen mir manchmal auf dem Nachhauseweg hinterher und nannten mich Rübenkopf.

Manchmal prügeln wir uns, aber dabei schlägt niemand richtig zu. Das sind nur Rangeleien. Ich möchte niemandem wehtun, außer wenn ich sehr wütend bin.

Nur einmal habe ich absichtlich einen Jungen aus der Schule verletzt. Der hat mich immer gehänselt, geschubst, mir im Schulflur ein Bein gestellt und mich Rübenkopf genannt. Er hat mich in den Pausen geärgert und ist mir manchmal nach Hause hinterhergelaufen. Er ist zwei Jahre älter als ich.

Kurz davor hatte ich mir beim Radfahren den Arm gebrochen. Ich hatte gerade einen Tacho bekommen und versucht, einen Geschwindigkeitsrekord aufzustellen. Ich fuhr so schnell einen steilen Hang hinunter, dass ich die Kontrolle über das Fahrrad verlor und gegen einen Laternenpfahl prallte.

Daraufhin musste ich in die Notaufnahme und bekam einen Gips.

Der Junge kam in der Pause zu mir und wollte den Gips anschauen. Als er ganz nah bei mir stand, schlug ich ihm den Gipsarm voll auf den Kopf.

Er fing an zu heulen. Er hatte mich schon so oft schlecht behandelt. Doch als er sich auf mich stürzen wollte, kam eine Lehrerin, packte ihn am Kragen und brachte ihn zum Direktor.

Kurz darauf kam sie zurück, um mich zu holen und auch zum Direktor zu bringen. Der Direktor verlangte, dass ich mich bei dem Jungen dafür entschuldigte, dass ich ihn geschlagen hatte, und von dem Jungen, dass er sich bei mir dafür entschuldigte, dass er mich gehänselt hatte. Er musste versprechen, es nie wieder zu tun, und er hielt sein Versprechen.

Ich muss oft zum Direktor. Die Lehrer bringen mich zu ihm, wenn sie nicht weiterwissen. Manchmal muss ich auch zu ihm, obwohl ich gar nichts angestellt habe. Aber das ist in Ordnung, denn der Direktor ist nett. Er schimpft mich nie aus, sondern spricht ganz ruhig mit mir. Manchmal gibt er mir auch Kakao oder einen Schokoriegel.

Einmal habe ich eine Lehrerin verletzt, aber das war aus Versehen. Da war ich noch klein. Ich versteckte mich und kletterte auf ein großes Regal über der Tür. Ich stellte mir vor, ich wäre ein Indianer, der in seinem Versteck lauert, und die Lehrerin wäre ein Cowboy, der mich töten würde, wenn er mich fände.

Die Lehrerin lief durch die ganze Schule und suchte nach mir und rief meinen Namen. Sie hatte lange, rabenschwarze Haare, die ihr bis zum Po reichten. Als sie durch die Tür ging, ließ ich mich auf sie fallen.

Ich weiß nicht, wie das genau geschah. Ich machte es einfach, ohne nachzudenken. Dabei wollte ich sie nur erschrecken, aber sie war viel schwächer, als ich gedacht hatte. Ich fiel erst auf sie und dann auf den Rücken. Im Fallen griff ich nach ihren Haaren, und wir stürzten beide zu Boden.

Ich verletzte sie so, dass sie eine Halskrause tragen musste, und der Direktor war wütend auf mich. Er sagte, sie hätte Glück gehabt, dass sie sich nicht das Genick gebrochen hätte. Die Sache tat mir so leid, dass ich sofort losheulte.

Ich mache oft Dinge, die ich später bereue. Ich weiß nicht, warum ich sie mache. Erst überlege ich mir was, und dann denke ich auf einmal nicht mehr, und plötzlich habe ich irgendwas angestellt. Und manchmal ist jemand sauer auf mich, und dann fange ich an zu weinen, weil es mir leidtut.

Als Ergebnis der Untersuchung lässt sich zusammenfassend feststellen, dass der Junge sehr intelligent und lebhaft ist und einen starken Unabhängigkeitsdrang hat. Trotz seines Bedürfnisses nach körperlicher und emotionaler Nähe zeigt der Junge zunehmend Angst vor Erwachsenen und entwickelt Widerstände gegen deren Dominanz. Jón Gunnar empfindet sich selbst als unzulänglich. Oft zweifelt er an seinen Fähigkeiten. Es mangelt ihm an emotionaler Anpassungsfähigkeit. Er hat Schwierigkeiten, seine Emotionen zu kontrollieren, und ist stets bestrebt, seine Triebe unverzüglich zu befriedigen. Jón Gunnar ist sich der Anforderungen seiner Umgebung bewusst, doch wenn diese mit seinen inneren Bedürfnissen kollidieren, kommt es zu Konflikten und Spannungen.

(Landeskrankenhaus, Psychologische Abteilung der Kinderklinik 05.09.73)

Fußballspielen finde ich schwierig und die Regeln kompliziert. Ich weiß immer erst, was ich machen soll, wenn es viel zu spät ist, und kann mich nie erinnern, wer zu meiner Mannschaft gehört. In der Pause mache ich lieber Schneeballschlachten oder spiele Fangen, habe aber trotzdem eine Liverpool-Tasche und bin Liverpool-Fan, allerdings eher, um überhaupt für Mannschaft zu sein.

Das Lernen fällt mir schwer, und die Lehrerin schimpft immer mit mir, weil ich den Unterricht störe. Manchmal trennt sie mich von den anderen Kindern, damit ich sie nicht störe, setzt sich zu mir und zwingt mich, zu lernen. Aber ich lerne trotzdem nicht viel. Das ist alles zu schwer.

Meine Schule ist eine offene Schule. Es gibt keine Klassenzimmer, sondern alle lernen gemeinsam in einem Raum oder gehen in die Kuschelecke. Die Lehrer vergeben keine Noten wie in anderen Schulen, sondern Kommentare. Man kann ausgezeichnet, tadellos oder befriedigend bekommen. Ausgezeichnet ist am besten. Dabei bedeutet ausgezeichnet eigentlich dasselbe wie tadellos, was aber früher anders war, da bedeutete ausgezeichnet am allerbesten. Ich bekomme in meinen Kommentaren nie ein A, sondern hauptsächlich Bs, und meistens steht daneben: Macht langsame Fortschritte, ist oft laut, stört andere.

Beim Lernen habe ich das Gefühl, zu ersticken. Wenn ich zum Lernen gezwungen werde, fühlt sich das genauso an, wie wenn ich gezwungen werde, etwas zu essen, das ich nicht mag.

Ich versuche mich davor zu drücken, zu Hause zu lernen, und erzähle Mama immer, ich sei mit den Hausaufgaben schon fertig. Manchmal glaubt sie mir oder hat keine Lust, mir hinterherzulaufen, aber manchmal muss ich im Wohnzimmer lernen, während sie neben mir sitzt, und darf erst gehen, wenn ich mit etwas Bestimmtem fertig bin.

Ich schreibe schlecht und kriege die Buchstaben nicht richtig hin. Außerdem finde ich es überhaupt nicht schön, mir anzuschauen, was ich geschrieben habe, weil es so hässlich und blöd ist. Ich kann nicht gerade schreiben, meine Schrift biegt sich immer nach unten und ragt sogar über die untere Linie.

Niemand in meiner Klasse schreibt so schlecht wie ich.

Jón Gunnar ist ein 6-jähriger Junge, dessen Eltern aufgrund von Verhaltensauffälligkeiten in der Psychologischen Abteilung Rat suchen. Sie bezeichnen ihn als extrem frech und unbeherrscht, er benutze obszöne Ausdrücke, kümmere sich nicht um seine Sachen, habe kein Zeit- und Raumgefühl und könne sich schwer konzentrieren.

Der Junge wirkt sehr selbstbewusst und stimmt bereitwillig ein, etwas für mich zu malen, jedoch ohne großen Erfolg, weil er seine Ideen nicht richtig umsetzen kann.

(Landeskrankenhaus, Psychologische Abteilung der Kinderklinik 20.09.73)

In meiner Schule gibt es keine Klausuren, aber stattdessen Tests. Wenn wir einen Grammatiktest haben, versuche ich, ihn so gut zu machen, wie ich kann. Aber ich mache trotzdem bei allem lauter Fehler, besonders bei den Wiewörtern und Umstandswörtern, aber auch bei allem anderen. Meistens versuche ich zu raten. Wenn ich etwas richtig mache, dann nicht, weil ich die Regeln beherrsche, sondern weil ich mich daran erinnere, wie das Wort aussieht, und manchmal rate ich auch einfach richtig.

Die meisten können das kleine Einmaleins, aber ich kann nur die Einer-, die Zweier- und die Zehnerreihe. Wenn ich Mathe lerne, ist es, als bestünden die Zahlen aus kleinen Männchen, die in verschiedene Richtungen laufen, wenn man sie anschaut.

Für mich gibt es nichts Langweiligeres auf der Welt als Mathe. Sogar langweiliger, als bei einer Beerdigung auf einer harten Bank zu sitzen, in viel zu engen Schuhen und Sonntagskleidern, die überall jucken und kratzen. Wenn ich Mathe lernen soll, habe ich das Gefühl zu ersticken, als wolle man meine Seele ertränken.

Die anderen meinen, ich würde nur nicht wollen, aber ich habe es versucht und kann es einfach nicht. Es ist nicht schön, nicht schreiben oder rechnen zu können. Das liegt nicht daran, dass ich faul bin. Es ist nicht schön, monatelang alleine in der Ecke zu sitzen und Minus zu lernen oder im Wohnzimmer mit Mama über den Büchern zu brüten. Es wäre viel leichter, es einfach zu lernen und dann rauszugehen und zu spielen.

Ich weiß genau, dass ich niemals das Einmaleins brauchen werde. Das ist für mich genauso unwichtig, wie zu wissen, wie viele Haare unterschiedliche Hunderassen haben oder aus welchem Stoff meine Kleider sind. Es ist, wie Telefonnummern auswendig zu lernen für den Fall, dass man sie irgendwann mal benutzen muss. Wenn ich wirklich etwas wissen muss, kann ich ja einfach jemanden fragen.

Ich möchte dabei sein, aber ich weiß genau, dass ich seltsam und anders bin. Ich bin in nichts gut, das etwas wert ist.

Ich fühle mich unwohl in meiner Haut, in meinem Inneren. Ich fühle mich so schlecht, dass mir die Tränen kommen, wenn ich daran denke. Und ich will nicht daran denken.

Alle haben früher oder später die Nase voll von mir. Das erkenne ich daran, wie sie mich anschauen, ich sehe die Erschöpfung in ihrem Blick. Mama hat die Nase voll von mir, die Lehrer haben die Nase voll von mir, und meine Freunde haben manchmal auch die Nase voll von mir. Dabei bin ich am müdesten von allen. Ich finde es nicht gut, so zu sein. In mir drin bin ich irgendwie zerknittert und komme damit nicht zurecht. Ich weiß nicht, was ich machen soll, und habe das Gefühl, mich in mir selbst verlaufen zu haben.

Ich bin eben so und mache niemandem etwas vor. Ich lege es nicht darauf an, ungezogen zu sein. Warum glaubt mir niemand? Wenn ich nicht lustig wäre, wäre ich einfach nur dumm, und niemand hätte Lust, mit mir zusammen zu sein. Ich will, dass sie mich mögen. Ich will, dass alles in Ordnung ist.

Einmal in der Woche haben wir Werkunterricht. Dann gehen wir in die große Schreinerwerkstatt, in der es alle möglichen Geräte und Werkzeuge gibt. Ich würde gerne lernen, wie man all diese Geräte bedient. Schreinern macht Spaß, und ich mag den Geruch von zersägtem Holz.

Es gibt so viele Dinge, die ich beim Schreinern noch lernen will. Wenn ich mir etwas aussuchen dürfte, würde ich ein cooles Schwert und einen Schild oder ein Indianerzelt bauen, aber in der Schule dürfen wir uns das nicht aussuchen. Wir lernen nichts über die Maschinen oder wie man richtig schreinert. Im Grunde dürfen wir gar nichts machen.. Wir sägen lediglich Tiere aus Sperrholz und dürfen uns aussuchen, ob es ein Pferd oder eine Kuh wird. Das macht schon Spaß, zumindest für eine Weile, weil wir dafür eine Bandsäge benutzen dürfen. Aber der Spaß ist von kurzer Dauer. Die meiste Zeit geht dafür drauf, das Tier mit Sandpapier zu schleifen. Das dauert endlos und ist todlangweilig. Man muss die Kanten gut schleifen, erst mit grobem Papier und dann mit feinem, und der Lehrer ist nie zufrieden.

Wenn wir mit Schleifen fertig sind, tragen wir ein braunes Beizmittel auf und befestigen das Tier auf einer Platte, damit es stehen kann. Am Ende brennt man mit einem speziellen Gerät seinen Namen in die Platte.

Ich weiß nicht, warum wir das machen sollen. Es ist einfach nur langweilig.

Das Einzige, was in der Schule wirklich Spaß macht, ist Turnen. Da machen wir Spiele und alle möglichen Übungen, klettern an Seilen hoch und springen über einen Bock. Am schönsten ist das Tarzan-Spiel. Da muss einer die anderen fangen, und man darf dabei den Boden nicht berühren.

Unser Sportlehrer ist im Volleyballverein. Er versucht mit allen Mitteln, uns die wundersame Welt des Volleyballs näherzubringen. Dabei ist das ein Mädchensport. Man darf nicht boxen oder schlagen, sondern nur pritschen. Das finde ich langweilig, und ich glaube, die meisten anderen Jungen finden das auch.

Nach der Turnstunde geht es in der Umkleide und in den Duschen meistens hoch her. Erst duschen die Jungen und dann die Mädchen. Wir schlagen uns mit Handtüchern und machen Blödsinn. Wir nehmen unsere Pimmel, ziehen sie hinter den Sack und pressen die Beine zusammen, dann sieht es so aus, als wären wir Mädchen.

Nach der Turnstunde wird viel gehänselt, was für die dicken Jungen am schlimmsten ist. Dóri Fettwanst wird regelmäßig fertiggemacht, den hänseln und kneifen immer alle.

Dóri ist neu nach Fossvogur gezogen. Er gilt als sonderbar und ist damit automatisch mein Freund. Manchmal wird er auch Dumbo genannt, weil es im Fernsehen eine Zeichentrickserie mit einem Elefanten namens Dumbo gibt.

Dóri ist nett. Seine Eltern sind geschieden, und er ist meistens alleine zu Hause, so wie ich. Wir hängen oft bei ihm rum und spielen Telefonstreiche.

Manche Jungen schämen sich, wenn sie nackt sind, die werden auch viel gehänselt. Sie halten sich die Hände vor den Pimmel und laufen ganz schnell in die und aus der Dusche. Manchmal klaut jemand ihre Unterhosen und wirft sie in die Dusche oder versteckt das Handtuch.

Manchmal läuft man Gefahr, seine Unterhose im Klo wiederzufinden, oder jemand nimmt sie und wirft sie in die Mädchenumkleide. Das ist äußerst demütigend, besonders wenn die Unterhose albern ist. Gummitarzan passiert das oft. Er ist eigentlich der Einzige, der immer von allen gehänselt wird.

Wenn wir beim Anziehen zu lange herumtrödeln, kommt die Duschaufsicht, eine Frau, schimpft mit uns und treibt uns an. Sie achtet auch darauf, dass wir nicht versuchen, die Mädchen in der Dusche zu beobachten.

Ich hänsele nie jemanden, aber ich sage auch nichts dagegen, wenn jemand gehänselt wird. Wenn ich mich einmische, werde ich nämlich selbst gehänselt. Alle werden irgendwann mal gehänselt, da reicht es schon, alberne Klamotten zu tragen oder ein albernes Handtuch dabeizuhaben.

Bevor ich vom Land, wo ich den ganzen Sommer verbracht habe, zurück nach Hause fahre, gehe ich in den Genossenschaftsladen. Dort kriegt man alles, was man sich nur vorstellen kann. Ich habe ein bisschen Geld und will etwas für Mama kaufen, aber das Einzige, was ich mir leisten kann, ist Nähgarn auf einem Pappdeckel. Trotzdem glaube ich, dass Mama sich darüber freuen wird. Sie hat einen ganzen Kasten voll verschiedener Nähgarne, aber die sind alle auf Rollen. So ein Garn, das in einem weißen Kuvert steckt, hat sie nicht. Ich möchte Mama eine Freude machen, weil sie immer so müde ist. Außerdem könnte sie traurig sein, weil ich nicht länger auf dem Land bleiben darf.

Ich glaube, man hat mich nach Hause geschickt, aber ganz sicher bin ich mir nicht. Es ist nur so ein Gefühl.

Der Hof steht ganz hinten in einem weitläufigen Tal auf einer Anhöhe. Durch das Tal fließt ein Fluss, und direkt gegenüber liegt ein anderer Hof, der nicht mehr bewirtschaftet wird. Dahinter ist ein großer schwarzer Berg, und unten am Fluss gibt es einen alten Damm. Etwas unterhalb unseres Hofes steht noch ein Hof, auf dem eine andere Familie wohnt. Ringsum sind steile Hänge und hohe Berge.

Das ist der Ort, den man »im Westen« nennt. Nicht weit entfernt liegen Bjarkalundur und Reykhólar. In Reykhólar war ich schon mal, da gibt es eine Algenfabrik mit großen Maschinen, die wie Traktoren aussehen und ins Meer fahren und die Algen ausreißen. In Bjarkalundur ist ein Hotel, in das Papa im Sommer immer fährt, aber ich war noch nie mit.

Die Bäuerin ist meine Tante. Sie ist sehr streng. In der Familie gibt es zwei Söhne namens Ingvi und Njörður. Ingvi ist genauso alt wie ich, aber Njörður ist ein Teenager. Er ist sehr gut in Sport und kann mit beiden Beinen gleichzeitig so hoch springen, wie er groß ist, ohne Anlauf zu nehmen.

Außer den beiden gibt es noch mehr Jungen, die wie ich den Sommer auf dem Hof verbringen.

Der Hof ist eigentlich ein normales Haus, in dem es sehr komisch riecht, wie nach Tieren. Vor dem Haus befindet sich ein hübscher Garten, in dem die Bäuerin Blumen pflanzt. Direkt gegenüber, auf der anderen Seite des Hofplatzes, liegen die Außengebäude: der Kuhstall, die Schafställe und die Scheune.

Auf dem anderen Hof wohnt ein Mädchen, das Helga heißt. Sie ist genauso alt wie ich und sehr nett, ganz anders als Mädchen sonst so sind. Die meisten sind zimperlich, aber Helga nicht. Eigentlich ist sie genau wie ein Junge, und es macht Spaß, mit ihr zu spielen.

Die Kinder auf dem Land spielen ganz anders als andere Kinder. Sie haben keine Action Man-Figuren und spielen stattdessen mit Schafhörnern und Knochen. Die Hörner sind Schafe. Wer ein nicht-gekennzeichnetes Horn findet, darf es behalten und es kennzeichnen, indem er Kerben hineinschneidet, so wie man es bei echten Lämmern macht.

Wenn ein Lamm auf die Welt kommt, wird ihm das Ohr eingeschnitten und auf eine bestimmte Weise eingekerbt. Daran erkennt der Bauer seine Schafe wieder. Man nennt das Schafmarke. Die Kinder kennzeichnen ihre Hörner mit denselben Schafmarken.

Die Kinder verwahren ihre Hörner im Winter drinnen auf. Im Frühling holen sie sie dann raus und werfen sie von einem Hügel, sodass sie sich auf einer großen Wiese verteilen. Später im Sommer gehen sie los und sammeln sie ein. Dann laufen sie über die Wiese, durchsuchen das hohe Gras und klauben ihre Hörner auf.

Wir spielen meistens an dem Hang zwischen den Höfen, wo es kleine Puppenhäuser und Zäune gibt. Es macht Spaß, so zu spielen. Ich könnte mich den ganzen Tag mit den

Spielzeughöfen beschäftigen, Wege anlegen, Häuser ausbessern und Zäune bauen. Zäune werden aus Holzstücken und Draht gemacht, und es ist eine Kunst, einen schönen Zaun zu bauen.

Die offizielle Währung am Hang sind die Samen der Geldblume, die eigentlich Kleiner Klappertopf heißt. Doch da alle Kinder genug Samen haben, weil die Blumen wild auf den Wiesen im Tal wachsen, sind sie im Grunde wertlos.

Ich teile mir einen Hof mit Helga. Wir sind ein Bauernpaar. Die Jungen ziehen mich auf und nennen uns Liebespaar, aber das sind wir nicht. Ein Junge hat mich sogar gezwungen, zu sagen, ich hätte Helga geküsst. Aber das stimmt nicht. Ich würde sie nie küssen. Lieber würde ich ein ganzes Glas warme Kuhpisse trinken, als ein Mädchen zu küssen. Wir sind nur ein Bauernpaar und versuchen, unseren Hof schön zu machen.

Doch es gibt auch alle möglichen anderen Spiele. Wir spielen Fangen und Verstecken und bauen Autos aus großen Zahnrädern. Die nageln wir an Bretter und schieben dann die Zahnräder mit dem Brett vor uns her, sodass sie sich drehen. Wir machen damit Hindernisrennen und wetteifern darum, so weit wie möglich auf den Misthaufen zu fahren, ohne einzusinken.

Auf dem Land muss ich zwar nicht viel arbeiten, aber mithelfen, beispielsweise bei der Hausarbeit. Am langweiligsten ist Staubsaugen. Ich werde immer ausgeschimpft, weil ich so schlecht staubsauge. Dabei versuche ich, es so gut wie möglich zu machen. Wenn ich fertig bin, kontrolliert die Bäuerin alles.

Wir müssen auch die Kühe treiben. Morgens nach dem Melken kommen sie auf die Weide und müssen abends wieder reingeholt werden. Wir wechseln uns damit ab. Wenn man Kühe treibt, benutzt man eine Reitgerte. Das ist ein

Stock mit einem Band dran, wie eine Peitsche. Dabei muss man die Kühe gar nicht schlagen, weil sie von selber laufen. Aber es ist toll, eine Gerte zu haben. Damit hat man eine gewisse Stellung, und es macht mehr Spaß als auszumisten.

Kühe sind schön. Sie sind immer entspannt und sehen aus, als würden sie furchtbar viel nachdenken. Allerdings bezweifle ich, dass sie an etwas anderes denken als Gras. Die Kühe sind die einzigen Tiere, um die wir uns kümmern müssen.

Im Sommer bleiben die Schafe in den Bergen. Man sieht sie nicht oft, außer wenn sie sich auf die Hauswiese schleichen. Dann müssen wir sie wieder den Berg hochtreiben.

Auf dem Hof gibt es auch viele Hunde. Der Bauer züchtet Hunde und verkauft sie. Er ist sehr streng mit den Hunden und bringt ihnen bei, gute Hütehunde zu werden. Seine Hunde sind sehr begehrt. Der beste Hund heißt Depill. Er ist so gut, dass er alles versteht, was man ihm sagt. Wenn Schafe auf die Hauswiese kommen, sagt der Bauer ihm, was er machen soll. Er hört geduldig zu und rennt dann los.

Der Bauer und die Bäuerin sind sehr gläubig. Sie glauben an Jesus Christus. Ich glaube nicht an ihn, aber sie beten ständig. Morgens müssen alle gemeinsam beten und abends das Vaterunser sprechen. Dann gibt es noch ein Tischgebet, bevor man anfangen darf zu essen. Während man es spricht, muss man die Augen schließen und den Kopf senken.

Auf dem Land ist es verboten zu fluchen. Wenn wir es trotzdem machen, müssen wir uns die Zähne mit Seife putzen. Am Anfang habe ich ein paarmal geflucht, aber schnell damit aufgehört.

Ich weiß nichts über Gott, bis auf das, was Oma mir über ihn erzählt hat. Sie hat gesagt, er sei sehr gütig, und wenn man an ihn glaube und brav sei, komme man in den Himmel, wenn man gestorben sei.

Anton sagt, es gebe kein Leben nach dem Tod, man verrotte nur in seinem Grab und werde von Würmern zerfressen. Ich weiß nicht, was wahr ist, finde es aber komisch, dass Gott sich, falls es ihn gibt, nie zeigt.

Jedenfalls habe ich noch nie so viel gebetet. Einmal mussten wir alle vor einem Bild von Jesus über dem Ehebett niederknien. Dann sprach der Bauer ein Gebet und bat Gott, den ständigen Regen zu beenden, damit sie Heu machen könnten. Er redete merkwürdig und benutzte Worte, die ich noch nie gehört hatte. Er sprach mit Gott, als wäre er sein Freund.

– Wir haben uns heute vor dir eingefunden, lieber Gott, weil wir ratlos wegen des Wetters sind. Du kennst unsere Herzen, oh Herr, und unser Leben und weißt, wie wichtig es für uns ist, das Heu einzuholen. Deshalb bitten wir dich, lieber Gott ...

In dem Moment fing ich an zu lachen. Ich versuchte mich zu beherrschen, schaffte es aber einfach nicht. Ich fand das alles so lächerlich. Sie waren stinksauer, und ich musste ganz lange alleine im Zimmer bleiben und bekam nichts zum Kaffee.

Auf dem Land wird vieles gegessen, was ich von zu Hause nicht kenne, zum Beispiel Quark vermischt mit Hafergrütze. Das schmeckt gar nicht schlecht. Zum Kaffee bekommen wir oft kleine Pfannkuchen, die aus Grützeresten gemacht werden. Die sind okay. Manchmal gibt es aber auch Sachen, die ich nicht runterkriege. Ich kann Seehase und sauer eingelegte Schafsinnereien nicht essen und finde Moossuppe ekelhaft. Biestmilch mag ich auch nicht, aber ich muss diese Sachen essen, wenn es sie gibt, und darf erst vom Tisch aufstehen, wenn ich aufgegessen habe. Zum Glück gibt es nie Gurken.

Einmal, als es Seehase gab, tat ich so, als wäre ich krank.

Da musste ich heißes Zuckerwasser trinken. Das ist das ekelhafteste Getränk, das ich je probiert habe.

Einmal musste ich auch eingelegte Schafsinnereien essen, das ist das ekelhafteste Essen, das ich je gesehen habe. Es besteht hauptsächlich aus Fett. Ich schnitt es in kleine Stücke, schob sie mir in den Mund und schluckte sie runter, ohne sie zu kauen oder etwas zu schmecken. Als ich fast fertig war, kotzte ich alles wieder aus.

Einmal in der Woche baden wir. Auf dem Hof gibt es kein warmes Wasser, und zum Baden wird Wasser in einem Topf heiß gemacht und in die Wanne gekippt.

Wir baden immer zu zweit nacheinander. Das Wasser ist so flach, dass es nicht bis über die Beine reicht. Als ich zum ersten Mal badete, war Ingvi dabei. Ich drehte ihm den Rücken zu, zog meine Pobacken auseinander und zeigte ihm mein Arschloch.

– Willst du Schokolade?

Ich wurde unverzüglich aus der Badewanne geholt und ins Zimmer verbannt.

– Das war doch nur Spaß!

– Flegeleien sind kein Spaß. Bleib jetzt hier sitzen und denk darüber nach. Bitte Gott, dir zu verzeihen und dich zu lehren, nicht ungezogen zu sein.

Ich bitte Gott um gar nichts. Ich habe ihn schon tausendmal gebeten, meine Haare zu verändern, damit ich nicht mehr rothaarig bin oder zumindest etwas hellere Haare habe. Darum hat er sich kein bisschen gekümmert. Er hört mir nicht zu. Ich glaube, Gott ist zu allen sehr anständig, außer zu mir. Und ich glaube auch, dass es ihm scheißegal ist, ob es auf dem Land regnet oder nicht.

Wenn die Bäuerin die Tür zuzieht, fluche ich leise, sodass sie es nicht hört.

Ich werde immer ins Strickzimmer gesperrt. Darin gibt es

nichts als eine große Strickmaschine, ein paar Spulen mit Wolle und alle möglichen unterschiedlichen Gewichte.

Einmal mussten wir alle mit zur Kirche wegen irgendeiner Zeremonie. Die Bäuerin zog uns halbe Ärmel und Kragen an, sodass wir, wenn wir unsere Jacken darüber trugen, aussahen, als hätten wir neue Pullover an.

Die Zeremonie war furchtbar langweilig. Wir mussten die ganze Zeit still sitzen. Ich war schon öfter in der Kirche gewesen, bei Beerdigungen. Die waren auch langweilig, aber diesmal war es anders. Jemand sprach laut und benutzte komische Worte. Die Leute wiederholten sie und riefen etwas zurück, standen auf und fuchtelten mit den Armen in der Luft herum.

Eine Frau, die direkt neben uns saß, fing sogar laut an zu weinen. Ich habe noch nie eine erwachsene Frau weinen sehen, außer Oma Anna, aber die war ja auch durcheinander.

Die Bäuerin saß neben mir und ließ mich nicht aus den Augen. Sie ist wie meine Lehrerin Svandís.

Am Ende ging Ingvi zu dem Mann, und der tauchte ihn in ein kleines Schwimmbecken. Anschließend gab es eine Feier, und dann gingen wir nach Hause.

Ich fragte Ingvi nach dieser Tauchsache. Er meinte, der Mann habe ihn in das Becken getaucht, richtig unter Wasser, und ihm gesagt, er solle wieder hochkommen, wenn er weiße Tauben sähe.

– Und hast du welche gesehen?, fragte ich.

– Nee, aber ich hab so getan als ob, sonst wäre ich ertrunken.

Nicht weit vom Hof liegt eine Schlucht. Da wird der ganze Müll hingebracht und verbrannt, und alte Sachen werden einfach in die Schlucht geworfen. Wir dürfen nicht hingehen, das ist streng verboten, aber ich schleiche mich trotzdem oft hin, wenn mich niemand sieht. Ich wühle gerne in altem Zeug herum. Dort brennt in einer großen Stahltonne ständig ein Feuer. Auf der gegenüberliegenden Seite der Schlucht baue ich kleine Festungen und Häuser aus Glasscherben. Anschließend gehe ich zurück auf die andere Seite und starte einen Luftangriff mit Steinen und trockenen Erdstücken, die mit einer Staubexplosion zerplatzen. Manchmal zündele ich auch.

Zwischen dem Müll liegt ein totes Schaf. Es hat ein Loch im Bauch, und darin wimmelt es nur so von Würmern. Ich habe die Würmer in eine Konservendose geschaufelt und sie ins Feuer gelegt. In der Dose blubberte und gärte es so lange, bis die Würmer platzten.

Vielleicht war ich ja zu anstrengend, und alle hatten die Schnauze voll von mir. Ich weiß es nicht. Ich begreife das immer erst, wenn alle sauer auf mich sind. Dann weiß ich, dass ich wohl etwas falsch gemacht haben muss. Wenn jemand traurig oder wütend ist, versetzt mir das einen Stich ins Herz, weil ich Angst habe, dass es meine Schuld ist.

Auf der Müllhalde gibt es große Haufen mit Reifen von Autos und Traktoren.

Es war nur ein Spiel. Ich nahm die Reifen und ließ sie den Hang runter ins Haff rollen. Erst die kleinen und dann die großen.

Es war unglaublich spannend, sie rollen zu sehen. Der Hang ist lang und steil, und die Reifen rasten hüpfend und springend in einem Wahnsinnstempo hinunter. Sie rollten sogar so weit in das Haff hinein, dass Wasser hochspritzte.

Zuletzt nahm ich die großen Traktorenreifen. Die waren am schwierigsten, aber es machte am meisten Spaß, sie rollen zu sehen.

Der Bauer war so wütend, dass ich dachte, er würde mich

schlagen. Ich hatte eine Riesenangst und fing vor allen Leuten an zu heulen.

Ich wollte nichts kaputt machen, das war nur ein Spiel. Ich hätte dem Bauern natürlich geholfen, die Räder wieder hochzubringen. Wenn ich wirklich etwas hätte kaputt machen wollen, hätte ich die Reifen doch erst angezündet, bevor ich sie den Hang runtergerollt hätte.

Ein paar Tage später teilten sie mir mit, ich müsse nach Hause fahren.

Endlich erreichen wir Reykjavík.

Die Stadt kommt mir verändert vor. Sie sieht anders aus, riecht exotisch, fremd und geheimnisvoll. Es gibt sogar Häuser, die ich vorher nie bemerkt habe. Ich habe das Gefühl, sehr lange weg gewesen zu sein, viele Jahre.

Papa holt mich am Busbahnhof ab. Er hat ein neues Auto. Er kauft nur Mazdas.

– Hallo, sagt er trocken.

– Hi.

Ich bin ihm gegenüber schüchtern. Außerdem wirkt er ein bisschen sauer.

– Man sagt nicht »Hi«, entgegnet er.

Ich setze mich auf die Rückbank. Im Auto riecht es neu, und die Sitze sind noch mit Plastik überzogen. Papa nimmt das Plastik nie ab, sondern lässt es nach und nach kaputt gehen. Hinten sind die Fenster abgerundet.

Wir schweigen. Ich fummele an dem Plastik herum und schaue aus dem Fenster.

Als mein Viertel auftaucht, fühle ich mich seltsam. Es ist, als wäre ich noch nie hier gewesen und hätte diese Häuser nur auf Bildern gesehen. Alles ist neu. Als ich wegfuhr, war Sommer. Jetzt ist Herbst. Die Bäume sind mehrere Meter gewachsen und vor lauter Laub nicht zu sehen. Neue Wiesen sind entstanden. Wo zuvor gefrorene Erde war, sind jetzt blühende Beete.

Zu Hause fühle ich mich wie ein Fremder. Ich habe das Gefühl, ich müsste mich ins Wohnzimmer setzen und um Erlaubnis fragen, wenn ich mir etwas aus dem Kühlschrank holen oder aufs Klo gehen will. Ich bin hier nicht mehr zu Hause.

Mama ist nicht sauer, aber auch nicht besonders glücklich. Sie lächelt müde und gibt mir einen Kuss.

– Willkommen zu Hause, mein Junge.

Ich gebe Mama das Geschenk. Sie bedankt sich, freut sich aber nicht so, wie ich es mir erhofft habe. Vielleicht hätte ich ein anderes Garn kaufen sollen, in einer anderen Farbe.

Mein Zimmer ist verändert. Es ist geputzt und aufgeräumt.

Ich setze mich auf mein Bett.

Es fällt mir schwer, zu atmen.

Ich will mehr über meine Eltern wissen und erfahre es durch Dinge, die ihnen gehören. Ich krame in Sachen herum und schaue in Schubladen, betrachte Fotos und lese Postkarten, weil mir niemand etwas erzählt. Wenn ich Mama frage, tut sie so, als erinnere sie sich nicht.

– Wie habt Papa und du euch kennengelernt?

– Ich weiß nicht mehr, das ist schon so lange her.

– Wo hast du früher gewohnt?

– Das habe ich dir doch schon erzählt.

Es ist, als wäre die Vergangenheit in Nebel gehüllt, als wollte sich niemand daran erinnern, was damals passiert ist. Wenn ich Papa frage, redet er meistens nur dummes Zeug, je nachdem, in welcher Stimmung er ist. Manchmal spricht er mit mir, als sei ich zurückgeblieben oder ein kleines Kind. Manchmal redet er auch einfach über etwas ganz anderes als das, wonach ich ihn gefragt habe. Das habe ich dann meistens schon mal gehört.

Es kommt vor, dass er meine Hand ganz fest in seine nimmt und mir mit der anderen über die Wange streicht, während er mir irgendeine langweilige Geschichte von früher erzählt, als er klein war, und wie arm alle waren und dass ihnen immer kalt war, besonders ihm. Er erzählt dieselben Geschichten immer wieder. Sie sind traurig und oft auch kitschig. Eine Geschichte handelt davon, wie Papa, als er klein war, zusammen mit seinem Bruder auf der Fensterbank Fliegen tötete. Anschließend gingen sie raus und sahen einen toten Vogel und fingen an zu weinen. Dann schaut er mir tief in die Augen.

Er hat mir diese Geschichte schon oft erzählt, aber ich verstehe nicht, was die Botschaft sein soll, und finde sie einfach nur bescheuert. Ich habe kein Problem damit, Fliegen zu töten.

Ich versuche, meine Hände hinter dem Rücken zu verstecken, damit er nicht danach greift, denn es ist mir unangenehm, wenn er mich so festhält. Das ist lächerlich. Er drückt meine Hand so fest, dass es wehtut.

Am schlimmsten ist es, Papa um Geld zu bitten. Manchmal brauche ich Geld, um etwas zu kaufen oder ins Kino zu gehen, aber dann frage ich lieber erst Mama.

Doch Mama hat nie Geld.

Ich kriege einen trockenen Mund, wenn ich Papa um Geld bitten muss. Manchmal geht es gut, und wenn er in der Stimmung dazu ist, gibt er mir etwas. Aber wenn er schlechte Laune hat, ist gar nichts gut.

Sobald ich in seine Nähe komme, streckt er den Arm nach mir aus. Ich gebe ihm meine Hand. Dann lächelt er mich sanft an, und ich habe das dumpfe Gefühl, dass er weiß, dass ich ihn um Geld bitten will, aber so tut, als sei ich wegen etwas anderem zu ihm gekommen. Vielleicht möchte er, dass ich ihm sage, wie lieb ich ihn habe, aber so was sagt man nicht zu seinen Eltern. Das machen nur kleine Kinder, und auch nur, wenn sie Süßigkeiten haben wollen.

Vielleicht hofft er, dass ich ihn bitte, mir eine Geschichte zu erzählen. Es ist, als müsse ich etwas für ihn tun, weil er sonst traurig ist. Das Ganze ist ein Theaterstück, und er hat es erfunden. Ein Theaterstück über den sorgenvollen, gutherzigen Vater und den hässlichen, undankbaren Sohn.

– Willst du dem Papa was sagen?

– Ja, murmele ich.

– Dann erzähl mir was Schönes.

– Kann ich Geld fürs Kino haben?, flüstere ich.

Da entgleiten ihm die Gesichtszüge. Damit hat er nicht gerechnet. Es ist, als hätte ich ihm einen nassen Lappen ins Gesicht geschlagen. Er ist enttäuscht und besorgt.

Erst seufzt er.

– Puh!

Ich schweige und schaue auf den Boden. Ich kenne die Fortsetzung.

Ich habe das Gefühl, dass meine Kinobesuche das ganze Familienleben auf den Kopf stellen, dabei gehe ich nur ungefähr einmal im Monat ins Kino. Nachdem wir eine Weile geschwiegen haben, scheint er sich wieder zu fangen und holt sein Portemonnaie heraus.

– Was kostet der Kinofilm?, fragt er.

Jetzt liegt Trauer in seiner Stimme. Ich habe ihn gekränkt.

Ich sage ihm, was es kostet. Er nimmt das Geld aus seinem Portemonnaie und legt es in meine Hand. Dann drückt er sie zu und lächelt dumpf.

Ich fühle mich, als hätte ich ihn beleidigt, es aber nicht geschafft, ihn richtig zu demütigen. Er ist gutherzig und gibt mir Geld, obwohl ich hässlich und böse bin.

So stehen wir eine Weile, und er lässt meine Hand nicht los, sondern drückt sie. Es ist, als legte sich ein schwerer Stein auf meine Brust, und ich kriege keine Luft mehr. Mein Bauch wird ganz heiß, und mir ist schwindelig, wie wenn er mich zwingt, etwas zu essen, das ich nicht mag. Am liebsten würde ich schreien: Hör auf, das tut weh!

Aber ich reiße mich zusammen.

– Ich brauche noch was für den Bus, nuschele ich.

Tränen steigen ihm in die Augen. Dann schüttelt er den Kopf, als sei er nicht nur enttäuscht, sondern auch erstaunt.

– Was kostet das?, fragt er.

Seine Stimme klingt unpersönlich, als spräche er mit jemandem, den er nicht kennt. Mit jemandem, der dazu noch langweilig und dumm ist. So redet Papa bestimmt mit den Verbrechern auf der Arbeit. Die Frage klingt so, als würde ein Entführer von ihm Lösegeld für einen guten Freund fordern.

Beschämt murmele ich den Betrag für das Busgeld. Ich fühle mich schlecht, als hätte ich ihn sehr verletzt. Schließlich gibt er mir das Geld, nimmt aber nicht meine Hand. Seine Augen sind traurig.

– Danke, sage ich leise und versuche, freundlich zu klingen.

Er zuckt mit den Achseln.

Ich finde es blöd, wenn Papa in dieser Stimmung ist.

Ich beschließe, ihn nicht auch noch um Geld für Süßigkeiten zu bitten.

Manchmal scheint er es zu bereuen, mich so behandelt zu haben. Aber nicht immer. Dann breitet er die Arme aus und umarmt mich und flüstert mir etwas ins Ohr, das ich nicht verstehe, dem ich aber trotzdem zustimme, etwas, das ich versprechen soll. Meistens soll ich versprechen, tüchtig zu sein oder nicht das ganze Geld auf einmal auszugeben.

Ich muss mich aus seiner Umarmung losreißen. Er murmelt die ganze Zeit etwas und streicht mir über die Wange. Ich lächle höflich, nicke und verspreche alles.

Aber oft habe ich ihn wirklich gekränkt, und er bleibt alleine und traurig sitzen, während ich ins Kino gehe.

Ich weiß nicht, was er eigentlich möchte, und vermute, dass es ihm nicht gut geht wegen seiner Arbeit und er niemanden hat, mit dem er reden kann. Vielleicht möchte er, dass ich ihn tröste. Vielleicht möchte er, dass ich mehr wie Anton bin, immer ruhig und brav und Polyesterhosen trage und mit ihm Händchen haltend spazieren gehe, so wie Anton mit seiner Mutter.

Ich kenne Papa, dennoch weiß ich nicht, wer er ist. Er kennt mich auch nicht wirklich. Er ist ganz selten normal zu mir, und ich spüre ihn kaum, wenn wir zusammen sind. Manchmal glaube ich, dass er mich nicht lieb hat. Er lobt mich nie für etwas und macht mich klein, wenn es niemand hört. Wenn es ihm schlecht geht, will er, dass es mir auch schlecht geht.

Alle anderen finden Papa nett. Manchmal erzählen mir fremde Leute, wie nett oder tüchtig er sei und wie froh ich sein könne, dass er mein Vater ist. Aber niemand kennt ihn so, wie er zu Hause ist. Vielleicht verändert er sich in dem Moment, wenn er nach Hause kommt. Draußen ist er immer gut gelaunt und freundlich. Am freundlichsten ist Papa zu Leuten, die er nicht kennt.

Manchmal kommt er zum Fußballplatz, um mich zum Essen zu holen. Dann versuche ich, ihm entgegenzulaufen, damit die anderen Kinder ihn nicht treffen.

Er sagt nicht »Fußballplatz«, sondern »Bolzplatz«, und nennt den Fußball »Leder«.

Die Kinder finden ihn lustig und nett, aber ich will nicht, dass er nett zu ihnen ist. Ich will, dass er nett zu mir ist.

Wenn ich fernsehe, liege ich meistens vor dem Gerät auf dem Bauch. Ich schaue immer nur mit einem Auge. Wenn das Auge müde wird, kneife ich es zu und schaue mit dem anderen Auge. Aber gestern hatte ich solche Bauchschmerzen, dass ich nicht auf dem Bauch liegen konnte. Außerdem war mir kalt, sodass ich mich mit einer Decke aufs Sofa legen musste. Ich kann den Fernseher nicht richtig sehen, wenn ich so liege, aber das war nicht schlimm, weil sowieso nichts Spannendes lief.

Ich schlief immer wieder ein und wachte wieder auf und dämmerte fast den ganzen Abend vor mich hin.

Als das Programm zu Ende war, stellte ich mich schlafend. Papa nahm mich auf den Arm und trug mich ins Bett. Das war schön. Er legte mich ins Bett und deckte mich zu.

– Gute Nacht, mein Junge, sagte er leise.

Manchmal ist Papa in Ordnung. Dann ist er entspannt und spricht mit mir und beantwortet meine Fragen, ohne mich vollzuquatschen. Dann hat er Lust, mit mir Schach zu spielen und mit mir Gedichte zu lesen. Einmal fuhr er sogar mit Gunni und mir nach Þingvellir. Wir zelteten und angelten.

Wenn er nach Hause kommt, ist er oft müde, und dann gehe ich ihm auf die Nerven. Seine Arbeit ist schwer. Polizisten müssen so viel machen, was andere nicht machen wollen. Ich habe Mama und ihre Freundinnen darüber sprechen hören. Er muss mit betrunkenen Männern reden, die so sind wie der Vater von Gummitarzan, und Banditen jagen. Manchmal muss er auch Leuten helfen, die einen Unfall hatten, und Menschen transportieren, die gestorben sind. Einmal stürzte sich ein Mann vom obersten Stockwerk des Städtischen Krankenhauses. Mama wusste es, weil sie gerade arbeitete.

Dann kam die Polizei, um den Mann zu holen, und Mama

sah, dass Papa dabei war. Ich weiß das, weil ich gehört habe, wie sie Tanta Salla davon erzählt hat.

Papa redet nie über so was. Er versucht einfach, es zu vergessen.

Papa hat lauter Polizeisachen. Handschellen und einen Knüppel und sogar eine echte Pistole. Er ist der beste Pistolenschütze bei der Polizei und hat sehr viele Pokale. Einmal durfte ich mit zu einem Wettbewerb. Die Männer standen alle in einer Reihe, hatten Ohrenschützer auf und schossen auf eine Zielscheibe. Papa gewann.

Einmal, als ich alleine zu Hause war, klaute ich seine Handschellen und spielte damit. Wenn sie einrasten, machen sie ein komisches Geräusch: Klick, klick, klick. Und wenn man sie dann ganz zuschiebt, springen sie wieder auf.

Doch ich fesselte mich aus Versehen mit den Handschellen. Ich wollte sie nur einrasten lassen und die Hand dann wieder rausziehen, schloss sie aber aus Versehen zu fest und kam nicht mehr raus. Das andere Ende hatte ich dummerweise an der Heizung festgemacht, sodass ich gefangen war.

Ich hockte viele Stunden in meinem Zimmer, bis Mama nach Hause kam. Sie musste Papa anrufen, und er kam mit einem Schlüssel von der Arbeit nach Hause. Sie waren aber nicht richtig sauer, weil ich es wirklich aus Versehen gemacht hatte. Papa war nur genervt, weil er von der Wache nach Hause fahren musste. Mama fand es lustig, dass ich den ganzen Tag an die Heizung gefesselt war.

Ich komme aus meinem Zimmer. Mama sitzt in der Küche. Das macht sie oft, wenn sie nicht arbeitet und sich nicht hinlegt, dann sitzt sie in der Küche und raucht und trinkt Kaffee und legt Patience.

– Bin ich jetzt wieder gesund?

– Heute Morgen hattest du jedenfalls kein Fieber mehr.

– Darf ich dann raus?

– Nein.

– Warum nicht?

– Das weißt du doch.

– Aber ich bin nicht mehr krank.

– Du musst noch einen Tag fieberfrei drinnen bleiben, sonst erleidest du einen Rückfall.

Es bringt nichts, mit Mama zu streiten. Sie hat das Sagen.

Mama und ich unterhalten uns nicht viel. Trotzdem fragt sie mich manchmal, wie es läuft, und was es Neues von meinen Freunden gibt, und was dieser oder jener gerade macht. Dann erzähle ich ihr Geschichten, und sie lacht. Es ist schwierig, Papa Geschichten zu erzählen, weil er immer mittendrin abschaltet und irgendwas anderes macht, bevor sie zu Ende sind. Oder er fällt mir ins Wort und fängt an, über etwas anderes zu reden.

Papa spricht viel über Politik und das, was in den Nachrichten kommt. Er regt sich immer auf, wenn jemand sich falsch ausdrückt. Zum Beispiel wird er wütend, wenn der Nachrichtensprecher sagt, dass ein Auto irgendwohin gefahren sei.

Papa ist ein Sammler. Er sammelt Briefmarken und allen möglichen alten Krempel, Anstecker und Aufkleber. Außerdem hat er auf dem Balkon eine Tonne mit Pökelfleisch. In der Tonne sind hauptsächlich Leberwurst und Blutwurst und Hammelhoden, aber auch Schafsknochen und Seehundflossen und andere Sachen, die ich nicht kenne.

Manchmal kommt jemand aus dem Westen mit einer »Sendung« für Papa. Dann ist er ganz glücklich und legt das Zeug in seine Tonne. Oft sind die Sendungen in Zeitungspapier eingewickelt, das nass ist und aus dem es tropft.

Ich mag Pökelfleisch nicht besonders. Manchmal essen Papa und ich morgens zusammen Hafergrütze. Das Einzige, was ich dazu mag, ist eingelegte Leberwurst. Alles andere finde ich ekelhaft, vor allem Hammelhoden. Ich könnte nie die Hoden irgendeines Tieres essen. Walspeck und Seehundflossen sind auch ekelhaft.

Oben auf der Molke in der Tonne schwimmt Schimmel. Wenn es draußen warm ist, schöpft Papa manchmal den Schimmel ab und trinkt die Molke.

Mama hat keine Hobbys, außer Bridge. Außerdem braut sie Alkohol. Sie macht Roséwein und Bier. Der Alkohol wird in großen Kanistern in einem Schrank in der Vorratskammer zubereitet. Wenn er fertig ist, füllt sie ihn in Flaschen ab. Der Rosé kommt in große Flaschen und das Bier in kleine, braune Flaschen. Mama macht sogar mit einer speziellen Presse einen Verschluss auf die Bierflaschen.

Manchmal kommen Mamas und Papas Freunde zu Besuch, um Bridge zu spielen. Dann gibt Mama ihnen Bier. Wenn die Leute Bridge spielen, schlagen sie beim Kartenablegen mit der Hand auf den Tisch. Papa schlägt so fest auf den Tisch, dass ich Angst habe, seine Finger könnten brechen.

Sämtliche Familienfeiern werden früher oder später zu Bridgeturnieren. Ich finde Bridge langweilig. Es ist kompliziert. Ich kann Mau-Mau und spiele es manchmal abends mit Mama und Papa. Mama ist unheimlich gut im Kartenspielen. Sie kennt alle Regeln und weiß immer, was man als Nächstes tun muss. Papa kommt öfter durcheinander.

Papa und Mama sind sehr unterschiedlich und haben unterschiedliche Hobbys. Mama ist immer gleich. Sie hat meistens dieselbe Laune, ist nur unterschiedlich müde. Papa ist ganz anders. Manchmal ist er nett, vor allem wenn er etwas tut, das ihm Spaß macht, aber meistens ist er zerstreut. Das finde ich in Ordnung. Ich finde es schlimmer, wenn er schlecht gelaunt ist. Dann nörgelt er an Mama herum und schimpft mich aus. Er beschwert sich über Mama, weil sie raucht, oder will sich mit ihr über etwas streiten, das sie oder jemand anders gesagt hat. Wenn Papa in dieser Stimmung ist, versuche ich, ihm aus dem Weg zu gehen, damit er mich nicht festhält und mir irgendwelche Versprechen abringt. Und sich dann darüber beklagt, dass ich das, was ich ihm zuletzt versprochen habe, noch nicht gemacht hätte. Meistens kann ich mich nicht erinnern, was ich ihm versprochen habe. Zumal ich es nur versprochen habe, um ihn loszuwerden. Manchmal erinnert er mich an den Vater von Gummitarzan, nur dass er nicht betrunken ist.

Ab und zu bittet er mich auch, ihm etwas zu erzählen. Dann nimmt er meine Hand und hält mich fest.

– Erzähl mir was.

Was denn? Ich weiß nicht, was ich ihm erzählen soll und schweige einfach. Er interessiert sich sowieso für nichts, was ich zu sagen habe.

Wenn er mich bittet, ihm etwas zu versprechen, sage ich immer Ja. Ich traue mich nicht, Nein zu sagen, weil er mich dann nur länger festhält und so tut, als sei er gekränkt. Er hält mich immer so lange fest, bis ich ihm irgendwas versprochen habe.

Manchmal, wenn ich mit Action Man spiele, finde ich irgendwelche Dinge. Action Man ist mein Freund. Er ist mein Lieblingsspielzeug.

Er war auch dabei, als ich Eyrúns Puppen fand. Es waren zwei. Die eine hatte lange blonde und die andere kurze dunkle Haare. Ich holte sie beide aus der Kiste und nahm sie mit nach draußen, aber ich wollte sie nicht kaputt machen. Das war keine Absicht. Ich spielte, dass ein böser Mann sie gefangen genommen und auf einem Scheiterhaufen aneinander gefesselt hätte. Ich ließ sie an einem Draht über einen Bretterhaufen baumeln und zündete ihn an. Action Man sollte sie retten. Aber während ich mit ihm spielte, wurde das Feuer so groß, dass die Puppen in Brand gerieten.

Anschließend habe ich sie beerdigt. Ich grub ein Loch und legte sie rein. Dann schüttete ich es wieder zu und stellte ein Kreuz drauf. Action Man und ich waren die einzigen Gäste bei der Beerdigung.

Ich kann das Eyrún nicht erzählen, sonst wird sie bestimmt traurig. Ich fände es auch blöd, wenn jemand Action Man nehmen und kaputt machen würde.

Ich gehe nach draußen. Mama und Eyrún unterhalten sich in der Küche.

Frühling liegt in der Luft. Der Schnee ist geschmolzen, und die Sonne scheint. Es ist nur ein bisschen kalt. Ich gehe zu Stebbi. Stebbi ist mein Freund. Er ist mit mir im Indianerclub. Der hat nur zwei Mitglieder. Außer uns darf niemand hinein.

Wenn wir groß sind, ziehen wir nach Arizona und leben wie echte Indianer im Reservat. Stebbi hat sogar ein Indianerkostüm, das seine Mutter für ihn genäht hat. Aber er kann es nicht tragen, weil es ihm zu klein geworden ist.

Ich klingle. Stebbis Mutter kommt zur Tür.

– Ist Stefán da?

Ich achte darauf, ihn nicht Stebbi zu nennen. Dann sagt seine Mutter nämlich, bei ihnen wohne kein Stebbi. Sie möchte, dass er Stefán genannt wird.

– Hast du eine lange Unterhose an?

– Ja.

Ich ziehe das Hosenbein hoch und zeige es ihr. Stebbis Mutter ist eine nette Frau. Sie ist streng, aber trotzdem nett. Sie will nicht, dass ich friere. Viele Eltern wollen nicht, dass ihre Kinder mit mir spielen. Manche verbieten es ihnen sogar.

Vielleicht benutzen die Kinder auch nur diesen Vorwand, wenn sie nicht mit mir spielen wollen. Die meisten Eltern meiner Freunde haben ihren Kindern irgendwann mal verboten, mit mir zu spielen. Nur Stebbis Mutter nicht. Sie ist auch die Einzige, die Papas Schrift lesen kann.

Manchmal, wenn ich nach Hause komme, liegt ein Brief auf dem Tisch, den Papa geschrieben hat. Ich kann seine Schrift nicht lesen. Niemand in unserer Straße kann sie lesen, außer Stebbis Mutter.

Ich würde sie niemals ärgern. Ich würde nie rohe Eier an ihre Haustür werfen oder einen Wasserschlauch durch ihr Fenster stecken oder einen toten Vogel durch ihren Briefschlitz quetschen. Ich würde nie Katzenscheiße in ihren Schuh oder ihre Manteltasche stecken.

Trotzdem habe ich, als ich klein war, ihren Wohnwagen demoliert. Aber das war keine Absicht. Damals zerbrach ich alle Fensterscheiben und alle Lampen des Wohnwagens. Ich weiß nicht, warum. Manchmal mache ich etwas und weiß nicht, warum. Ich mache es einfach und kapiere erst später, was ich eigentlich getan habe.

Stebbi und ich trotten runter ins Tal. Wir sind Indianer. Stebbi ist nett, aber manchmal auch ein Schisser. Einmal hauten wir von zu Hause ab und wollten in einem Iglu schlafen. Da wollten wir so lange wohnen, wie Schnee lag. Doch Stebbi bekam Heimweh. Wir stritten uns, und er fing an zu heulen, also ging ich mit ihm zurück nach Hause.

– Sollen wir vertrocknetes Gras anzünden?

– Hast du Streichhölzer dabei?

Ich zeige ihm die Streichholzschachtel. Sie ist voll.

– Wahnsinn!

Als wir im Tal sind, klettern wir sofort in einen Graben. Indianer lassen sich von niemandem beobachten, wenn sie sich anschleichen.

Wir folgen dem Graben durch das Tal. Ab und zu zündeln wir, aber das Gras ist so kurz, dass das Feuer von selbst wieder ausgeht. Wir laufen an der Fossvogur-Schule vorbei in Richtung Waldschonung. Niemand sieht uns.

Unterwegs entdecken wir ein totes Schaf, das im Graben ertrunken ist. Ich pieke mit einem Stock in seinen Rücken, und da kommt der Kopf aus dem schwarzen Sumpfwasser hoch. Das sieht eklig aus. Das Schaf hat keine Augen mehr. Wir rennen weiter.

Vor der Waldschonung ist ganz viel vertrocknetes Gras. Wir verstecken uns hinter den Bäumen und zündeln immer wieder. Jetzt erlöschen die Feuer nicht mehr, sondern werden schnell größer und breiten sich aus. Weißer Rauch steigt in den Himmel. Sobald es an einer Stelle brennt, rennen wir weg. Wir verstecken uns und halten Ausschau, ob ein Erwachsener kommt. Dann zündeln wir an einer anderen Stelle.

Innerhalb kurzer Zeit brennt eine Riesenfläche. Gewaltiger Rauch legt sich über das Wohnviertel. Mit geröteten Wangen schauen wir uns aufgeregt und voller Erwartung an. Wir wissen genau, dass es verboten ist, Gras anzuzünden. Aber es macht solchen Spaß. Und es ist überhaupt nicht gefährlich. Ich kenne niemanden, der bei einem Grasbrand gestorben ist. Dabei wird in Fossvogur jedes Frühjahr vertrocknetes Gras abgebrannt. Das, was Kindern Spaß macht, ist meistens verboten. Und die Erwachsenen glauben immer, etwas sei total gefährlich, aber das stimmt nicht.

– Sollen wir jetzt mal aufhören?, fragt Stebbi.

– Warte, sage ich.

Ich reiße ein großes Grasbüschel aus und zünde es an. Dann renne ich herum und zündele überall da, wo es noch nicht brennt. Stebbi ist nervös.

– Mann, pass auf!

Der Qualm dringt in meine Augen und macht mich blind. Die Hitze ist unerträglich, und ich kriege keine Luft mehr. Das Feuer ist überall! Ein stechender Schmerz durchzuckt meinen Fuß, und ich schaue nach unten. Meine Hose hat Feuer gefangen. Ich schlage wild mit der Hand auf das Feuer, bis es ausgeht. Mein Fuß tut weh, aber meine Angst ist größer als der Schmerz. Was soll ich tun?

– Jónsi?!

Ich denke nicht nach, sondern laufe in Richtung der Stimme. Der Qualm ist so dicht, dass ich nichts erkennen kann. Ich sehe Stebbi erst, als ich fast bei ihm bin.

– Wahnsinn, Mann!

– Bist du verrückt?!

Seine Stimme zittert vor Angst, und er ist den Tränen nah. Wir rennen weg. Hinter uns erhebt sich das Feuermeer wie eine riesige Wand quer durch das Tal und schiebt den Rauch vor sich her.

Wir rennen in die Waldschonung und werfen uns in den Schutz eines großen Baums. Ich untersuche meinen Fuß. Ganz unten am Hosenbein ist ein faustgroßes Brandloch. Die Haut am Fuß ist rot und geschwollen und brennt.

– Hast du dich verletzt?

– Ja, sage ich.

Dabei bin ich eigentlich nicht verletzt. Das ist nur eine kleine Brandwunde. Indianer kennen keinen Schmerz. Sie können selbst mit einem gebrochenen Bein weiterlaufen und sogar noch mit zwei gebrochenen Armen mit Pfeil und Bogen schießen. Wie sehr man sie auch foltert, sie petzen nie. Deshalb tue ich so, als hätte ich große Schmerzen, die ich tapfer ertrage.

– Ich hab nach unten geguckt, und da hat mein ganzes Bein gebrannt!

– Deine Haare sind auch ganz verbrannt.

Unfassbar! Stebbi zeigt auf meinen Kopf, und ich betaste meine Haare. Sie sind an einigen Stellen angesengt. Darüber wird Mama nicht erfreut sein. Bei der Vorstellung bekomme ich feuchte Augen. Mama wird rauskriegen, dass ich es war, der das vertrocknete Gras angezündet hat. Sie wird mich ausschimpfen. In Sekundenschnelle verwandelt sich mein Mut in lähmende Angst. Kein Indianer ist so mutig, dass er keine Angst vor seiner Mutter hätte. Ich kann mich nicht beherrschen und fange an zu heulen.

Wir rappeln uns hoch und laufen aus der Waldschonung. Bevor wir über den Zaun klettern, spähen wir in alle Richtungen. Dann springen wir auf den Bürgersteig und machen uns auf den Heimweg. Niemand, der uns sieht, würde uns verdächtigen, gezündelt zu haben. Wir sehen aus wie zwei brave Jungen, die von einem Besuch bei ihrer Oma kommen. Ich zeige sogar verwundert auf den Rauch, und wir betrachten ihn entrüstet, als könnten wir gar nicht begreifen, wie jemand etwas so Dummes machen kann.

Plötzlich hören wir Sirenengeheul. Zwei Feuerwehrautos rasen in einem Affenzahn mit Blinklicht an uns vorbei, gefolgt von einem Krankenwagen. Wir rennen hinterher. Das wollen wir auf gar keinen Fall verpassen. Kurz darauf kommt die Polizei. Mir gefriert das Blut in den Adern. Jetzt werden wir verhaftet! Wir kommen bestimmt ins Gefängnis. Ich möchte in den nächsten Garten flüchten, kann mich aber nicht bewegen. Mein Unterkiefer beginnt unkontrolliert zu zittern. Die Beweise sind unübersehbar, sie qualmen buchstäblich aus mir heraus. Ich bin bereit, alles zu gestehen, und werde versuchen, damit durchzukommen, indem ich verspreche, es nie wieder zu tun. Nie mehr! Doch die Polizei interessiert sich nicht für uns und fährt mit Vollgas an uns vorbei.

– Lass uns nach Hause gehen.

– Warte mal.

– Jónsi!

– Ich will das sehen. Komm schon!

Wir drücken uns bei den Fahrzeugen herum. Vor unseren Augen spielen sich unglaublich spannende Szenen ab. Es herrscht totales Chaos. Polizisten und Feuerwehrmänner in gelben Schutzanzügen hasten umher. Das Feuer ist unglaublich groß. Ein geheimer Stolz auf unser Werk erfüllt mich. Die Feuerwehrmänner spritzen mit mächtigen Schläuchen Wasser auf den Brand. Niemand bemerkt uns oder achtet auf uns. Auf dem einen Feuerwehrauto steht eine Kiste mit großen Klatschen. Die Männer schlagen damit auf das brennende Gras. Ich treffe eine Entscheidung. Ohne ein Wort zu sagen, schnappe ich mir eine Klatsche und renne damit auf das lodernde Schlachtfeld. Ich schlage auf das Feuer ein, als ginge es um mein Leben. Ein Feuerwehrmann nickt mir anerkennend zu. Ich rufe den Männern mit dem Schlauch etwas zu und zeige auf einen brennenden Erdhügel.

– Da ist noch was!

Sie richten den Schlauch auf den Hügel. Furchtlos renne ich unter dem Wasserstrahl hindurch und prügele das Feuer mit der Klatsche nieder. Dann gebe ich ein Zeichen, dass alles okay ist, und die Männer richten den Schlauch auf eine andere Stelle. Stebbi wirft mir einen bewundernden Blick zu. Ich bin ein Held. Ich habe keine Angst vor dem Feuer. Dabei wäre ich selbst fast verbrannt. Wenn ich groß bin, will ich Feuerwehrmann werden. Ich werde Menschen retten und in Schulen gehen und den Kindern beibringen, dass sie nicht zündeln dürfen. Gemeinsam mit den anderen Feuerwehrmännern kämpfe ich mit der Klatsche, bis der Brand komplett erloschen ist.

Viele Schaulustige sind gekommen und gaffen, aber keiner traut sich, mitzuhelfen. Triefnass und von oben bis unten kohlschwarz, gehe ich zu Stebbi.

– Alles klar, wir sind fertig, verkünde ich stolz.

Da legt sich eine schwere Hand auf meine Schulter. Panik ergreift mich, als ich hochschaue und einen großen Polizisten sehe und einen zweiten, noch größeren dahinter. Vielleicht hat ja doch jemand gesehen, wie wir das Feuer gelegt haben, und es der Polizei gesagt. Ich bemühe mich, ein möglichst verwundertes Gesicht zu machen.

– Ihr seid mir ja welche!, sagt der Polizist.

Ich spüre, wie mein Herz schneller schlägt, und warte darauf, dass er die Handschellen klacken lässt. Im Kopf lege ich mir eine glaubwürdige Geschichte zurecht, warum Stebbi und ich hier sind. Falls uns jemand im Tal gesehen hat, werde ich sagen, wir hätten uns die Schweine auf dem Bauernhof anschauen wollen, wegen einer Hausaufgabe für die Schule.

Falls uns niemand gesehen hat, dann wollten wir einen behinderten Jungen besuchen, den Bruder eines Klassenkameraden.

Aber wir brauchen gar kein Alibi.

– Ihr seid tüchtige Jungs, sagt der andere Polizist.

Ich atme erleichtert auf. Niemand hat uns in Verdacht, etwas Schlimmes getan zu haben. Wir sind Helden. Die Feuerwehrmänner kommen auch und loben uns. Einer tätschelt mir freundlich den Kopf.

– Tja, wenn nur alle Jungen so tüchtig wären wie ihr.

– Habt ihr zufällig gesehen, wer den Brand gelegt hat?, fragt der Polizist.

Ich habe sofort eine Antwort parat. In solchen Situationen habe ich immer eine Standardantwort, die ich benutze, wenn mich ein Erwachsener verdächtigt, etwas kaputt gemacht zu haben. Die funktioniert meistens.

– Ich glaub, das waren Jugendliche. Ich hab sie zumindest wegrennen sehen.

Es hat sich bewährt, Jugendlichen die Schuld zu geben, weil Erwachsene ihnen immer alles zutrauen. Jugendliche sind ja auch doof. Das finden alle.

Der Polizist nickt. Er hält das für glaubhaft.

– Ich darf doch bestimmt ein Foto von euch machen, oder?, fragt ein Fotograf von irgendeiner Zeitung.

– Na, klar doch!

Wir stellen uns zusammen mit den Männern in Positur, und der Fotograf schießt ein Foto.

– Ihr seht super aus, sagt er.

Nach herzlichen Dankesbezeugungen und Verabschiedungen fahren wir in Polizeibegleitung nach Hause. Der Polizist bringt mich zur Haustür.

Als Mama mich sieht, entgleiten ihr die Gesichtszüge.

– Was hast du angestellt?

– Ich hab nur der Feuerwehr geholfen, einen kleinen Brand zu löschen.

Der Polizist bestätigt meine Geschichte und versichert Mama, sie könne glücklich sein, einen so braven und tüchtigen Sohn zu haben.

– Den Brand haben Jugendliche gelegt, sage ich.

Ich sehe Mama an, dass sie nicht überzeugt ist. Sie glaubt halt nicht alles. Außerdem ist es immer so, als könne sie mir ansehen, wenn ich lüge. Aber die Geschichte ist ja nicht ganz unwahr. Ich habe schließlich geholfen, den Brand zu löschen.

Ich gehe in die Badewanne. Mama wäscht mir die Haare und schneidet die angesengten Stellen ab. Ich sage nichts. Sie auch nicht. Offenbar hat sie beschlossen, mir keine Fragen zu stellen. Sie weiß, dass es manchmal besser ist, nicht zu viel zu wissen. Dabei weiß ich, dass sie genau weiß, dass ich das Gras angezündet habe. Ich bemühe mich, etwas zu sagen, aber mir fällt nichts ein.

Am nächsten Tag ist ein Bild von Stebbi und mir auf der letzten Seite im *Dagblaðið* unter der Überschrift »Großbrand in Fossvogur«. In dem Artikel steht, die Feuerwehr habe es in letzter Sekunde geschafft, die Waldschonung vor dem Grasbrand zu retten. Dennoch seien viele frisch gepflanzte Bäume geschädigt worden. Es habe große Gefahr bestanden, dass das Feuer auf die umliegenden Häuser übergreift. Einige Häuser seien sicherheitshalber geräumt worden, und ein Mann sei mit einer Rauchvergiftung ins Krankenhaus eingeliefert worden. Unter dem Foto von Stebbi und mir steht: »Diese tüchtigen Jungen halfen der Feuerwehr, den Brand zu bekämpfen.«

Ich zeige Mama das Foto lieber nicht.

Bei Gunni zu Hause auf dem Tisch steht eine komische Lampe. Wenn man das Licht einschaltet, dreht sich der Lampenschirm, und man sieht darauf alle möglichen Landschaftsbilder. Fast wie im Kino. Auf dem Lampenschirm steht *Mallorca.*

Gunni war schon in Mallorca. Er ist mit seinen Eltern hingefahren. Als er zurückkam, war er ganz braun.

Es macht Spaß, Fotos von Mallorca anzuschauen. Gunni hat ein ganzes Album mit Fotos von sich – am Strand, im Zoo und an anderen Orten. Auf einem Bild hält er einen Papagei auf der Hand, der ist riesengroß, genau wie Kiki in der *Abenteuer*-Serie. Das ist ein tolles Foto. An der Wand in Gunnis Zimmer hängt auch ein Poster mit einem Foto von ihm. Über dem Bild steht: *Wanted.* Darunter steht noch was und dann: *Reward $50 000.*

Ich war erst einmal im Ausland. Da bin ich mit Mama und Papa nach Dänemark und Norwegen gefahren. Ich war im Tivoli und im Zoo, aber davon gibt es keine Fotos.

Zu Hause haben wir nicht viele Fotos von mir. Es gibt eins, auf dem ich zusammen mit Mama und Papa drauf bin, aber man kann mein Gesicht nicht sehen, weil ich ein Micky Maus-Heft lese. Dann gibt es noch ein Foto von mir, als ich klein war, das hängt an der Wand im Fernsehzimmer, und eins mit Oma Anna, auf dem sie mich auf dem Arm hält. Aber darauf kann man mich auch nicht richtig sehen. Mama und Papa fotografieren mich nie. Das einzige schöne Bild, das ich von mir habe, hat Gunni mit seinem Fotoapparat an meinem Geburtstag gemacht.

In Dänemark war ich bei irgendwelchen Leuten, die auf mich aufpassten. Das war toll. Wir gingen in den Wald und fingen Frösche. Anschließend fuhr ich mit Mama und Papa nach Norwegen, um meine Schwester Anna Stína zu besuchen.

Ich hätte auch gerne ein Fotoalbum mit Bildern von mir. Dann könnte ich sie mir immer wieder anschauen und in Erinnerungen schwelgen. Ich könnte sie auch meinen Freunden zeigen und ihnen erzählen, was alles passiert ist.

Bei Gunni zu Hause steht auf vielen Gegenständen *Mallorca,* auf Aschenbechern und Wandtafeln. Im Regal im Wohnzimmer steht ein riesiger schwarzer Stier mit einem Horn. Darauf steht *Torres.*

Als Gunni aus Mallorca zurückkam, brachte er mir Salzpastillen und eine kleine Piratenpistole für Knallerbsen mit. Mit der kann man immer nur einen Schuss abfeuern, aber sie macht richtig Krach.

Gunni ist mein Freund. Er ist immer nett zu mir. Er ärgert mich nie und macht sich nicht über mich lustig, selbst wenn ich mich sonderbar verhalte. Seine Eltern sind auch immer nett zu mir.

Ich lade Gunni zu meinem Geburtstag ein, und er lädt mich auch meistens zu seinem ein. Als ich zum ersten Mal zu ihm nach Hause kam, hatte er auch gerade Geburtstag. Da war er neu in unser Viertel gezogen. Ich hatte niemanden zum Spielen, wusste aber, dass ein Junge in das Haus eingezogen war, deshalb ging ich hin und fragte nach ihm. Seine Mutter kam zur Tür.

– Ist der Junge zu Hause?

Sie ließ mich rein, und ich landete mitten in einer Geburtstagsfeier. Ich bekam Kuchen und Limonade. Seitdem sind wir Freunde.

Manchmal spiele ich Streiche. Es macht mir Spaß, doofe Leute zu ärgern. Manchmal ärgere ich einen Mann, der neben Gunni in unserer Straße wohnt. Er ist immer unfreundlich zu uns Kindern. Wenn unser Ball in seinem Garten landet, gibt er ihn nicht mehr zurück. Auf diese Weise sind schon viele Bälle verschwunden. Einmal habe ich in einen kaputten Ball gepinkelt und dann einen anderen Ball ein paarmal gegen seine Wand geschossen. Ich wusste, dass ihn das richtig ärgern würde.

Nachdem ich eine Weile gekickt hatte, nahm ich den Pisseball und warf ihn in seinen Garten.

Der Mann kam sofort raus.

Als er den Ball aufhob, spritzte die ganze Pisse auf ihn. Ich lachte mich schlapp und rannte weg. Ein paarmal warf ich auch Stinkbomben in seinen Garten.

Außerdem macht es mir Spaß, Friðjón Fleckenteufel zu ärgern, der auch in unserer Straße wohnt. Er ist nicht doof und immer nett zu uns Kindern, fegt aber ständig vor seinem Haus und hält immer alles sauber. Manchmal fegt er auch in der ganzen Straße den Bürgersteig. Er wurde sogar schon dabei gesehen, wie er die Straße fegte. Er will alles blitzblank haben. Deshalb macht es solchen Spaß, ihn zu ärgern. Ich habe schon mal Sand auf den Bürgersteig vor seinem Haus geworfen. Und Dreck an seine Tür geschmissen. Einmal klauten Gunni und ich von Mama ein paar Eier und warfen sie an seine Fenster und seine Haustür.

Manchmal spiele ich auch Klingelmäuschen und stopfe Schneebälle in Auspuffrohre. Aber das ist total harmlos, das machen die meisten Jungen.

Andere Sachen, die ich mache, sind in der Regel keine Absicht. Sie passieren einfach so. Einmal spielte ich zum Beispiel im Keller mit Matchboxautos. An der Wand lehnte eine große Glasscheibe, die Papa ins Wohnzimmerfenster einsetzen wollte. Da rollte aus Versehen ein Auto hinter die Glasscheibe, und ich kam nicht mehr dran. Also nahm ich eine leere Flasche und schlug damit die Scheibe ein, um das Auto holen zu können. Ich wollte nichts kaputt machen. Das war überhaupt keine Absicht. Papa rastete aus und versohlte mich.

Die Leute sind oft wütend auf mich. Manchmal weiß ich, warum, aber meistens nicht.

Jedes Jahr an Silvester fahren wir zu meiner Tante und meinem Onkel. Sie leben in einem Wohnblock in Stadtteil Breiðholt. Wir essen bei ihnen, schauen *Billy Smart's Circus* und schießen Raketen ab.

Sie haben einen Haufen Kinder und machen echte Pommes. Mama macht nur unechte.

Einmal, als wir an Silvester nach Hause gingen, lief ich ein Stück vor Mama und Papa her. Die Kinder standen mit Wunderkerzen auf dem Balkon, und ich winkte ihnen zum Abschied zu. Damit sie mich besser sehen konnten, kletterte ich auf ein Autodach. Der Mann, dem das Auto gehörte, kam angerannt. Er war furchtbar wütend, schüttelte mich und schrie mich an. Da bekam ich solche Angst, dass ich anfing zu weinen.

Mama wurde furchtbar sauer, aber nicht auf mich, sondern auf den Mann.

Ich spiele oft in leeren Gebäuden. Ich weiß genau, dass das verboten ist, aber es macht einen Riesenspaß. Es ist, als wäre man in einer Festung. Dabei muss man aufpassen, nicht in Nägel zu treten. Das tut weh. Ich bin schon ein paarmal in einen Nagel getreten. Als ich einmal mit Gunni spielte, trat er so fest in einen Nagel, dass der Nagel durch seinen Fuß ging und die Spitze am Fußrücken wieder rauskam. Gunni fing laut an zu schreien und musste in die Notaufnahme.

Einmal kletterte ich auf das Dach eines Einfamilienhauses, das noch im Bau war. Das ganze Haus war eingerüstet. Als ich oben auf dem Dach war, bemerkte ich, dass auf dem Gerüst Männer arbeiteten, denn ich sah ihre Köpfe über den Rand des Daches ragen. Sie legten ihre Werkzeuge auf dem Dach ab.

Ich spielte gerade Indianer. Ich war ein Indianer, der sich anschlich. Die Männer waren Cowboys. Ich kroch über das Dach und griff nach einen Hammer. Die Männer bemerkten mich nicht, und ich schlug einem Mann mit dem Hammer auf den Kopf. Nicht fest, es kam kein Blut oder so, aber er war trotzdem stinksauer. Ich bekam solche Angst, dass ich vom Dach sprang und wegrannte.

Ich weiß nicht, warum ich aus Versehen solche Sachen mache. Plötzlich ist es einfach passiert. Wenn Papa mich fragt, warum ich so was mache, weiß ich nie, was sagen soll.

– Warum machst du das?, fragt er.

Er ist wütend.

– Ich weiß nicht, murmele ich.

Das ist das Einzige, was ich sagen kann.

– Klar, du weißt ja nie was!

Das stimmt. Ich weiß nicht viel. Ich bin unfähig, Freunde zu finden. Ich kann mich nicht benehmen. Deshalb darf ich nie mit Papa Angeln fahren oder zu Besuch in den Westen. Man kann mich nirgendwo mit hinnehmen.

Sollen wir ein Spiel spielen?, fragt Gunni.

– Was denn für eins?

Gunni hat jede Menge Spiele. Er ist sehr vernünftig und ruhig und kann ganz viel. Er räumt immer ordentlich auf. Bei mir fliegt alles durcheinander.

Gunni ist geschickt darin, Modelle zusammenzubauen und zu bemalen. Er hat sehr viele Autos und Flugzeuge, die er selber gebaut hat. Ich dachte, das wäre leicht, und habe mir im Spielzeugladen ein Flugzeugmodell gekauft. Aber ich kriegte es einfach nicht zusammengebaut. Das Ergebnis war unglaublich hässlich und ähnelte überhaupt nicht der Abbildung auf der Verpackung. Meine Hände waren mit Klebstoff verschmiert, und auf dem Modell waren auch große Klebstoffkleckse. Es war eine Spitfire. Ich stopfte in Benzin getränkte Watte in das Flugzeug, zündete es an und warf es von einem Hausdach.

– Memory?

Memory ist kein schönes Spiel. Dabei muss man sich irgendwelche Bilder merken. Ich kann mir nichts merken und verwechsle immer alles.

– Ich hab Lust auf Matador.

– Okay.

Matador ist ein schönes Spiel. Brettspiele mit Würfeln und Geld mag ich gerne. Es macht mir Spaß, Geld zu scheffeln und viel davon zu besitzen. Aber mein Lieblingsspiel ist Risiko. Das dauert unglaublich lange. Ich spiele es mit mir selbst. Aus einem großen Blatt Zeichenpapier aus der Schule habe ich meine eigene Landkarte gebastelt, die doppelt so groß ist wie das Brett aus dem Spielkarton. Dann habe ich neue Länder reingezeichnet und mit Buntstiften ausgemalt. Ich habe auch neue Regeln und neue Karten erfunden. Bei meinem Risiko gibt es Geld. Dazu benutze ich das Geld vom Fischereispiel. Für jedes Land, das man erobert, bekommt man einen bestimmten Betrag. Und man kann seine Truppen verkaufen. Für das Geld kann man sich dann Schiffe und Kanonen kaufen, die über ein ganzes Land reichen. Man kann sie nur einmal benutzen, und je weiter man kommt, desto teurer werden sie. Für wahnsinnig viel Geld kann man sich auch Atombomben kaufen. Die vernichten ein ganzes Land und all seine Bewohner.

Ich spiele viel mit mir selbst, sowohl Risiko als auch das Fischereispiel. Das Fischereispiel kann auch ewig dauern, weil ich Banken gegründet und neues Geld gebastelt habe. Die Bank leiht allen Geld, die welches brauchen.

Ich finde es gut, alleine zu spielen. Dann stört mich niemand, weil er aufhören will oder ein schlechter Verlierer ist. Manchmal bleibe ich die ganze Nacht wach und spiele mit mir selbst. So ein Spiel kann viele Tage dauern. Manchmal gewinne ich, aber ich verliere auch oft.

Im Winter spiele ich hauptsächlich drinnen. Im Frühling beginnen die Draußenspiele, und im Sommer, wenn keine Schule mehr ist, bin ich eigentlich nie zu Hause. Dann gehe ich morgens aus dem Haus und komme zum Abendessen wieder. Es ist sowieso niemand da außer Oma Guðrún. Die sitzt am liebsten in ihrem Zimmer und strickt und hört Radio. Mama arbeitet in der Kantine im Städtischen Krankenhaus, wo sie das Essen für die Patienten zubereitet. In der Regel bringt sie für mich Essen in Plastikbehältern mit, manchmal auch Cocktailfrüchte zum Nachtisch.

Wenn ich lange unterwegs bin, macht Mama mir Proviant. Sie füllt Milch oder Saft in eine Flasche und schmiert ein Sandwich aus Roggenbrot und Weißbrot mit Käse. Ich mag diese Mischung.

Meistens gehe ich in den Wald. Der ist nicht weit weg, direkt neben der Bústaðir-Kirche. Wenn Stebbi mitkommt, spielen wir Indianer oder halten eine Versammlung vom

Indianerclub ab. Wenn Kristján Þór mitkommt, spielen wir alle möglichen Sachen, und wenn ich alleine bin, beschäftige ich mich irgendwie, übe Messerwerfen an Bäumen oder spioniere Leute aus, die vorbeigehen oder durch den Wald spazieren.

Manchmal kommen Leute in den Wald, um sich zu streiten. Es ist sehr spannend, sich anzuschleichen und sie zu belauschen. Manchmal kommen auch Leute, um sich zu küssen. Einmal kamen ein erwachsener Mann und eine Frau und knutschten an einem Baum. Sie sagten überhaupt nichts, machten nur Knutschgeräusche. Ich stand ganz dicht bei ihnen, direkt hinter dem Mann. Die Frau sah mich nicht, weil sie die Augen geschlossen hatte. Ich glaube, sie haben gevögelt. Sie küssten sich, und er stieß sie rhythmisch gegen den Baum. Ich hätte ihnen gerne etwas zugerufen und sie ein bisschen geärgert, traute mich aber nicht.

Manchmal gehe ich auch zum Öskjuhlíð-Hügel. Da ist es toll. Aber man muss sehr weit laufen, und das ist blöd, falls es anfängt zu regnen. Ich gehe nur bei schönem Wetter hin. Da ist auch ein Wald. Am tollsten ist es, in dem Flugzeug zu spielen, das die Feuerwehr für ihre Übungen benutzt. Von innen ist es total ausgebrannt, hat aber noch Sitze und eine Pilotenkabine. Wenn man hinten reinsteigt, kippt der hintere Teil mit einem lauten Knall nach unten, und wenn man dann nach vorne ins Cockpit läuft, kippt das Flugzeug vorne runter und prallt auf den Boden, sodass man fast hinfällt.

Am Öskjuhlíð gibt es alle möglichen Tunnel und Befestigungsanlagen, die die amerikanischen Soldaten zurückgelassen haben. Nach dem Krieg wohnten Mama und Papa in einer Militärbaracke auf der Skólavörðuholt-Anhöhe, dort, wo heute die Hallgríms-Kirche steht. Sie wohnten in der einen Hälfte der Baracke, und in der anderen Hälfte wohnte ein anderes Ehepaar. Mein Bruder Óskar wuchs dort auf. In der Baracke gab es keine Heizung, sondern sie wurde mit einem Kaminofen geheizt, der in der Mitte stand.

Mama erzählt manchmal Geschichten aus dieser Zeit. Meine Lieblingsgeschichte spielte sich vor Weihnachten ab. Da hatten Mama und ihre Nachbarin die ganze Baracke blitzsauber geputzt. Während Mama in der Stadt war, brachte Papa Brennmaterial nach Hause. Er hatte einen alten Telefonmast gefunden.

Der Mast war so lang, dass Papa einfach das eine Ende in den Kaminofen steckte. Als Mama nach Hause kam, saß Papa wie hypnotisiert vor dem Kamin und starrte hinein. Der Mast war mit Öl verschmiert, sodass schwarzer Ruß aus dem offenen Kamin durch die ganze Baracke flog, die Mama gerade erst geputzt hatte.

– Was zum Teufel machst du da, Mann?, rief Mama.

Papa kriegte nichts mit und starrte einfach weiter ins Feuer.

– Bemerkenswert, wie die Steine im Feuer bersten, murmelte er nur.

Das ist eine lustige Geschichte. Papa gefällt mir darin. So werde ich bestimmt auch mal, wenn ich groß bin.

Ich würde gerne mehr Sachen mit Papa machen. Ich wünschte, er fände mich nett und wäre gerne mit mir zusammen und nicht so unfreundlich zu mir.

Einmal waren Papa und ich alleine zu Hause, weil Mama nach London gefahren war. Wir schauten fern, und ich bat ihn, Popcorn zu machen. Das Popcorn war ekelhaft salzig und ungenießbar. Papa fand es trotzdem lecker, aber ich konnte es nicht essen. Da ging er zurück in die Küche, und ich folgte ihm. Er wollte das Popcorn verbessern, indem er Zucker draufstreute. Ich probierte es, und es schmeckte noch ekelhafter als vorher, irgendwie süßsauer. Daraufhin drehte er den Wasserhahn auf und versuchte, das Salz und den Zucker abzuspülen, aber das Popcorn verwandelte sich in einen matschigen Brei, den wir wegschmeißen mussten. Papa war total irritiert.

Es ist schön, wenn Papa gute Laune hat. Dann habe ich das Gefühl, er ist er selber und verstellt sich nicht. Dann mag ich ihn und bin gerne mit ihm zusammen. Aber ich kann es nicht ausstehen, wenn er mich vollquatscht, mir die Worte im Mund verdreht und versucht, mich schlechtzumachen.

Heute ist Krieg, nach der Schule!

Das ist eine wundervolle Neuigkeit.

– Kúrland und Kjalarland gegen Hörðaland und Hulduland.

Straßenschlachten zählen zu den regelmäßigen Veranstaltungen in Fossvogur. Dann wird mit Schwertern und Schilden gekämpft. Die echten Schlägertypen kommen mit etwas anderem, dabei ist es verboten, Eisenstangen zu benutzen. Einmal wurde ein Junge von einer Eisenstange am Kopf getroffen und hatte eine Gehirnerschütterung.

Die Truppen werden nach Straßen aufgeteilt. Ich habe sowohl Freunde in Hörðaland als auch in Hulduland, aber diese Freundschaften zählen bei Straßenschlachten nicht.

Ich laufe sofort nach der Schule nach Hause, um mich vorzubereiten. Auf dem Weg mache ich einen Abstecher zu einer Baustelle und suche mir Material für ein Schwert. Ich nehme eine breite und lange Fußleiste.

Einige Jungen haben coole Schwerter und Schilde mit Motiven drauf. Gunnis Vater hat ihm dabei geholfen, einen Schild zu basteln. Der ist groß und dreieckig mit einem schwarzen Alder vorne drauf. Auf der Rückseite hat er einen Griff und einen Lederriemen.

Papa kann nicht schreinern und hat keine Zeit, mir zu helfen. Ich hätte auch gerne ein richtiges Schwert, eins, das nicht direkt auseinanderbricht, wenn man damit ficht.

Ich wickle eine Kordel um das Ende der Fußleiste und klebe anschließend Isolierband drum herum. Das ist das Heft. Von dem anderen Ende der Leiste säge ich ein kleines Stück ab und lege es quer über das Heft. Das ist die Parierstange, die die Hand vor Schlägen schützt. Ich befestige sie sorgfältig mit Isolierband. Ich weiß, dass es zwecklos ist, in eine so dünne Leiste Nägel zu schlagen. Sie gibt nicht genug Halt. Isolierband ist wesentlich besser.

Meines ist länger als die meisten anderen Schwerter. Deshalb ist es im Grunde eine bessere Waffe, aber gleichzeitig ist es schwieriger, mit ihm zu fechten, weil lange Schwerter schneller brechen als kurze.

Man darf sowieso nicht mit dem Schwert zustechen. Bei Krieg gibt es andere Regeln. Wenn man erstochen wird, ist man nicht tot. Man muss aufgeben.

Das ist bei Schießereien oder Räuber und Gendarm anders. Da reicht es, auf jemanden zu schießen, dann ist er tot. Wobei manche nie zugeben wollen, dass sie tot sind.

Man muss sich gut vorbereiten. In Fossvogur gibt es alle möglichen Cliquen und viele Kinder, die ich nicht kenne. Straßenschlachten können durchaus gefährlich sein.

Die Teenie-Cliquen hängen an der Ladenzeile Grímsbær herum. Die von der Grímsbær-Clique sind gefährlich. Sie haben Mofas und verprügeln einen. Wenn sie einen fangen, bringen sie einen in den Keller und foltern einen. Sie ritzen einen mit dem Messer und streuen Salz in die Wunde. Das wächst dann nie wieder zu. Ich habe auch gehört, dass manche Cliquen einem Brandwunden zufügen.

Ich werde mich auf keinen Fall von denen schnappen lassen.

Die kämpfenden Einheiten treffen sich auf dem Basketballplatz am Ende von Hörðaland. Sie stellen sich jeweils am gegenüberliegenden Ende des Platzes auf. In den Trupps sind keine Mädchen, aber ein paar sitzen am Hang und schauen gebannt zu. Es ist ein großer Ansporn, wenn Mädchen in der Nähe sind. Das stärkt den Mut und die Tapferkeit der Truppe. Vor Mädchen jammert und heult man nicht.

Wir sind fünf in meiner Truppe: ich und Stebbi, Gunni, Alli Jens und Kristján Þór. Kristján Þór wohnt zwar in Hörðaland, aber weil er da keine Freunde hat und ich sein einziger Freund bin, ist er in unserer Truppe.

Stebbi und Gunni haben coole Schwerter und Schilde. Gunni hat sogar einen Helm aus Metall. Ich habe die Fußleiste und Kristján Þór einen zerbrochenen Besenstiel. Alli Jens hat gar kein Schwert, sondern ein Stück Schnur mit einem Knoten am Ende.

In der anderen Truppe sind zwei Leute mehr. Ich kenne nur Bjöggi. Der ist mein Freund. Wir spielen manchmal zusammen Action Man. Bjöggi ist ein Weichei und kriegt schnell Angst. Um den mache ich mir keine Sorgen. Aber die anderen sind furchteinflößend. Am meisten Angst habe ich vor zwei grinsenden Brüdern, die ich aus der Schule kenne. Sie sind berüchtigte Schläger, die immer gemeinsam kämpfen. Außerdem ist noch ein großer Junge in ihrer Truppe, der zwei Jahre älter ist als wir anderen.

– Es ist verboten, große Jungs dabeizuhaben, sage ich.

Einer der Brüder antwortet prompt.

– Dafür habt ihr Kristján Þór.

Das stimmt. Theoretisch müsste Kristján Þór in der gegnerischen Truppe sein, außerdem ist er so schlaksig, dass er fast genauso groß ist wie der große Junge.

Die anderen haben ähnliche Waffen wie wir, einige coole Schwerter und Schilde, andere Holzstangen. Niemand hat ein Eisenrohr.

Die Spielregeln werden bekanntgegeben, indem man sie laut über den Platz brüllt, damit es alle hören.

– Gegen den Kopf schlagen verboten!

– Steine schmeißen verboten!

– Freio verboten!

– Freio verboten? Warum denn das?

Es gibt eine kurze Diskussion über dieses Thema. Freio bedeutet eine Spielpause. Es kommt häufig vor, dass diejenigen, die im Kampf schon angeschlagen sind, Freio rufen, sobald sie getötet werden sollen. Dann ruhen sie sich ein bisschen aus und treten frisch gestärkt wieder in den Kampf ein, als sei überhaupt nichts geschehen. Gewisse Personen haben die Angewohnheit, dies in regelmäßigen Abständen zu wiederholen, wodurch das Spiel langweilig und unfair wird.

Nach einigem Hickhack einigen wir uns schließlich darauf, Freio komplett auszuschließen. Wenn jemand Angst bekommt, kann er aufgeben. Aber dann ist er aus dem Spiel und darf nicht mehr mitmachen.

Als alle Spielregeln geklärt sind, beginnt der Kampf.

Wir lassen es ruhig angehen. Jeder sucht sich einen Gegner. Ich renne sofort zu Bjöggi, schneide wilde Grimassen und mache Anstalten, mit der Fußleiste auf ihn einzuprügeln. Wie vermutet, fällt er augenblicklich auf meine Strategie herein. Er sinkt zu Boden und hält sich das Schwert über den Kopf.

– Ich geb auf, ich geb auf!, ruft er.

Er geht vom Feld und setzt sich an den Rand. Ich halte Ausschau nach einem neuen Gegner, sehe Kristján Þór mit dem großen Jungen kämpfen und laufe zu ihm. Bevor ich bei den beiden angelangt bin, trifft mich ein heftiger Schlag in den Rücken, so hart, dass mir die Tränen in die Augen schießen. Ich drehe mich um. Da steht der eine Bruder mit einem platten Holzschwert in der Hand und grinst breit. Der Schmerz zieht sich über meinen gesamten Rücken. Er hat mich mit voller Wucht mit dem platten Schwert geschlagen. Laut Spielregel ist es verboten, so fest zuzuschlagen, aber weil die Mädchen zugucken, kann ich mich nicht beschweren. Ich lasse mir nichts anmerken.

Wir fechten eine ganze Weile und hauen unsere Schwerter gegeneinander, um Stärken und Schwächen auszutesten.

Der Junge ist stark und geschickt. Aber er hat mich verletzt, also darf ich ihn auch verletzen. Er weiß das und ist übervorsichtig, hört dabei aber nicht auf zu grinsen.

Blitzschnell schlage ich ihm mit der Leiste auf die Finger. Er jault auf und verliert sein Schwert. Ich hole zum Schlag aus.

– Gibst du auf?

– Spinnst du?

Er hält sich den Finger. Ich schicke mich an, zuzuschlagen.

– Gibst du auf?

– Du hast auf meinen Finger gehauen!

– Gibst du auf?, brülle ich noch einmal.

Er hat verloren. Er muss aufgeben. Ich könnte ihn schlagen, wenn ich wollte, aber ich will nicht.

Plötzlich steht der andere Bruder hinter mir und schlägt mir mit dem Schwert auf die Hand, sodass ich meines verliere. Ich renne weg, den Hang hinauf. Er folgt mir nicht, sondern kümmert sich um seinen Bruder. Dann hebt er mein Schwert auf und schaut zu mir rüber. Ich schaue zurück. Da packt er mein Schwert an den Enden und zerbricht es auf seinem Knie. Ich schnappe vor Wut nach Luft. Das war unnötig. Diese Brüder sind total gestört. Ich hatte den einen besiegt und hätte ihn schlagen können, wenn ich gewollt hätte. Frustriert lasse ich den Blick über das Schlachtfeld schweifen.

Gunni schlurft nach Hause. Er heult. Jemand hat seinen Schild zerbrochen, bestimmt der große Junge. Der hat nämlich ein Schwert aus hartem Holz. Stebbi ficht zaghaft mit einem Jungen, während Alli Jens den Hang auf der anderen Seite runtergelaufen ist und alleine auf dem Fußballplatz steht.

Kristján Þór kommt zu mir gerannt.

– Ist alles okay mit dir?

– Ja, dieses Scheißarschloch hat mein Schwert durchgebrochen. Der andere hat mir voll gegen den Rücken geschlagen.

– Die sind echt durchgeknallt, sagt Kristján Þór.

Der eine Bruder ist wieder auf den Beinen, und beide schauen wütend in meine Richtung.

– Lass uns abhauen, flüstere ich.

Ich renne los, Kristján Þór mir nach. Wir laufen ohne anzuhalten durch Hörðaland und weiter in den Bústaðavegur.

Da kommt mir eine Idee. Weiter unten im Bústaðavegur, da, wo die Lkws immer parken, habe ich ein paar alte Weihnachtsbäume gesichtet.

Wir ducken uns hinter einen Lkw und spähen zurück. Niemand ist uns gefolgt.

– Diesen Arschlöchern zahlen wir es heim!

Ich schnappe mir einen kleinen Weihnachtsbaum und reiße die Zweige ab. Kristján Þór tut es mir nach. Kurz darauf sind wir in Besitz zweier furchteinflößender Knüppel.

Wir verstecken uns in einem Busch und schauen über das Schlachtfeld.

Stebbi ist weg. Alli Jens steht immer noch auf dem Fußballplatz. Von den Feinden sind nur noch der große Junge und die beiden Brüder da. Sie sitzen am Hang und quatschen.

– Sollen wir sie angreifen?, fragt Kristján Þór.

Wut kocht in mir hoch. Diese miesen Dreckschweine!

– Ja, antworte ich.

– Eins, zwei und ...

Mit lautem Gebrüll springen wir aus dem Busch und schwingen drohend die Knüppel. Die Mädchen gehen in Deckung und kreischen los. Dann fangen sie an zu lachen.

Die Feinde wissen nicht, wie ihnen geschieht. Erschrocken springen sie auf. Ich renne auf sie zu und schleudere den Knüppel mit voller Wucht in ihre Richtung. Sie fliehen, rennen nach Hulduland und verschwinden in einem Garten. Wir stimmen Siegesgeheul an. Wir haben den Hügel erobert! Alli Jens kommt schreiend angelaufen.

Als er da ist, beschließen wir, die Feinde zu verfolgen. Dabei heften wir uns nicht direkt an ihre Fersen, sondern nehmen eine andere Straße und entern Hulduland vom anderen Ende aus. Wir kriechen durch Beete und Gärten und schleichen uns an Hauswänden entlang.

Wir haben die Frontlinie überquert und befinden uns mitten auf feindlichem Territorium. Alli Jens ist auch sauer. Der große Junge hat ihn geschlagen, deshalb ist er abgehauen. Er zeigt mir den Abdruck des Schwerts auf seiner Hand.

Nachdem wir eine Zeitlang in den Gärten herumgelungert sind, sehen wir endlich einen der Brüder vorbeilaufen. Er kommt aus dem Kiosk in Grímsbær, denn er hat eine Süßigkeitentüte in der Hand. Und in der anderen hält er das Schwert.

Wir lauern ihm hinter einem Auto auf, stürzen uns auf ihn und ringen ihn nieder. Kristján Þór nimmt ihn in den Würgegriff und drückt ihn fest auf den Boden. Wir nehmen ihm die Süßigkeiten ab, drei Flaschen Cola und drei Lakritzstangen.

Ich hebe sein Schwert von der Straße auf, ein geschnitztes Schwert mit einer Spitze. Er muss ziemlich lange gebraucht haben, um es zu basteln. Die Parierstange ist unversehrt und hat eine Öffnung, in der das Heft steckt. Ich nehme das Schwert und schlage damit mehrmals auf den Bürgersteig, bis es zersplittert. Der Junge fängt fast an zu heulen.

Ich fühle mich nicht ganz wohl dabei. Das war gemein von mir. Es ist hässlich, etwas zu zerstören, aber mein Rücken tut immer noch weh, und es war unnötig, mich so fest zu schlagen.

Und ich denke an Gunni. Sein Schild ist kaputt. Gunni hat geweint. Wieder kocht Wut in mir hoch und tilgt mein schlechtes Gewissen augenblicklich. Er hat es nicht anders verdient.

Wir binden ihm mit der Plastiktüte die Hände auf den Rücken. Dann schnappen wir uns die Süßigkeiten und rennen weg.

Wir laufen wieder durch Hulduland, denselben Weg zurück, den wir gekommen sind, und weiter durch Geitland. Dann gehen zum Grímsbær-Spielplatz und setzen uns dort in die Hütte, schnappen nach Luft und trinken das Diebesgut. Das war eine der schlimmsten Straßenschlachten seit Menschengedenken.

– Hast du gesehen, wie er angefangen hat zu heulen?, fragt Alli Jens.

– Ja. Arme Sau.

– Du hast sein Schwert zertrümmert.

– Ja.

– Wir hätten ihn festhalten und anpinkeln sollen.

Wir lachen. Kristján Þór verstummt.

– Die rasten aus. Die werden uns verprügeln, murmelt er dann.

Er hat Angst. Das verstehe ich gut. Ich kenne Kristján Þór besser als jeden anderen. Wir haben schon viel zusammen gemacht und sind beste Freunde. Wir haben beim anderen übernachtet und streiten uns eigentlich nie. Mit Kristján Þór kann man sich allerdings auch nicht streiten, weil er, wenn er sauer ist, nur noch schweigsamer wird als sonst.

Kristján Þórs Eltern sind geschieden. Es ist schön, ihn zu besuchen. Bei ihm ist es ganz anders als bei uns. Überall Kerzen und Räucherstäbchen.

Im Wohnzimmer liegt ein Buch, das heißt *Venusfreuden*. Es handelt von Leuten, die ständig Sex haben, und enthält Zeichnungen, auf denen die Leute in allen erdenklichen Stellungen vögeln. Es ist das lächerlichste Buch, das ich je gesehen habe. Wir schauen es uns oft an, wenn wir alleine zu Hause sind.

Kristján Þór ist kein Loser, und er ist auch nicht dumm. Nur speziell. Er ist groß und hat dicke Pausbacken. Manche glauben, er sei behindert, weil er so wenig sagt.

Kristján Þór und ich machen alles zusammen.

Hoffentlich trommeln die Brüder keinen Trupp Schlägertypen zusammen. Ein paar von denen haben Mofas und würden uns in null Komma nichts finden. Jetzt wünschte ich, ich hätte das Schwert nicht zerbrochen. Und bereue es, dass wir die Süßigkeiten geklaut haben.

– Ich gehe nach Hause, sagt Kristján Þór unvermittelt.

Dann steht er auf und geht. Alli Jens und ich bleiben in der Hütte sitzen. Wir haben einen langen Weg vor uns, von Grímsbær bis nach Hause.

Da wir uns nicht trauen, auf direktem Weg heimzugehen, beschließen wir, runter ins Tal zu laufen und die Straßen hinter der Fossvogur-Schule zu nehmen.

Der Heimweg dauert lange. Wir schleichen wie zwei verängstigte Mäuse, hasten von einem Garten zum nächsten und blicken uns suchend um. Beim kleinsten Geräusch werfen wir uns in Deckung. Mein Herz schlägt bis zum Hals. Ich habe immer noch zur Sicherheit den Knüppel dabei. Und mache mir fast in die Hose.

Wir gehen weiter. Als wir zur Fossvogur-Schule kommen, sind wir uns ziemlich sicher, dass niemand nach uns sucht. Alli Jens hat sowieso keine Angst, denn er hat im Grunde gar nichts gemacht.

– Sollen wir einfach nach Hause gehen?

– Ja, es ist niemand hinter uns her.

Wir kriechen aus unserem Versteck. Wir sind sicher. Wir sind im heimatlichen Revier. Als wir über das Schulgrundstück laufen, ruft plötzlich jemand:

– Da sind sie!

Die Brüder kommen angerannt. Das Blut gefriert mir in den Adern. Ich höre ein Mofa. Alli Jens flieht und rennt den Hang hinauf. Der Junge auf dem Mofa, vermutlich ihr älterer Bruder, verfolgt ihn. Ich überlege nicht lange, werfe den Knüppel weg und sprinte los. Ich will versuchen, nach Hause zu laufen.

– Der da war's!

Sie haben es auf mich abgesehen, weil ich das Schwert zerbrochen habe. Wenn sie mich erwischen, machen sie Hackfleisch aus mir. Ich renne schneller. Sie sind mir direkt auf den Fersen. Ich höre das Mofa hinter mir näher kommen.

Bei den Reihenhäusern springe ich über die Hecke und schaue mich um. Der Bruder, dem das Schwert gehört hat, folgt mir in den Garten. Die beiden anderen sind nirgends zu sehen. Sie kriegen mich nicht. Sie werden mich niemals kriegen!

Ich bin bei meinem Haus angelangt. Ich habe Heimvorteil. Hier können sie mich nicht verprügeln. Ich sehe ein Holzscheit im Gras liegen. Blitzschnell bücke ich mich und nehme es in die Hand. Ich halte es hoch, bleibe stehen und drehe mich um.

Der Junge bleibt auch stehen und glotzt auf das Holzscheit. Sein Bruder und der große Kerl auf dem Mofa haben uns verloren. Sie rufen, sehen uns aber nicht. Selber Schuld. Er antwortet ihnen nicht. Er grinst nicht. Dieses Arschloch hat mein Schwert kaputt gemacht und mich viel zu fest auf den Rücken geschlagen.

Wir schauen uns in die Augen. Dann scheint er plötzlich zu registrieren, dass er alleine und weit weg von zu Hause ist. Ich sehe, wie er zögert. Er dreht sich um und glotzt mich dann wieder an. Er hat Angst.

– Du verdammtes Arschloch, murmele ich.

Er wollte mir wehtun. Er hat mir wehgetan. Es hat ihm Spaß gemacht. Er hat Brüder. Er hat alles. Er hat ein cooles Schwert. Sein Bruder hat ein Mofa. Er ist in der Grímsbær-Clique. Sie werden mich verprügeln. Vielleicht nicht jetzt, aber später. In der Schule oder auf dem Fußballplatz. Sie sind zu zweit oder zu dritt und ich alleine. Irgendwann, wenn ich vorbeigehe, kommen sie. Einer von ihnen wirft mir einen Ball an den Kopf. Dann treten sie mir in die Eier. Wenn ich anfange zu heulen, lachen sie.

Er schaut wieder nach rechts und nach links und dann zu mir. Ich werfe das Holzscheit.

Es landet auf seiner Stirn. Der Junge fasst sich an den Kopf. Dann nimmt er die Hand weg und mustert sie, um zu sehen, ob es blutet. Es blutet stark. Seine Handfläche ist voller Blut. Das Blut spritzt in einem rhythmischen, dünnen Strahl aus dem Loch in seiner Stirn. Er kriegt Panik und macht ein ungläubiges Gesicht. Dann fängt er laut an zu heulen.

Arme Sau. Glaub bloß nicht, dass du mir wehtun kannst! Ich habe keine Angst vor dir. Wenn du mir zu nahe kommst, bringe ich dich um. Ich habe dich besiegt. Ich bin stärker als du. Ich kann euch alle umbringen.

Ich laufe auf das Geräusch des Mofas zu und stürze mich durch einen Busch direkt auf den Jungen mit dem Mofa. Es ist ein Teenager, bestimmt fünf oder sechs Jahre älter als wir. Damit hat er nicht gerechnet. Er trägt keinen Helm. Ich schlage ihm, so fest ich kann, ins Gesicht, boxe mit der Faust gegen seinen Hinterkopf. Er fällt vom Mofa.

Das Mofa knallt auf den Bürgersteig. Der Motor läuft weiter. Ich brülle. Jemand rennt von hinten auf mich zu und hebt mich hoch.

– Bist du verrückt geworden, Junge?!

Ich sehe nichts mehr. Meine Augen sind voller Tränen. Ich höre nur noch ein Summen. Ich trete und schlage um mich und brülle so laut ich kann, immer weiter.

– Verdammte Arschlöcher, verdammte Arschlöcher. Ich bringe euch um, ihr verdammten Arschlöcher!

Jón Gunnar gerät oft in Streit mit anderen Kindern, ist einerseits zu dominant und andererseits ängstlich. Der psychologische Test und die Beobachtung zeigen, dass der Junge sehr intelligent ist. Er hat seine kleinkindlichen Bedürfnisse noch nicht vollständig befriedigt, hat massive Kastrationsängste, kann seine Aggressionen nicht kontrollieren und reagiert bei Angst gereizt. Er spürt, dass er sein Umfeld durcheinanderbringt, doch es mangelt ihm an gutem Willen und der Fähigkeit, sein Verhalten zu ändern. Zweifellos übersteigt es die Kräfte der recht betagten Eltern, den extrem unruhigen Jungen zu erziehen. Sie geben häufig auf und lassen dem Jungen viel zu oft seinen Willen, in so starkem Maße, dass seine Sicherheit gefährdet ist.

(Landeskrankenhaus, Psychologische Abteilung der Kinderklinik 06.09.74)

Der Bauer hat ein steifes Bein und geht am Stock. Er ist unfreundlich. Seine Frau ist auch unfreundlich. Sie haben zwei erwachsene Töchter namens Laufey und Erna.

Erna ist nett. Sie unterhält sich oft mit mir und hat mir Bücher geliehen. Eigentlich darf ich keine Bücher leihen, weil ich sie kaputt machen könnte. Aber Erna hat für mich *Tarzan* und *Anna von Stóruborg* stibitzt. Das ist ein schönes Buch.

Laufey ist einfach erwachsen. Sie spricht kaum mit mir.

Der Hof ist anders als der, auf dem ich vorher war. Es ist nicht schön, hier zu sein. Alle fluchen ständig und sagen hässliche Dinge. Sie machen auch immer missmutige Gesichter. In ihrer Nähe fühle ich mich unbehaglich. Ich habe Angst vor ihnen.

Aber ich muss das Essen nicht essen, wenn ich nicht will. Niemand zwingt mich dazu. Das ist gut, denn sie essen viel Ekelhaftes.

Einmal kam ich in die Küche und schaute in den Topf, um zu sehen, was es zu essen gäbe. Ich erschrak so, dass ich zurückzuckte. Aus dem kochenden Wasser ragten vier Zitzen. Sie kochten Euter, die der Bauer am Abend aß.

Zur selben Zeit, als ich aufs Land fuhr, kam Oma ins Altersheim. Als ich angekommen war, schrieb ich ihr einen Brief:

> Liebe Oma ich habe erfaren das du ins Altersheim gekommen bist und mit einer netten Frau im Zimma du hast Glük das sie nicht unfreuntlich ist es ist schön auf dem Lant, hier sind viele Schaafe und ein Hund und zwei Kazen, ich freu mich dich wieder zu sehen gott segne dich liebe Oma

Auf dem Hof ist auch ein Knecht namens Skúli. Er redet nicht viel. Morgens steht er ganz früh auf, um Zäune zu reparieren und Traktor zu fahren. Meistens ist er alleine, aber manchmal darf ich mitkommen und ihm helfen.

Einmal war ich krank und sagte es der Bäuerin.

– Komm mir nicht mit so einem Unsinn. Das ist nur Faulheit. Mach, dass du aus den Federn kommst, geh raus und hilf Skúli!

Ich traute mich nicht, ihr zu widersprechen. Dabei war ich wirklich krank.

Draußen regnete es und war kalt. Ich half Skúli eine Weile, bis ich mich übergeben musste. Da brachte Skúli mich nach Hause und schimpfte mit der Frau. Das war eines der wenigen Male, als ich ihn etwas sagen hörte.

– Wie kannst du so was machen, Frau! Den armen Jungen todkrank rausscheuchen!

– Ich dachte, er wäre nur faul.

– Er ist krank und hat Fieber. Er hat den Zaundraht vollgekotzt.

Dann ging er wieder raus und knallte die Tür hinter sich zu. Die Frau sah mich an.

– Dann mach, dass du ins Bett kommst, du Lump!

Als ich ankam, wohnte auch noch ein junges Mädchen auf dem Hof. Sie war leicht behindert und fuhr bald wieder ab. Ich glaube, weil sie so viel schrie. Manchmal schrie sie auch nachts, dann hörte ich den Bauern zurückschreien.

– Hör auf mit dem verfluchten Geheul, du Idiotin!

Als ich schon ein paar Wochen auf dem Hof war, rief Mama an. Am Telefon brach ich in Tränen aus.

– Ich will nicht hier sein, schluchzte ich.

– Na, na, na, ist ja gut.

– Bitte komm mich holen!

– So schlimm wird's schon nicht sein.

Sie wollte mir einfach nicht zuhören. Ich heulte so sehr, dass ich vor lauter Schluchzen und Rotz nicht mehr reden konnte. Die Bäuerin nahm mir den Hörer ab und versicherte Mama, dass mit mir alles in Ordnung sei.

Eine Woche später kam eine Karte von Mama. Darauf stand unter anderem: Mein lieber Junge, schön, dass es dir auf dem Land so gut gefällt.

Ich brach zusammen und fing an zu weinen. Ich hatte mich noch nie so allein auf der Welt gefühlt. Niemand interessierte sich für mich, und allen war es völlig egal, wie ich mich fühlte.

Ich soll mithelfen, sowohl im Haushalt als auch draußen. Ich hole die Kühe und treibe sie nach dem Melken auf die Weide. Außerdem verjage ich die Schafe von der Hauswiese. Das ist das Schwierigste von allem. Die Schafe laufen sehr schnell und verstecken sich oft in den Gräben.

– Jón, da sind Schafe auf der Hauswiese, sagt der Bauer.

Ich gehe raus und lasse den Blick über die Wiese hinter dem Hof schweifen. Ich sehe keine Schafe und gehe wieder rein.

Alle anderen können besser sehen als ich.

– Ich sehe keine Schafe.

Er rafft sich fluchend auf.

– Himmelherrgott noch mal!

Ich folge ihm hinters Haus.

– Da sind sie doch!, sagt er wütend und zeigt auf die Wiese.

Wenn ich die Augen zusammenkneife, kann ich besser sehen. Aber ich erkenne trotzdem keine Schafe.

– Sind das nicht Kühe?, frage ich.

– Hast du Tomaten auf den Augen, Junge?

Ich sehe keine Schafe und weiß nicht, wohin ich gehen soll. Die Wiese ist sehr groß. Ich bleibe stehen und warte. Da haut er mir fest auf den Rücken.

– Wirst du jetzt auch noch aufmüpfig?

– Nein.

– Dann leg einen Zahn zu, du Schwachkopf!

Er hebt seinen Gehstock, als wolle er mich schlagen. Ich laufe los auf die Wiese. Das Gras ist hoch und nass.

Endlich sehe ich die Schafe. Es sind zwei Mutterschafe mit jeweils zwei Lämmern. Als sie mich näher kommen sehen, rennen sie weg. Sie laufen viel schneller als ich. Dann verstecken sie sich, und ich verliere sie wieder aus dem Blick.

Ich bleibe stehen und versuche nachzuvollziehen, wohin sie gelaufen sind. Sie sind wie vom Erdboden verschluckt. Vielleicht liegen sie in einem Graben oder kauern im hohen Gras. Es ist, als wären sie unsichtbar.

Der Alte steht immer noch unten am Tor. Ich bin so weit weg, dass ich ihn nicht sehen kann, aber ich höre ihn brüllen.

– Du verdammter Trottel! Jetzt komm mal in die Gänge! Treib die Schafe von der Wiese!

Ich laufe wieder los und versuche, sie zu finden. Ich renne hin und her, bleibe immer wieder stehen und schaue mich suchend um. Wenn ich meine, etwas zu sehen, renne ich in die Richtung, doch da ist nichts. Vielleicht sind die Schafe wieder dorthin zurückgelaufen, wo sie herkamen.

– Ich glaube, sie sind weg!, rufe ich über die Wiese.

Der Bauer antwortet nicht. Wahrscheinlich ist er wieder ins Haus gegangen. Dann sind die Schafe bestimmt weg.

Unten am Hof wird der Traktor angeschmissen. Jemand tritt mehrmals fest aufs Gaspedal.

Ich sehe den Traktor ganz unten am Tor. Skúli kommt bestimmt, um den Zaun zu reparieren, damit die Schafe nicht wieder auf die Wiese können.

Ich schlendere ihm entgegen. Es macht mir Spaß, Skúli zu

helfen. Wir rammen Zaunpfähle in den Boden, reißen Zäune ein und befestigen sie wieder. Ich darf mit einer Kneifzange Drahtklammern abkneifen und mit einem Hammer hämmern.

Meine Füße sind schon ganz nass vom Gras, aber das ist nicht schlimm, es ist nicht kalt. Die trocknen in der Sonne wieder.

Der Traktor kommt näher. Da sehe ich, dass es nicht Skúli ist. Es ist der Alte. Er schnaubt vor Wut.

– Verdammt noch mal, du faule Sau!

– Die Schafe sind weg. Sie sind von selbst zurückgelaufen, sage ich erklärend.

– Du Mistkerl! Willst du was hinter die Ohren?

Der Bauer fährt mich fast über den Haufen und droht mir mit dem Stock. Ich höre den Stock an meinem Ohr vorbeizischen, bekomme Angst und fange an zu heulen. Ich hasse diesen Mann und habe Angst vor ihm. Ich habe gesehen, wie er im Flur den Hund schlägt. Er lässt den Stock auf ihn niederprasseln, bis er winselt. Ich hasse diesen verdammten Hof und alles, was dazugehört.

– Beeil dich endlich, du Memme!

Da gehe ich auf ihn los, reiße ihm den Stock aus der Hand und schlage zu. Der Schlag ist unbeholfen, und der Bauer hält sich schützend die Hände vors Gesicht.

– Fahr zur Hölle, du alter Sack!

Ich haue auf den Traktor, bis der Stock durchbricht.

– Bist du verrückt geworden, Junge?

– Halt's Maul, du Arschloch!

Ich werfe den Stock weg und renne runter zum Hof. Der Bauer fährt hinter mir her, aber ohne den Stock kann er nicht vom Traktor steigen.

Laufey ist in der Küche. Als ich reinkomme, dreht sie sich um.

– Was ist denn los?

Ich brülle, stürze mich auf sie und reiße an ihren Haaren. Dann zerre ich sie auf den Boden. Sie kreischt.

– Ich hasse euch!, schreie ich.

Sie trägt eine Halskette. Ich reiße sie ab und schleudere sie in die Ecke. Ich möchte alles kaputt machen, was ihnen wichtig ist.

Ich springe wieder auf die Füße, greife wahllos irgendwelches Geschirr und knalle es auf den Boden, sodass es zerbricht. Die Scherben fliegen durch die ganze Küche.

– Was ist denn da los?, ruft die Alte aus dem Wohnzimmer.

– Halt's Maul, du miese Alte!

Ich werde abhauen. Ich laufe nach draußen. Ich werde nach Húsavík und von dort nach Hause fahren.

Blind vor Tränen renne ich über die Wiese. Ich verheddere mich in einem Stacheldrahtzaun und reiße mir die Haut auf, aber es ist mir egal. Am liebsten würde ich mich mit einem Messer schneiden. In mich eindringen und das wegschneiden, was tief in mir so wehtut. Es ist, als wäre eine Katze in mir, die mein Inneres zerkratzt. Ich hasse alle. Ich hasse diese Leute. Ich hasse die Schafe. Ich hasse Papa und Mama, weil ich hier sein muss.

Skúli fährt mir mit dem Land Rover hinterher. Ich kann nicht mehr laufen und bin erschöpft. In meiner Brust brennt es, sodass ich kaum noch Luft kriege. Ich hoffe, dass jemand vorbeifährt. Ich will hier weg und nie mehr wiederkommen. Wenn er versucht, mich ins Auto zu ziehen, beiße ich ihn. Aber er versucht nicht, mich ins Auto zu ziehen. Er bremst und kurbelt die Scheibe runter.

– Ist ja gut, mein Junge.

Seine Stimme klingt ruhig. Er ist nicht wütend.

– Ich will nach Hause, stöhne ich schluchzend.

– Ja, das verstehe ich gut. Aber willst du nicht erst mal mitkommen und dich beruhigen?

Ich steige in den Wagen. Ich weiß nicht, was ich sonst tun soll, weiß nicht, wohin ich gehen soll. Ich kenne mich nicht aus. Skúli fährt schweigend los.

Alle stehen auf dem Hofplatz. Ich bleibe alleine im Auto sitzen. Skúli redet mit ihnen.

– Was ist eigentlich passiert?

– Er ist auf einmal durchgedreht, sagt der Alte.

– Dann ist er in die Küche gekommen und hat Laufey angegriffen und alles kurz und klein geschlagen, fügt die Alte hinzu.

– Der ist nicht ganz richtig im Kopf.

In meinem Kopf steckt alles fest. Ich weiß nicht mehr, was passiert ist. Ich weiß nicht, was ich tun soll, und wünschte, ich wäre in meinem Zimmer. Mir ist kalt, obwohl die Sonne scheint. Ich möchte ein Bad nehmen und schlafen. Ich möchte mich auf den Boden legen und meine Ruhe haben, in meinen Daumen kriechen, ganz, ganz tief in mich hinein, durch mein Herz und auf der anderen Seite wieder hinaus.

Sie bringen mich in die Scheune. Ich darf nicht ins Haus, bevor ich mich wieder beruhigt habe. Die Alte schließt die Tür ab.

– Du bleibst hier sitzen und denkst darüber nach, was du getan hast.

Die Scheune hat ganz oben im Dachgiebel Fenster. Ich nehme alle Rechen, die ich finden kann, und schlage damit die Fenster ein. Dazu packe ich sie am Stiel und schleudere sie gegen die Fenster, bis die Scheiben zerbrechen. Als ich fertig bin, lege ich mich ins Heu und flenne, bis ich einschlafe.

Niemand sagte etwas. Das Leben lief einfach weiter seinen gewohnten Gang. Sie kamen zu der Schlussfolgerung, ich wäre ein unverbesserlicher Faulpelz, und ließen mich in Ruhe. Ich weiß nicht, ob sie mit Mama sprachen. Ist mir auch egal, sie würde sowieso nichts unternehmen.

Ich bin allen gleichgültig.

Seitdem habe ich immer Steine in der Tasche, die ich auf dem Hofplatz gesammelt habe. Ich bevorzuge die runden, schweren. Ich habe den Schafen den Krieg erklärt. Ich hasse sie. Warum schleichen sie sich immer auf die Hauswiese? Wenn ich sie auf der Wiese sehe, versuche ich, sie mit Steinen zu bewerfen. Ich will ihnen Angst einjagen, damit sie nicht mehr auf die Wiese kommen. Wenn ich nah genug dran bin, bewerfe ich auch die Lämmer. Das wird die verdammten Mutterschafe lehren, sich von der Hauswiese fernzuhalten.

Einmal erwischte ich eins, als es sich gerade durch den Zaun quetschen wollte. Als es mich sah, bekam es Panik. Ich konnte ihm noch in den Bauch treten, während es sich wieder zurückquetschte. Danach fühlte ich mich stark. Das Schaf wird es sich gut überlegen, bevor es noch mal versucht, sich auf meine Hauswiese zu schleichen. Wenn es kommt, bringe ich es um und schneide ihm den Kopf ab und stecke ihn auf einen Pfahl, damit die anderen Schafe ihn sehen und Angst kriegen.

Scheiß Schafe. Die sind dumm und ekelhaft und dreckig. Ich hasse sie mehr als alles andere.

Ich hasse alle Leute auf dem Hof, bis auf Erna. Sie hat mir Bücher geliehen, aber sie gehört trotzdem zu ihnen. Die sind alle abartig. Ich hasse auch Mama und Papa. Ich hasse sie, weil ich ihnen egal bin. Doch am meisten hasse ich die Schafe, weil sie mich ständig ärgern. Die sind an allem schuld. Sie schleichen sich auf die Hauswiese, verstecken sich vor mir und scheuchen mich hin und her. Die Schafe wissen genau, was sie tun.

Die Kühe schlage ich mit einer Peitsche. Wenn sie Mätzchen machen, nicht kommen oder nicht in ihre Ständer gehen wollen, bekommen sie eine Verwarnung. Dann tippe ich sie an, aber wenn sie gar nicht gehorchen, schlage ich sie dreimal fest. Wenn ich sie morgens zusammentreibe, bringe ich sie zum Laufen. Sie sollen mir gehorchen und tun, was ich sage, sonst schlage ich sie.

Skræpa ist meine Lieblingskuh. Sie ist am klügsten von allen. Sie ist immer brav und macht nie Mätzchen. Manchmal schlage ich sie einfach so mit der Peitsche, nur weil sie da ist. Ich weiß nicht, warum ich das mache. Vielleicht bin ich böse. Ich möchte verletzen. Ich möchte, dass es Skræpa so geht wie mir.

Manchmal fühle ich mich schlecht, weil ich Skræpa wehgetan habe. Dann schleiche ich mich wieder raus in den Stall und bitte sie um Verzeihung. Und sie verzeiht mir immer. Manchmal fange ich an zu weinen und hänge mich an ihren Hals, dann steht sie ganz still. Ich bin mir sicher, dass sie mich in die Arme nehmen würde, wenn sie welche hätte. Sie weiß, wie schlecht ich mich tief im Inneren fühle. Sie versteht mich, weil es mir so geht wie ihr, wenn ich sie mit der Peitsche schlage. Skræpa ist meine Freundin.

Ich bin schlecht. Etwas Böses ist in mir. Ich finde mich abartig. Mein Gesicht ist abartig. Mein Körper ist abartig. Ich habe hässliche Hände und kaue an den Fingernägeln. Meine Stimme ist auch abartig. Ich will nicht sprechen. Ich kann mich nicht im Spiegel anschauen und vermeide es, hineinzuschauen. Wenn ich mir die Zähne putze, senke ich den Blick. Ich hasse mich. Ich hasse alle.

Später im Sommer kamen Mama und Papa zu Besuch. Sie waren auf einer Reise und beschlossen, vorbeizukommen. Es war mitten in der Heuernte. Sie zelteten hinter dem Hof und blieben zwei Tage. Papa half beim Heumachen.

Alle mochten Papa. Sie zerbrachen sich bestimmt den Kopf darüber, wie ein so freundlicher und guter Mann einen so unmöglichen Sohn haben konnte.

Als sie wieder abfuhren, nahmen sie mich mit. Mama fand die Leute komisch.

Ich holte meine Sachen, setzte mich auf die Rückbank und verabschiedete mich von niemandem.

Als wir nach Hause kamen, schaute ich mir Fotos an, die Mama und Papa im Sommer gemacht hatten. Es waren Fotos, auf denen sie zusammen mit anderen Leuten zelteten. Da waren Anna Stína und ihre Familie und noch mehr Leute. Es gab auch Fotos beim Angeln, auf denen alle fröhlich waren. Auf einem Bild stand Papa, und vor ihm lagen viele Fische. Auf einem anderen war er zusammen mit lächelnden Kindern.

Ich weiß nicht, warum ich nie mitkommen darf. Ich weiß nicht, was mit mir los ist.

Als im Herbst die Schule wieder anfing, schickte mich der Lehrer zu einer Sehprüfung. Dabei stellte sich heraus, dass ich kurzsichtig war und eine Hornhautverkrümmung hatte und eine Brille brauchte. Papa fuhr mich zum Optiker, um eine Brille zu besorgen.

Als wir aus dem Laden traten, erschrak ich. Die ganze Welt hatte sich verändert, war zu unzähligen kleinen Dingen zusammengeschrumpft. Wo zuvor nur nebelhafte Flecken gewesen waren, erschienen nun farbenreiche Details. Bis dahin hatte ich die Welt wie durch Wasser gesehen. Meine ganze Weltsicht veränderte sich in einem Augenblick. Es war, als hätte ich eine neue Welt betreten, in der ich noch nie zuvor gewesen war. Als sei jemand gekommen und hätte alle Dinge verwandelt. Das Licht der Straßenlaternen war nicht mehr neblig und verschleiert. Ich meinte, bis ins Unendliche sehen zu können. Die Esja war ein Berg mit Hängen und Schneefeldern und nicht nur ein undeutlicher dunkler Hügel in der Ferne. Verschwommener Dunst bekam Umrisse und entpuppte sich als Bäume und Häuser und Garagen. Und das Licht war unglaublich. Ich fühlte mich wie neugeboren.

Ich fing mich wieder und vergaß die ganze Geschichte auf dem Land. Es war, als sei sie im Nebel der Vergangenheit versunken und nie geschehen. Bis zu einem gewissen Tag.

Sie saßen im Wohnzimmer und lachten, als ich reinkam. Mama war fröhlich und schenkte ihnen Kaffee ein.

– Was glaubst du, wer zu Besuch gekommen ist?

Sie wirkten jetzt ganz anders. Sogar ihre Gesichter waren verändert.

Ich begrüßte sie nicht. Ich hatte keine Lust dazu und konnte nicht begreifen, warum Mama sie hereingebeten hatte. Ich ging in mein Zimmer und blieb dort, bis sie gingen. Dann kam ich raus und beschimpfte Mama.

– Wie kannst du nur?, sagte ich.

– Stell dich nicht so an.

– Ich hasse dieses Pack!

– Sprich nicht so, Junge.

– Die sind doch alle verrückt.

– Nein, nein, sie sind nicht verrückt, nur komisch.

– Ich hasse sie, wiederholte ich. Mama schüttelte den Kopf und antwortete nicht.

Habe ich Unrecht? Haben andere immer Recht? Wie soll man sich verhalten? Wie funktionieren diese unsichtbaren Regeln, die ich nicht sehe? Was ist »normal«? Ich weiß nicht, was ich falsch mache. Ich sehe es nicht. Ich weiß nicht, woran man Normalität misst. Bin ich ein selbstsüchtiger und egoistischer Junge, ein Einzelkind, ein Nesthäkchen? Bin ich gut oder böse? Warum leidet meine Seele so sehr?

Auf dem Land hielt man mich für faul, weil ich den Schafen nicht hinterherrennen wollte. Aber ich war nicht wirklich faul. Ich laufe gerne. Ich habe sie nur nicht gesehen und wusste nicht, wohin ich laufen sollte. Das, was alle anderen sehen, sehe ich nicht. Was sie »normal« finden, ist mir ein Rätsel. Ich sehe es erst, wenn es mir jemand sagt.

Heute Abend ist in der Schule eine *Grease*-Party. Alle sollen in *Grease*-Klamotten kommen, und es wird getanzt. Jeder darf eine Cola und eine Süßigkeit mitbringen. Ich nehme Coca-Cola mit. Kristján Þór nimmt Pepsi mit. Er findet Pepsi besser als Coke, aber ich schmecke keinen Unterschied. Wir nehmen beide jeweils ein Mars mit. Ich habe mich auf diese Party sehr gut vorbereitet. Ich war in der Apotheke und habe mir Haargel gekauft und einen schwarzen Kamm, den ich hinten in die Hosentasche stecke. Mama hat mir ein schwarzes enges T-Shirt gekauft. Eigentlich wollte ich eine Lee Cooper oder Wrangler-Jeans haben, aber Mama meinte, ich könnte genauso gut meine anziehen. Dabei ist das eine Duffy. Die ist nicht so cool wie die anderen Marken. John Travolta trägt keine Duffy. Ich habe auch keine Lederjacke und ziehe einfach nur das T-Shirt an.

Ich war bei Gunni, um die *Grease*-Tänze zu lernen. Gunni ist ein guter Tänzer. Er wird Gunni-Casanova genannt, seit er, als er mal im Kiosk stand, von einem Mann von einer Zeitung gefragt wurde, was er in der Schule am liebsten mache.

– Mädchen küssen, antwortete Gunni.

Manchmal spielen wir in den Pausen Küssen. Dann versuchen wir, Mädchen zu fangen und festzuhalten, und Gunni küsst sie auf den Mund. Manchmal verfolgen die Mädchen auch uns und versuchen, uns zu küssen. Die meisten Mädchen wollen immer nur Gunni küssen, aber Ásta hat versucht, mich zu küssen.

Der Tanzunterricht war ein Reinfall. Ich konnte die Schritte nicht lernen, nur ein paar Armbewegungen, und am Ende gab ich es auf. Ich werde sowieso nicht viel tanzen Vielleicht nur ganz zum Schluss, wenn ein langsames Lied kommt. Das Wichtigste sind die Ohrringe. Letzte Woche war ich bei Tausend und eine Nacht auf dem Laugavegur und habe mir Ohrringe gekauft. Ich habe es niemandem erzählt, außer Kristján Þór. Ein paar Jungen in der Schule haben schon Ohrringe. Gunni hat ein Ohrloch und verschiedene Ohrringe, die er abwechselnd reinmacht. Eigentlich wollte ich Coke-Ohrringe haben, die sind total cool. Das sind kleine Coladosen, die an einem Haken hängen, den man ins Ohr steckt. Aber die gab es nicht, deshalb musste ich mir stattdessen Pepsi-Ohrringe kaufen. Ich will an beiden Ohrläppchen Löcher haben. Dafür muss man in einen Kosmetiksalon gehen und sich Ohrlöcher stechen lassen, aber dafür habe kein Geld. Ich will nicht mit Papa darüber reden und werde mir die Löcher einfach selber stechen. Ich habe schon von Mama eine Nadel geklaut, mit der sie immer Schafmägen zusammennäht. Mit den Ohrringen werde ich einschlagen wie eine Bombe. Ich werde der einzige Junge mit zwei Ohrringen sein.

In der Schule gibt es ein Mädchen, das in mich verknallt ist. Sie heißt Ásta. Ásta hat mir in der Schule Zettelchen zugesteckt und ist sogar einmal zu mir nach Hause gekommen und hat an mein Fenster geklopft. Ich habe nicht darauf reagiert. Denn ich habe Angst, dass sie sich über mich lustig macht. Vielleicht tut sie nur so, als wäre sie in mich verknallt. Ich finde es unvorstellbar, dass irgendein Mädchen in mich verknallt sein könnte. Ich finde mich hässlich. Außerdem bin ich lächerlich. Und falls sie wirklich in mich verknallt war, dann ist sie es jetzt wahrscheinlich nicht mehr, weil ich so unfreundlich zu ihr war. Ich habe Angst vor Mädchen und verstehe sie nicht. Sie sind für mich wie Außerirdische. Ich weiß nie, was sie denken oder wofür sie sich interessieren, und kann mich nicht mit ihnen unterhalten. Manche sind unglaublich hübsch, und wenn man ihnen in die Augen schaut, könnte man auf der Stelle sterben. Sie riechen gut, und wenn sie sprechen, haben sie so schöne Stimmen, dass man nicht versteht, was sie sagen, weil man vollauf damit beschäftigt ist, nicht in Ohnmacht zu fallen. Dann gibt es andere, die frech sind oder einfach nur dumm und langweilig.

Mädchen können oft gemein sein. Sie sind gut darin, etwas Gemeines zu sagen, vielleicht weil sie so schwach sind. Sie können sich nicht prügeln und verteidigen sich mit Worten. Ich kenne nur zwei Mädchen, die wohnen beide in meiner Straße. Die Mädchen in meiner Klasse kenne ich eigentlich gar nicht.

Ásta ist ein normales Mädchen. Sie ist süß, hat lange schwarze Haare und ist ziemlich klein. Ich finde sie nicht supertoll, aber auch nicht langweilig. Nur ihre Freundinnen sind blöd und langweilig.

Wir bereiten uns vor. Ich ziehe das T-Shirt an und stecke es in den Hosenbund. Dann gehen wir aufs Klo, um uns Gel in die Haare zu schmieren.

Ich sehe John Travolta überhaupt nicht ähnlich. Ich bin rothaarig und sommersprossig und trage eine Brille. Ich sehe eher aus wie die bösen Typen. In Filmen sind die Bösen immer hässlicher als die Guten, obwohl das in Wirklichkeit nicht so ist. Ich sehe bestimmt viel besser aus, wenn ich die Ohrringe anhabe.

Ich schmiere mir Gel ins Haar und kämme es zurück, doch die Spitzen richten sich immer wieder auf. Kristján Þórs Haare liegen glatt an, aber ich habe einen Wirbel. Ich versuche, sie nach unten zu drücken, aber sie stellen sich immer wieder auf. Am Ende frage ich Mama um Rat. Sie sprüht Haarlack rein, und dann bleiben sie endlich unten.

Draußen ist Frost. Mir ist ziemlich kalt, als wir in der Schule ankommen. Die Ohrringe und die Fleischnadel habe ich in der Hosentasche. Kristján Þór trägt einen Skianorak.

Der ist cool. Ich habe nur eine normale Jacke mit einer pelzgefütterten Kapuze. Manche nennen solche Jacken Mongo-Jacken. Man kann unmöglich in einer Mongo-Jacke zu einer *Grease*-Party gehen.

Es ist sehr wichtig, sich richtig zu kleiden. Wenn man falsch angezogen ist, ist man ein Loser. Die Leute beurteilen einen danach, wie man sich kleidet. Solange man klein ist, spielt das keine Rolle, aber je größer man ist, desto wichtiger wird es. Niemand will mit einem Loser befreundet sein. Heutzutage tragen alle Moonboots und Westen. Ich habe keine Moonboots, aber eine Weste und eine coole Skimütze. Ich bin kein Loser. Das war ich früher mal, aber jetzt nicht mehr.

Ich will so sein wie die anderen. Ich will cool sein.

Alle sind sehr schick. Die Jungen tragen schwarze T-Shirts und Jeans mit Aufschlag, selbst die Oberloser. Manche tragen sogar ein schwarzes T-Shirt und schwarze Jeans, genau wie John Travolta. Einige haben schwarze Lederjacken an.

Der einzige Junge, der aussieht wie ein Schwachkopf, ist Gummitarzan. Er ist der größte Loser in der Fossvogur-Schule. Er ist sehr klein und hat struppige rote Haare, die er nie kämmt. Er hat sich überhaupt nicht greasemäßig angezogen, trägt einfach einen Pulli und eine Cordhose und hat noch nicht mal Turnschuhe an, sondern schwarze Stiefel.

Ich habe Mitleid mit ihm. Sein Vater ist eine Lusche, und seine Mutter ist arbeitsunfähig und muss im Bett liegen. Er wohnt in Blesugróf. Das ist ein Asi-Viertel, und die Leute, die da wohnen, werden Asis genannt. Einmal taten sich ein paar Eltern zusammen und schenkten seiner Mutter gebrauchte Kleider, aus denen ihre Kinder rausgewachsen waren. Ohne es ihren Kindern zu erzählen. Und als Gummitarzan in einer neuen Jacke in die Schule kam, erkannte ein Kind sie wieder.

Gummitarzan ist arm. Er riecht schlecht. Und er ist langweilig und blöd. Niemand will mit ihm zu tun haben. Als ich jünger war, spielte ich manchmal mit ihm, weil ich sonst niemanden zum Spielen hatte.

Es war seltsam, zu ihm nach Hause zu kommen. Die Wohnung war hässlich und schmutzig. Manchmal war sein Vater mitten am Tag betrunken und palaverte mit uns über irgendeinen Scheiß.

Gummitarzan hat noch eine Schwester, die ist nicht ganz dicht. Manchmal, wenn wir bei ihm zu Hause waren, lief sie splitternackt herum und brüllte tierisch laut. Das war eigentlich eher schlimm als lustig.

Manchmal versucht Gummitarzan, mich auf dem Nachhauseweg von der Schule zu begleiten, aber ich will nicht mit ihm zusammen sein. Ich versuche, ihm klar zu machen, dass ich nicht sein Freund sein will. Ich wünschte, ich hätte nie mit ihm gesprochen. Er ist der größte Loser in der ganzen Schule, und ich kann es mir nicht leisten, mit ihm gesehen zu werden.

Wenn er mich sieht, kommt er sofort zu mir und lächelt über das ganze Gesicht.

Gummitarzan ist kindisch und spielt immer noch mit Action Man. Er bleibt bei uns stehen und geht nicht mehr. Das ist unerträglich. Kristján Þór ist auch nicht besonders cool. Manche Kinder meinen, er sei geistig behindert. Er findet Gummitarzan okay. Ich wünschte, ich wäre in einer anderen Clique als dieser.

Die Mädchen tragen kurze Kleider und haben Locken in den Haaren. Einige tragen auch enge schwarze Hosen, rote hochhackige Schuhe und schwarze T-Shirts, genau wie Olivia Newton-John nach ihrer Veränderung. Ich kann Ásta nirgendwo sehen. Die Kinder treffen nach und nach ein. Die Sporthalle ist geschmückt. Die *Grease*-Lieder werden gespielt, aber noch tanzt niemand.

Ich lasse Gummitarzan und Kristján Þór einfach stehen und gehe aufs Klo, um mein Aussehen zu checken. Die Haarspitzen stehen hoch. Ich sehe überhaupt nicht aus wie einer aus *Grease*. Eher wie Tim aus *Tim und Struppi*. Leise verfluche ich mein Äußeres. Ich wünschte, ich wäre nicht rothaarig. Ich wünschte, ich wäre schwarzhaarig und trüge keine Brille. Ich schmiere mir mehr Gel in die Haare. Dann schaue ich mir die Ohrringe an. Ich will sie erst reinmachen, wenn die Party richtig angefangen hat. Ich werde einschlagen wie eine Bombe.

Kristján Þór und Gummitarzan gehe ich aus dem Weg. Kristján Þór schaut mich fragend an, und ich nicke ihm zu, als würden wir uns kaum kennen. Ich sehe, dass er kapiert, dass ich nicht mit ihm zusammen sein will. Und dass er sauer ist. Das finde ich blöd. So ist das Leben nun mal. Man kann nicht ewig ein Loser sein. Ich habe keine anderen Freunde außer ihm, aber ich will lieber alleine sein als zusammen mit ihm und Gummitarzan. Sie stehen nämlich nur in der Ecke, als hätten sie hier gar nichts zu suchen, und halten immer noch ihre Plastiktüten mit den Süßigkeiten in der Hand. Ich denke mit Horror daran, dass ich auch mal so war. Fehlt nur, dass sie in der Nase bohren und Fangen spielen. Ásta lässt sich nicht blicken. Ich traue mich nicht, ihre hochnäsigen Freundinnen nach ihr zu fragen. Unsere Klassenlehrerin Ingibjörg kommt herein.

– So, Kinder, jetzt kommt mal alle in die Halle!

Die Menge drängelt sich zu der dröhnenden Musik in den Saal: *You're the one that I want, you're the one that I want, ooh ooh ooh, honey!*

Ich lasse mich mit der Menge treiben und achte darauf,

möglichst weit von Kristján Þór und Gummitarzan entfernt zu sein.

Ásta ist da. Sie sagt etwas zu ihren Freundinnen, dann blicken mich alle an und lachen. Es ist unmöglich zu wissen, ob das Anmache oder einfach nur Verachtung ist. Ásta ist jedenfalls offensichtlich nicht sauer auf mich. Das ist schon mal eine Erleichterung.

Die Musik wird ausgeschaltet.

– Alle, die beim Gruppentanz mitmachen wollen, herkommen!, ruft die Lehrerin.

Jetzt wird die unterschiedliche Entwicklung der Geschlechter schmerzhaft sichtbar. Die Mädchen haben sich innerhalb eines Jahres von kichernden Gören in kleine, raffinierte Luder verwandelt. Sie stellen sich erwartungsvoll in eine Reihe. Ihnen gegenüber lümmeln sich ein paar Jungen und starren mit den Händen in den Hosentaschen Löcher in die Luft. Die meisten sitzen allerdings auf dem Boden und quatschen. Ein paar haben ihre Coolness abgelegt und klettern an den Sprossenwänden hoch, schaukeln an den Seilen oder spielen sogar Fangen. Die Lehrer rufen sie zur Ordnung. Ich bin aus diesem kindischen Verhalten rausgewachsen und stelle mich in die Reihe. Die Lehrerin klatscht in die Hände, und der Tanz beginnt.

Die Mädchen sind viel zahlreicher und einen Kopf größer als die Jungen. Außerdem können sie besser tanzen.

Ich bemühe mich mitzuhalten, verliere aber sofort den Faden und komme durcheinander. Das Lied ist zu schnell für mich. Mir bricht der Schweiß aus, und meine Augen brennen. Als ich mir über die Stirn streiche, merke ich, dass Gel aus meinen Haaren läuft. Meine Stirn ist schon ganz schmierig. Es ist, als hätte mir jemand Haarlack in die Augen gesprüht. Ich verdrücke mich von der Tanzfläche und gehe aufs Klo.

Dort wische ich mir die Schmiere aus dem Gesicht und wasche mir die Hände. Es fühlt sich an, als hätte ich ein ganzes Stück Margarine auf dem Kopf. Ich kämme meine Haare nach hinten. Jetzt ist es soweit. Ab heute Abend werde ich kein Loser mehr sein, der Kinderspielzeug hat und mit sich selber Brettspiele spielt. Ich werde Ásta fragen, ob sie mit mir gehen will.

Ich hole die Ohrringe aus der Tasche und lege sie aufs Waschbecken. Dann nehme ich die Nadel in die Hand. Ich kneife mir ins linke Ohrläppchen, um es zu betäuben. Anschließend nehme ich die Nadel und steche sie rein. Erst kommt ein kleiner Stich und dann ein Widerstand. Ich steche fester. Als ich höre, wie die Haut unter der dicken Nadel einreißt, atme ich auf und betrachte das Ohr. Die Nadel ist auf der einen Seite durch die Haut gegangen. Ich mache weiter. Wieder ein kleiner Stich, und dann geht die Nadel durch. Ich habe ein Loch im Ohr! Ich ziehe die Nadel raus, nehme einen Ohrring, biege den Haken auf und steche ihn durch das Loch. Das funktioniert gut, aber es ist schwierig, das Loch auf der anderen Seite zu treffen. Meine Finger sind ganz verschmiert, und mir läuft schon wieder Gel in die Augen. Der Haken ist aus weichem Metall und verbiegt sich leicht im Ohrläppchen. Vielleicht muss ich das Loch vergrößern. Ich wische mir das Gesicht und die Hände ab. Dann ziehe ich den Haken wieder raus und steche noch mal die Nadel rein. Weil ich das Loch auf der anderen Seite mit der Nadelspitze nicht finden kann, steche ich einfach ein neues Loch. Jetzt fängt es ein bisschen an zu bluten, tut aber nicht sehr weh. Ich wische das Ohrläppchen mit Klopapier ab und mache einen zweiten Versuch mit dem Ohrring. Jetzt klappt es besser. Der Haken gleitet durch das Ohr. Jetzt das zweite. Ich muss dreimal ins rechte Ohrläppchen stechen, bevor ich endlich durchkomme. Ich wische immer wieder Blut weg und mustere mich im Spiegel. Ich sehe bombastisch aus. An jedem Ohr hängt eine kleine Pepsi-Dose. Wenn ich den Kopf leicht schüttele, baumeln die Dosen. Zum Abschluss kämme ich mich noch einmal und spüle mir die Augen aus.

Kurzsichtige können nicht gut weit sehen, aber sehr gut nah. Alles, was nah ist, sehen sie sogar besser als Normalsichtige. Ich habe auf dem einen Auge minus sechs und auf dem anderen minus sieben. Wenn ich die Brille absetze und in den Spiegel schaue, kann ich gut erkennen, wie attraktiv ich ohne Brille bin. Deshalb beschließe ich, ohne Brille zurück in den Saal zu gehen. Ich wickle sie in Klopapier und stecke sie in die Hosentasche.

Als ich zurück in den Saal komme, kann ich nicht viel erkennen, denn es ist ziemlich dunkel. Dennoch lasse ich mir nichts anmerken und taste mich weiter. Ich hoffe, Ásta zu treffen, und versuche mich dorthin zu bewegen, wo ich sie zuletzt gesehen habe. Dabei taste ich mich an der Wand entlang. Zur Sicherheit streiche ich mir noch einmal mit der Hand über die Haare. Ich spüre die Ohrringe an meinen Ohrläppchen baumeln. Als ich sie kurz berühre, tut es weh.

Im Saal ist es heiß, und schon bald läuft mir wieder Gel ins Gesicht. Meine Augen brennen und fangen an zu tränen, was mein Sehvermögen nicht gerade verbessert. Ich ziehe mir den Kragen übers Gesicht und reibe die ekelhafte Schmiere ins T-Shirt. Vor lauter Kurzsichtigkeit, Tränen und Schmiere kann ich kaum noch etwas sehen, und das Brennen wird stärker. Es ist fast unerträglich. Ich reibe mir die Augen. Ich bin überall voll Schmiere und will zurück aufs Klo. Ich muss mich sauber machen und mir die Augen auswaschen.

Ich kann die Tür nicht mehr sehen und finde den Weg zurück nicht. Ein paar Jungen lachen. Hoffentlich nicht über mich. Ich hoffe, dass mich niemand sieht, und marschiere einfach los.

Plötzlich geht das Licht an, und ich sehe ein bisschen besser. Meine Augen brennen vor Schmerz. Ich stecke die Hand in die Hosentasche und hole meine Brille heraus. Ich muss jetzt schnell aufs Klo rennen, in der Hoffnung, dass Ásta mich nicht sieht.

– Um Gottes willen! Was hast du gemacht, Junge?

Ich setze die Brille auf. Meine Klassenlehrerin Ingibjörg steht vor mir. Sie macht ein besorgtes Gesicht. Um mich herum sammeln sich Kinder und starren mich schweigend an. Ich versuche, Haltung zu bewahren.

– Ich wollte nur mal kurz raus.

Sie packt mich am Arm und führt mich hinaus, während sie den anderen Kindern befiehlt, im Saal zu bleiben.

Wir gehen aufs Klo. Im Spiegel begrüßt mich ein unschöner Anblick. Mein Hals und meine Ohren sind blutverschmiert. Meine Ohrläppchen sind auf dreifache Größe angeschwollen. Mein Gesicht ist feucht und mit Tränen und Gel verschmiert. Meine Augen sind rot und verquollen. Ich spüle sie mit warmem Wasser aus.

– Ist alles okay mit ihm?, fragt ein Mädchen.

Es ist nicht Ásta.

– Ja, ja. Geh wieder rein, antwortet Ingibjörg.

Ich fühle mich besser, trockne mir das Gesicht ab und ziehe kräftig die Nase hoch. Meine Ohren kann ich nicht berühren. Sie fühlen sich an, als seien sie gehäutet worden. Beide Ohrläppchen bluten.

– Was hast du mit deinen Ohren gemacht, Jón?

– Das sind nur Ohrringe.

– Wer hat die dir reingemacht?

– Ich selber.

– Womit?

Ich zeige ihr die Fleischnadel.

– Du lieber Himmel!

Ingibjörg fährt mich nach Hause. Es hätte anders laufen sollen. Ich bin nicht cool. Ich werde nie cool sein. Ich kann nie etwas richtig machen. Ich bin nicht wie andere Kinder. Ich bin rothaarig und lächerlich. Ich bin nicht gut in Sport. Ich bin dumm und kann nicht lernen. Alles an mir ist hässlich und abartig. Nie wird sich irgendein Mädchen in mich verknallen. Andere Kinder haben Geschwister und ein schönes Familienleben. Andere Familien machen Reisen und unternehmen gemeinsam etwas. Wir unternehmen nie was. Und wenn Mama und Papa wegfahren, darf ich nie mitkommen. Bei mir zu Hause ist immer alles so seltsam.

Ich habe niemanden, mit dem ich reden kann. Es gibt niemanden, der mir etwas erzählt oder erklärt. Mit mir scheint irgendwas nicht zu stimmen. Warum kann ich nicht so sein wie andere? Was ist mit mir los? Ich bin in nichts gut, weder in der Schule noch im Sport oder im Sozialleben. Ich kenne mich noch nicht mal mit Musik aus. Was andere leicht und selbstverständlich finden, ist für mich kompliziert und fremd. Alles, was ich mache, misslingt oder geht kaputt. Und das ist nicht immer die Schuld der anderen. Mit mir stimmt etwas nicht, aber ich weiß nicht, was. Vielleicht lastet ein Fluch auf mir. Alle haben gepflegte Hände, aber meine Hände sind immer schmutzig und meine Nägel bis zum Fleisch abgekaut. Ich schäme mich fürs Nagelkauen, aber ich kann es nicht lassen.

Die Zukunft ist bedrohlich. Alle laufen gemeinsam voran, aber ich darf nicht mitkommen. Ich gehe alleine in eine andere Richtung. Dabei weiß ich nicht, wohin. Ich weiß gar nichts und kann gar nichts. Niemand hat mich lieb. Ich bin alleine auf der Welt.

Ich bin ein Indianer.

Im Auto verstecke ich mich. Ich möchte nicht, dass man mich im Sonntagsanzug sieht. Der ist dämlich und aus braunem kratzigem Stoff. Dazu trage ich ein Hemd und eine Weste. Die Schuhe sind auch hässlich – braune schrumpelige Lackschuhe. Ich habe das Gefühl, dass mich alle anglotzen, als hätten sie einen Affen in Sonntagskleidern gesehen.

Mama lacht und zieht mich auf.

– Wer soll dich denn sehen?

Ist mir egal. Am besten niemand. Ich wollte diese Sachen nicht anziehen. Sie hat sie mir aufgezwungen. Ich habe auch keine Lust auf dieses langweilige, blöde Theater.

Ich lege mich auf den Boden vor der Rückbank und bleibe während der gesamten Fahrt dort liegen.

Als wir ins Theater kommen, schlüpfte ich auf meinen Platz und verhalte mich möglichst unauffällig. Ich hoffe, dass niemand hier ist, den ich kenne.

Das Licht geht aus, und das Stück beginnt. Und von diesem Moment an bin ich wie beseelt, steige empor vom niederen Alltag, bade mich im Zauberglanz der Inspiration und sauge jedes Wort und jede Geste in mich auf. Was für eine Schönheit!

Das Stück heißt *Das Genie* nach dem gleichnamigen Buch von Þórbergur Þórðarson. Þórbergur war anders. Er war so wie ich. Er war sogar rothaarig. Vielleicht bin ich ja gar kein Idiot, sondern ein Genie? Ich verstehe ihn.

Ich kenne diese Rastlosigkeit der Seele, die durch die Weiten des Lebens irrenden Gedanken, diese brennende Sehnsucht des Geistes nach etwas, von dem er nicht weiß, was es ist, das er jedoch für das Erhabenste hält. Auch die nagende Unzufriedenheit und die Unfähigkeit, sich dem Lebensstil anderer anzupassen, sind mir vertraut.

Ich erhebe mich von meinem Platz und schwebe auf die

Bühne und nehme Gestalt an und werde eins mit Þórbergur. Das bin ich!

Ich habe meinen Seelenfreund gefunden, das verlorene Kettenglied meiner Existenz. Endlich, nach all dem Suchen. Kann es sein, dass ich am Ende doch adoptiert bin? Irgendwie muss Þórbergur mein Vater sein, wenn nicht biologisch, dann zumindest geistig. Meine Seele ist wie seine Seele.

Mein Körper steckt fest im braunen Sonntagsanzug eines zwölfjährigen Jungen, doch niemand sieht meine Seele, wie sie in ausgelassener Freude über ihre neu gewonnene Freiheit durch den ganzen Saal tanzt. Ich bin verliebt. Von nun an bin ich nicht mehr derselbe.

Auf dem Weg nach Hause vergesse ich, mich auf den Boden zu legen.

Wenn ich groß bin, ziehe ich nach Arizona und werde ein richtiger Indianer und lebe genauso wie die echten Indianer. Ich werde ein Pferd haben, in einem Zelt wohnen und meinen Namen ändern. Ich kann meinen Namen nicht ausstehen. Ich werde nicht mehr Jón Gunnar heißen, sondern mir einen tollen Indianernamen aussuchen wie zum Beispiel Großer Adler oder der Leichtfüßige.

Ich werde keinen Bogen haben, sondern ein Blasrohr, mit dem man Giftpfeile schießt. Das habe ich in einer Fernsehsendung über Indianer in Südamerika gesehen.

Wenn ich nicht nach Arizona ziehen kann, ziehe ich nach Þingvellir in den Nationalpark und wohne dort in einer Lavahöhle wie ein Geächteter. Ich werde im See fischen und mit meinem Blasrohr Vögel jagen. Ich werde Leute ausspähen und ihnen heimlich Sachen stehlen, die ich brauche. Niemand wird mich sehen oder von meiner Höhle wissen. Ich werde mir Kleidung aus Rentierhaut machen. Ich werde wach sein, wann ich will, und schlafen, wann ich will, und immer ein brennendes Lagerfeuer vor meiner Höhle haben. Und ich werde nur in die Stadt gehen, um in der Bücherei Bücher auszuleihen oder zurückzubringen, die ich in meiner Höhle lesen werde.

TEIL ZWEI
PIRAT

Meine Schullaufbahn dauerte genau sieben Jahre. Dann ging ich nicht mehr hin. Ich hatte nicht das Gefühl, irgendwas gelernt zu haben. Meine Altersgenossen besaßen allerlei Kenntnisse, die völlig an mir vorbeigegangen waren. Ich wusste nicht, wer Jón Sigurðsson war. Für mich war unser Nationalheld nur ein Denkmal unten in der Stadt. Den Bildern nach beurteilt schien er auch kein besonders spannender Typ gewesen zu sein, mit dieser Frisur und diesen dämlichen Koteletten. Eher so einer wie die langweiligen Politiker im Fernsehen, über die sich Papa so gerne aufregte. Mathematik war für mich ein Buch mit sieben Siegeln. Ich konnte Plus und Minus, und das war es eigentlich auch schon. Malnehmen fand ich furchtbar kompliziert, vom Dividieren gar nicht erst zu reden. Ich weigerte mich, das kleine Einmaleins zu lernen. Ich bezweifelte stark, dass ich das jemals brauchen würde. Natürlich hatte ich die Einser- bis Fünferreihe mit der Zeit einigermaßen drauf. Aber alles, was darüber hinausging, interessierte mich erst gar nicht. Ich geriet ständig mit meinen Lehrern und mit Mama aneinander, weil ich mich sträubte, dieses Zeug zu lernen. Besonders Dividieren. Dieses »geteilt durch« war mir von Anfang an ein Rätsel. Wenn ich einen ernsthaften Versuch machte, glaubte ich manchmal für einen Moment, ich sei der Lösung tatsächlich auf der Spur, aber dann blieb dieser Ansatz in irgendwelchen entlegenen Hirnwindungen stecken und war nie wieder aufzufinden. Ich verstand ja nicht mal die Textaufgaben. Deswegen hatte ich auch keine Lust auf Mathematik. Und damit basta. Keiner würde mich dazu bringen, Mathematik zu lernen. Nicht einmal Mama. Mir war das einfach zu viel Aufwand. Außerdem wusste ich aus eigener Erfahrung, dass Mathematik dazu neigt, mit der Zeit und je tiefer man einsteigt, immer komplizierter zu werden. Spätestens bei der Mengenlehre war ich überzeugt, dass hier eine Verschwörung im Gang war. Sie wollten mich dazu bringen, anders zu werden, als ich war, und Dinge zu tun, die ich nicht tun wollte, während alles, was mir Spaß machte, verboten war. Sie versuchten, mich umzukrempeln. Und der Einzige, der sie aufhalten konnte, war ich selbst.

Auf dem Schulhof setzte ich mein Zeugnis in Brand. Dieses Papier handelte nicht von mir, sondern von jemand ganz anderem, von jemandem, der so war, wie sie mich gern gehabt hätten – und war damit der Beweis dafür, wie gründlich ihnen das misslungen war. Auf diesem Blatt stand kein einziges positives Wort über mich, stattdessen hieß es, dass ich ständig schwätzte und den Unterricht störte. In den meisten Fächern hatte ich ein Befriedigend, in Mathe ein Mangelhaft und in Englisch ein Gut. Dabei war ich in diesem Fach eigentlich Klassenbester, denn ich konnte bereits fließend Englisch lesen und auch sprechen. Nur mit der Rechtschreibung haperte es. Und genau darauf kam es in der Klassenarbeit an. Warum ist Englisch schreiben zu können so viel mehr wert, als Englisch zu sprechen? Keine Ahnung. Über mich sagte dieses Blatt jedenfalls nichts. Sie kannten mich nicht, und sie machten sich auch nicht die Mühe, mich kennenzulernen.

Auch meine Schulbücher zündete ich an. Ich riss sie in Fetzen und warf sie ins Feuer. Es tat gut mit anzusehen, wie sie in Flammen aufgingen. Ich konnte mein Glück kaum fassen, als mir klar wurde, dass ich von jetzt an nie mehr in diese scheißlangweiligen Bücher starren musste. Ich spuckte genüsslich auf die dänische Grammatik, bevor ich sie den anderen Büchern hinterherwarf. Dieser gottverdammte beschissene Mist. Außerdem waren dänische Kids sowieso bloß alberne Hippie-Idioten in Holzclogs und ausgebeulten Hosen. Ich konnte genau so viel Dänisch wie ich brauchte, und diese Kenntnisse hatte ich nicht aus der Schule, sondern von Donald Duck. Der war der einzige Däne, den man zu kennen brauchte.

Meine Schultasche wanderte ebenfalls ins Feuer. Ich wollte sie nicht länger mit mir herumschleppen und erst recht nicht die ganzen Erinnerungen, die mit ihr verbunden waren. Ein paar Schüler hatten sich kichernd um meinen Scheiterhaufen versammelt. War mir aber egal. Ich kannte sie sowieso nicht. Und ich wollte sie auch nicht kennen. Ich wollte in dieser Schule überhaupt niemanden kennen, nicht einmal meine Kumpels von früher. Wir hatten nichts mehr gemeinsam. Das Ziel, das sie sich gesetzt hatten, würde ich nie erreichen. In ihren Augen war ich ein komischer Kauz. Dafür würden sie auch nie dorthin gelangen, wo ich hinwollte.

Als Kári, der Schulrektor, wutentbrannt angehetzt kam, schwang ich mich auf die Stufen vor dem Eingang und brüllte über den ganzen Schulhof:

We don't need no education
We don't need no thought control
No dark sarcasm in the classroom
Teachers, leave them kids alone.

Der dicke Dóri war auch überall durchgefallen, aber das war auch kein Wunder. Er war erst vor Kurzem hergezogen. Seine Eltern waren geschieden. Seine Mutter hatte sich einen Neuen geangelt und war mit dem ins Ausland gegangen. Dóri wohnte bei seinem Vater, der nie zu Hause war und sich für seinen Sohn nicht interessierte. Deshalb war er so gut wie immer allein. Ab und zu kam seine Oma und kochte ihm etwas. Außerdem war Dóri dick und wurde ständig deswegen aufgezogen. Ich war sein einziger Freund in der Schule, und unsere Freundschaft beruhte auf unserem gemeinsamen Außenseitertum. Wir hingen nach der Schule zusammen rum, hielten zusammen und bestätigten einander: Alle anderen sind Arschlöcher, die Gesellschaft ist krank, und Schulen sind grundsätzlich scheiße.

Oft hingen wir auch bei Dóri zu Hause herum und hörten Musik. Dóri besaß Punkplatten. Er hatte die *Sex Pistols* und *Sham 69*. Und er hatte einen Kopfhörer, sodass man die Musik bis zum Anschlag aufdrehen konnte, ohne dass die Bässe durchs ganze Haus dröhnten. Die *Sex Pistols* waren die wichtigste Punkband überhaupt. Ich hatte Fotos von ihnen in der Zeitung gesehen. Der Sänger hieß Johnny Rotten und war rothaarig, genau wie ich. Er versuchte erst gar nicht, cool zu wirken. Er trug zerschlissene Klamotten, schnitt vor der Kamera die unmöglichsten Grimassen, und wenn er versuchte, aufrecht zu stehen, hampelte er herum wie der letzte Trottel. Ich fand das cool. Manchmal stellte ich mich vor den Badezimmerspiegel und versuchte, ihn zu imitieren. Meiner Meinung nach sah ich ihm sogar ein bisschen ähnlich. Vielleicht war er als Dreizehnjähriger ja auch so einer wie ich. Vielleicht hatte auch er sich ausgegrenzt gefühlt und anders als die anderen. Gut in der Schule war er ganz bestimmt nicht. Dass Johnny Rotten das Einmaleins konnte, war eher unwahrscheinlich. Der bekannteste Song der *Sex Pistols*, »Anarchy in the U.K.«, gefiel mir besonders. Nur den Text verstand ich nicht ganz.

I am an anarchist
I am an antichrist

Ich wusste nicht genau, was *anarchy* bedeutete. Ich hatte das isländische Wort *»anarkísmi«* gehört, wusste aber auch nicht, was damit gemeint war. Der »Antichrist« war der Teufel. Dass mit »U.K.« Großbritannien gemeint war, war mir klar, aber nicht, wofür die Buchstaben standen. Das Lied jedenfalls war der Hammer. Johnny Rotten kreischt und lacht und macht einen Riesenkrach. Ich mochte das. Der einzige große Unterschied zwischen mir und Johnny Rotten war der, dass ich eine Brille trug. Das war nicht cool. Nur Bekloppte liefen mit Brille rum. Punks trugen keine Brillen. Ich dagegen schon, und ich hatte mir noch nicht mal das Brillengestell selbst aussuchen dürfen. Allerdings gab es ein Foto, auf dem Johnny Rotten mit einer winzigen Sonnenbrille zu sehen war. Sonnenbrillen waren cool. Ich hätte liebend gern auch so eine Brille gehabt, aber der Augenarzt sagte, für kleine Gläser sei meine Kurzsichtigkeit zu stark und verpasste mir ein großes, viereckiges Gestell. Ich sah unmöglich aus. Aber Mama fand die Brille hübsch, und damit war die Sache gegessen. Wenn es wenigstens ein großes, rundes Gestell gewesen wäre, so wie John Lennon eins hatte. Obwohl ich John Lennon gar nicht besonders toll fand. Ein Hippie eben. Aber immerhin hatte er entschieden die coolere Brille von uns beiden. Wenn ich durch die Stadt lief, trainierte ich lässiges Auftreten, nahm die Brille ab und steckte sie in die Tasche. Leider waren meine Augen so schlecht, dass alles um mich herum in dichten Nebelschwaden verschwand. Aber wenigstens sah ich nicht bescheuert aus.

Eines Tages, als ich wieder mal mit dem dicken Dóri zusammenhockte, hielt er mir den Kopfhörer hin und wollte, dass ich mir einen bestimmten Song anhörte. Ich lauschte, und schon nach ein paar Sekunden kam es mir vor, als sei diese Musik schon immer in mir gewesen. Und plötzlich war mir klar: Dieser Song war *mein* Song. Er war für mich geschrieben, und er handelte von mir. In mir tobte ein Chaos der Gefühle. Am liebsten hätte ich laut geschrien und geheult. Stattdessen lag ich da wie hypnotisiert, schloss die

Augen und hörte wieder und wieder dieses Lied. Stundenlang lag ich so bei Dóri auf dem Fußboden, eine Endlosschleife im Ohr. Dóri ging leise rein und raus und ließ mich in Ruhe. Wir sprachen kein Wort miteinander. Irgendwann stieß er mich an. Mama hatte angerufen und mich zum Abendessen nach Hause beordert.

Die Band hieß *The Clash* und der Song hieß »Bankrobber«. Und von da an gab es kein Zurück. Von da an ließ mich der Punk nicht mehr los. Ich wollte nichts anderes mehr hören, und ich wollte mehr davon.

– Habt ihr heute nicht Zeugnisse bekommen?, erkundigte sich Mama am Abendbrottisch.

– Nein, log ich.

– So, und warum nicht?, fragte sie misstrauisch.

Ich hatte mir meine Antwort sorgfältig zurechtgelegt.

– Die waren noch nicht fertig oder so. Ich nehme an, wir kriegen sie einfach nach Hause geschickt.

Sie sah mich durchdringend an. Ich schaute fragend zurück und versuchte, so unschuldig auszusehen wie ich nur konnte.

– Schau mich an!

– Was denn?

– Du lügst doch schon wieder!

Ich starrte auf meinen Teller.

– Ich lüge überhaupt nicht.

– Was hast du mit deinem Zeugnis gemacht?

– Nichts.

– Ich werde mit der Lehrerin reden.

– Ja, antwortete ich, als sei das die natürlichste Sache der Welt. Ich hatte keine Lust, darüber zu diskutieren. Ich wollte nicht über die Schule reden. Ich wollte über Punk reden. Ich wollte Mama über Anarchie und den Antichrist ausfragen.

Aber ich wusste, dass sie von diesen Dingen keine Ahnung hatte. Und ich hatte keine Lust, mir jetzt irgendein Gelaber über unwichtigen Kleinkram anzuhören.

– Warum kriegst du eigentlich nie was auf die Reihe?

– Weiß ich nicht.

– Was willst du mit deinem Leben machen?

– Weiß ich nicht.

– Was weißt du denn dann?

– Weiß nicht. Nichts.

– Jón, das ist doch pure Faulheit! Du könntest das alles spielend, wenn du dich nur ein kleines bisschen anstrengen würdest. Was willst du überhaupt mal werden?

– Nichts Besonderes.

– Und wie willst du es jemals auf Gymnasium schaffen, wenn du so weitermachst?

– Ich will gar nicht aufs Gymnasium.

– Soso, was willst du denn dann? Den ganzen Tag zu Hause rumhängen vielleicht?

– Nein nein. Irgendwas arbeiten.

Mama seufzte.

– Ich weiß wirklich nicht mehr, was ich mit dir machen soll.

Im Grunde hat sie längst aufgegeben. Sie ist müde und hat die Nase voll von mir. Und sie wird demnächst sechzig. Papa ist 63. Ein alter Mann. Sie wissen nicht, was cool ist und was peinlich. Sie wissen nicht, was Punk ist. Sie haben keine Ahnung, was in der Welt vor sich geht. Mit ihnen kann man über nichts vernünftig reden. Mit Papa rede ich sowieso nicht mehr. Ich versuche, ihm aus dem Weg zu gehen. Wenn er mit mir ein Gespräch anfangen will, stelle ich mich taub und verschwinde schnell in mein Zimmer. Ich fühle mich unwohl in seiner Nähe, und er geht mir auf die

Nerven. Auch um Geld bitte ich ihn nicht mehr. Ich habe von dieser vorwurfsvollen Miene und diesem wehleidigen Ton die Nase voll.

– Geld? Hast du nicht erst letzte Woche Geld von mir gekriegt?

Am liebsten würde ich ihn anbrüllen, sein verdammtes Maul zu halten. Und ihm endlich mal ins Gesicht sagen, wie unfair und nervig ich das alles finde. Aber dann würde er mich erst recht mit seinen Blicken töten. Was ich auch sage, er fühlt sich verletzt. Oft muss ich ihm etwas versprechen, das ich nicht halten kann. Manchmal sogar Dinge, die ich nicht mal verstehe. Zum Beispiel, immer brav und tüchtig zu sein, oder auf die Garage aufzupassen. Auf die Garage aufpassen – wie soll das denn gehen? Wie soll ich verhindern, dass die Kinder aus unserer Straße ihre Fußbälle gegen das Garagentor ballern? Ich musste ihm versprechen, mit den Kindern zu reden und sie höflich zu bitten, doch damit aufzuhören. Natürlich konnte ich das nicht abschlagen und ihm sagen, wie unmöglich ich das fand, denn dann hätte ich ihn wieder verletzt. Also ließ ich mich darauf ein. Aber was glaubte er eigentlich, wer ich bin? Irgendein Beschränkter, der fremde Kinder bittet, doch freundlicherweise davon abzusehen, ihren Ball an unser Garagentor zu schießen, weil Papa da keine hässlichen Schrammen drauf haben will? Idiot! Ich habe keine Angst vor ihm und seinen Marotten. Ich habe bloß keine Lust mehr, mich mit ihm abzugeben. Ich gehe an seine Brieftasche, sobald er aus dem Zimmer geht. Ich wühle in seinen Hosen- und Jackentaschen nach Kleingeld. Mama würde das sofort mitkriegen.

Von dem Geld kaufe ich mir Süßkram und Fußballbilder. Wenn dann noch was übrig ist, gehe ich ins Kino. Falls Mama fragt, wo ich hin will, erzähle ich ihr irgendwas vom Fußballplatz, oder dass ich zu einem Schulfreund nach Hause gehe. Wenn sie das mit dem Kino wüsste, würde sie auch wissen wollen, woher ich das Geld habe. Ich bin ziemlich gut im Lügen.

Irgendwann war mit den Fußballbildchen Schluss. Fußball interessierte mich nicht mehr. Stattdessen kaufte ich mir Punk-Bilder. Obwohl ich nicht mal die Hälfte der Leute kannte, die darauf abgebildet waren, so wie bei den Fußballbildern auch. Aber das würde sich ändern. Ich war fest entschlossen, mir alles anzueignen, was man überhaupt über Punk wissen konnte. Dabei sahen manche Musiker auf den Bildern eigentlich nicht besonders punkmäßig aus. Zum Beispiel *Dr. Feelgood.* Das ist nicht Punk. Punk bedeutet: sich scheiße fühlen, wütend sein, keinen leiden können und alle anderen für Arschlöcher halten. Ein Punk glaubt nicht an die Zukunft, weil es für ihn keine Zukunft gibt. Es gibt bloß unaufhaltsamen Verfall. Du brauchst es erst gar nicht zu versuchen, denn es ist sowieso alles sinnlos. Jeden Moment könnte ein Atomkrieg ausbrechen. Wer nicht in zerfetzten Klamotten herumlief, war für mich nur ein Pseudopunk. Zum Punksein gehörte mehr als nur die Krawatte schief zu binden. Davon abgesehen trugen Punks sowieso keine Krawatten. Sie schlugen auch nicht den Hemdkragen hoch, sondern rissen ihn gleich ganz ab. David Bowie war kein Punk, genauso wenig wie *Madness* oder Ian Dury. Trotzdem waren die bei den Punk-Bildern immer dabei. Ich nahm mir vor, der Sache bei Gelegenheit nachzugehen.

Wenn niemand mich sah, holte ich meinen Action Man hervor, der sonst gut versteckt unter einem Kleiderhaufen in meinem Schrank verstaut war. Außerdem hockte ich oft in der Stadtbibliothek. Ich hatte bereits sämtliche Bücher aus der Kinder- und Jugend-Abteilung gelesen, selbst die Mädchenbücher, Alistair McLean, Desmond Bagley, Sven

Hassel und alle Erwachsenenbücher, die mich interessierten. Ich blätterte mich eifrig durch den *Melody Maker* und sog begierig alles auf, was dort über Punk zu finden war. Ich suchte nach den Bands, die ich von meinen Punk-Bildchen kannte. Die Angestellten, die mich – als langjährigen Stammgast – größtenteils mit Namen kannten, erlaubten mir sogar, aus alten Zeitungen Artikel und Bilder auszuschneiden. Was ich dagegen vergeblich suchte, waren Informationen zum Thema Anarchismus. Ich las eine Biografie des Fürsten Kropotkin, die es auf Isländisch gab, und fand das Buch unverständlich und todlangweilig. Man erfuhr zwar das eine oder andere aus dem Leben Kropotkins, aber von Anarchismus bekam man kaum etwas mit. Ansonsten gab es nur ein paar dicke Wälzer auf Englisch, deren Titel ich nicht mal aussprechen konnte. Ich lieh mir *Anarchism: From Theory to Practice* aus, um mich zu Hause darin zu vergraben. Aber bei einem solchen Text hatte ich keine Chance. Ich hatte noch nie ein komplettes Buch auf Englisch gelesen, erst recht kein so kompliziertes. Ich verstand vielleicht hier und da einzelne Sätze, aber vom Inhalt begriff ich nichts. Ich blätterte durch die Seiten, suchte nach irgendwelchen Parolen wie *»Fuck the system«*, aber alles umsonst. Ein Kapitel nach dem anderen handelte bloß von irgendwelchen Kriegen und irgendwelchen spanischen Arbeitern im vorigen Jahrhundert. Schließlich warf ich das Buch in die Ecke. Was für ein langweiliger Scheiß! Das hier war wohl kaum das, was Johnny Rotten fasziniert hatte.

Ich hatte schon immer Probleme mit dem Schlafen und lag oft stundenlang wach. Dann las ich bis zum frühen Morgen oder spielte *Risiko* gegen mich selbst. Erst dann konnte ich einschlafen. Viel Schlaf bekam ich jedoch trotzdem nicht. Es gab immer so viel zu tun, so viel, was ich ausprobieren oder wozu ich mir Informationen beschaffen musste. Tagsüber war ich müde. Aber sobald ich abends im Bett lag, fing ich an zu grübeln. So als könne mein Gehirn im Schlaf einfach keinen Sinn erkennen. Die Gedanken brachen über mich herein und ließen sich durch nichts unter Kontrolle bringen. Das Gehirn überflutete mich mit immer neuen Gedanken, Ideen und Fragen, gegen die ich vollkommen machtlos war. Ich fühlte mich wie jemand, der an einer befahrenen Straßenkreuzung steht und den Verkehr beobachtet. Ganz egal, wie oft ich mich umdrehte und hin- und herwälzte, in der Hoffnung, den Kopf frei zu kriegen. Alles umsonst. Ich versuchte, mich auf etwas Bestimmtes zu konzentrieren, das hat mir oft weitergeholfen. Früher habe ich mir eine heimliche Fantasiestadt ausgedacht, hatte Straßenzüge entworfen und Häuser eingerichtet. Immer wenn ich nicht einschlafen konnte, fantasierte ich mich in diese Stadt. Dort lauerten alle möglichen Gefahren, wilde Tiere, Roboter und Selbstschussanlagen, die von einem Bewegungsmelder gesteuert wurden und auf alles schossen, was in ihre Nähe kam. Wenn ich es schaffte, mich ich dieser Welt zu verlieren, drangen die anderen Gedanken nicht mehr zu mir durch, und ich konnte einschlafen. Aber irgendwann funktionierte das nicht mehr. Das Gehirn hatte endgültig das Kommando übernommen, es hatte mich besiegt. Abends, wenn alles still war, verwandelten sich meine Gedanken in ein sprühendes Feuerwerk. Endlose Fragen und keine Antworten. Was ist Anarchie? Was passiert in der Zukunft? Gibt es Leben auf anderen Planeten? Existiert Gott? Manche Gedanken drehten sich endlos im Kreis, drehten sich um sich selbst und produzierten neue Fragen. Manche explodierten mit lautem Knall und waren damit verschwunden. Andere rasten wie Autos oder Flugzeuge auf mich zu, laut und schnell, entfernten sich und kamen sofort wieder zurück. Es war, als ob sich in meinem Kopf Nacht für Nacht ein rauschender Karneval abspielte. Tätärätätäää. Hin und wieder kam mir eine Erleuchtung, dann sprang ich aus dem Bett und schrieb hastig alles auf, um es ja nicht wieder zu vergessen. Doch wenn ich am nächsten Morgen aufwachte, verstand ich kein Wort von meinem Geschreibsel und konnte mich auch nicht erinnern, warum und in welchem Zusammenhang ich das notiert hatte. Mein Kopf war wie ein Flughafen mit Hochbetrieb, durch den Tag für Tag unzählige Menschen geschleust wurden, wo die Maschinen starteten und landeten, am Horizont verschwanden oder zur Landung ansetzten und die Bediensteten geschäftig hin- und herwuselten und ihren verschiedenen Jobs nachgingen. Ein Ort, der niemals schläft. An dem die Räder niemals stillstehen. Alle müssen irgendwohin. Hochbetrieb rund um die Uhr. Sind die Menschen gut oder böse? Werde ich jemals eine Freundin haben? Bin ich geisteskrank? Stecken sie mich in die Klapse, so wie Onkel Kiddi? Der war auch tagelang wach gewesen und hatte ziemlichen Unfug angestellt, woraufhin man ihn in die Klapse einwies, weil er alleine nicht mehr klarkam. Doch eines Tages hatte er die Nase voll von dem Laden, büxte eines Nachts aus, schwamm ins Meer hinaus und ertrank. Die Zukunft lag vor mir wie eine pechschwarze Höhle voller Ungewissheit und Gefahren. Ich fürchtete mich vor der Zukunft, obwohl ich nicht wusste, wovor genau ich eigentlich Angst hatte. Ich hatte Angst vor der Ungewissheit. Angst vor dieser Welt, die offensichtlich nicht für mich gemacht war. Ich hatte Angst vor der Einsamkeit, davor, dass ich immer allein und außen vor bleiben und mich niemand je verstehen oder gern haben würde. Würde ich mein Leben lang so seltsam sein? Würde ich mir immer wie ein Außerirdischer vorkommen? Ich hatte ein ständiges Beklemmungsgefühl in der Brust, so, als bekäme ich keine Luft in die Lunge. Als säße da drin eine riesige Klaue, die mich erdrücken, mich von innen aushöhlen wollte und versuchte, mein Herz zu zerquetschen. Wenn die Gedanken kamen, schloss sich die Klaue in meiner Brust fester, und ich musste gähnen, um wieder Luft zu bekommen. Mama ging mit mir zum Lungenröntgen, aber der Arzt konnte nichts feststellen. Ich bekam Angst, an einer fürchterlichen Krankheit zu leiden, die erst noch entdeckt werden musste.

Manchmal schlich ich mich Nachts aus dem Haus, spazierte durch die Straßen und hoffte, mich dadurch zu beruhigen. Alles war besser, als sich schlaflos im Bett zu wälzen. Ich genoss es, draußen in dieser menschenleeren Stadt unterwegs zu sein. Außerdem war es sowieso fast taghell. Ich wanderte ziellos durch das Viertel, ging zum Beispiel hinunter zur Fossvogur-Skóli und trieb mich dort auf dem Schulgelände herum. Wenn Leute kamen, versteckte ich mich, um sie heimlich zu beobachten, legte mich flach ins Gras und hielt die Luft an. Oft waren es Zeitungsausträger, manchmal auch ältere Jugendliche oder Erwachsene auf dem Weg nach Hause.

Nacht für Nacht ging ich hinunter zur Fossvogur-Skóli. Hier war ich schon unzählige Male gewesen, aber allein fühlte es sich anders an, sonderbar und faszinierend zugleich. Ich konnte mich stundenlang dort herumdrücken. Oft kletterte ich aufs Dach, legte mich auf den Rücken und starrte in den Himmel. Einmal entdeckte ich ein nicht verriegeltes Dachfenster und stieg ins Schulgebäude ein. Es war ein merkwürdiges Gefühl, so ganz allein in der Schule, in dieser unwirklichen Stille. Ich schlich die Gänge entlang, schaute mich überall um und stattete meinem alten Klassenzimmer einen Besuch ab, wo in einer Ecke noch Zeichnungen von mir an der Wand hingen. Dann starrte ich auf unser Klassenfoto und nahm jeden meiner Schulkameraden und mich selbst genau unter die Lupe. Dann ging ich weiter, wühlte und kramte überall, wobei ich aber darauf achtete, keine Schäden anzurichten.

Das Lehrerzimmer war abgeschlossen. Ich ging daran vorbei und öffnete die Tür zur Sporthalle. Meine Schritte hallten unheimlich durch den leeren Saal. Ich ging in den Umkleideraum, durch den es zu den Duschen ging. Die Duschkabinen riefen ungute Erinnerungen wach. Wie oft hatten sie mich da drin geärgert und gepiesackt, und nirgends sonst ist man dem so schutzlos ausgeliefert. Du brauchtest nur etwas pummelig zu sein, schon warst du Zielscheibe für Spott und alle möglichen Gemeinheiten. Ich selbst kam ziemlich früh in die Pubertät, was unter der Dusche ebenfalls für endlose Hänseleien sorgte. Und mein Rotschopf, der mir von je her wie ein Fluch anzuhaften schien, verschlimmerte alles nur noch. Ich hasste diese Duschkabinen. Sie waren die Folterkammer meiner Jugend. Danach ging ich hinüber in den Mädchenumkleideraum. Streng verbotenes Gebiet, Betreten bei Strafe untersagt. Ich setzte mich auf eine der Bänke und blieb eine ganze Weile dort sitzen. In der Mädchenumkleide roch es anders als bei den Jungs. Schließlich stand ich auf und schlich mich auf demselben Weg, den ich gekommen war, wieder zurück. Ich musste unter allen Umständen zu Hause sein, bevor Mama und Papa aufwachten. Ich schloss so leise wie möglich die Haustür auf, huschte in mein Zimmer, machte die Tür lautlos hinter mir zu und kroch ins Bett. Als Papa und Mama aufstanden, war ich eingeschlafen.

Bei einem meiner nächtlichen Streifzüge beschloss ich, in meinen alten Kindergarten einzubrechen. Ich hatte einen Schraubenzieher dabei, hebelte damit ein Fenster auf und stieg ein. Dort gab es nicht viel, was irgendwelche Erinnerungen geweckt hätte, abgesehen von dem vertrauten Geruch und den bunt gestrichenen Wänden. Ich schlenderte durch die Räume, nahm alles Mögliche in die Hand, untersuchte es genau und roch daran – besonders die Knetmasse hatte es mir angetan. Auf einem Tisch stand ein Hamster in einem Käfig. Ich nahm ihn heraus und streichelte ihn. Er war warm und weich. Ich setzte ihn in meine Jackentasche und nahm ihn mit nach Hause. Dort brachte ich ihn in einem alten Aquarium unter, das ich im Kleiderschrank unter einem Haufen Schmutzwäsche versteckte. Das hier war eine äußerst spannende Aktion. Ich hatte nicht nur einen Hamster entführt, sondern ihn auch vor Mama verheimlicht. Für mich war er eine Art Anne Frank. Dann wären Mama und Papa die Nazis, und ich einer von den Leuten, die Anne Frank versteckten. Aber dann wanderten meine Gedanken zu den armen kleinen Kindergartenkindern, die jetzt bestimmt traurig waren, weil jemand ihr Hämsterchen geklaut hatte, und schließlich gewann mein schlechtes Gewissen die Oberhand. Ich sah all die kleinen unschuldigen Kinder vor mir, wie sie weinend vor dem leeren Hamsterkäfig standen und sich fragten, ob ihr Liebling überhaupt noch lebte.

Ein paar Nächte später brach ich wieder in den Kindergarten ein und brachte den Hamster zurück. Auf meinem Weg durch die Gänge entdeckte ich ein Schlumpfdorf, das mit allem Drum und Dran auf einem Tisch aufgebaut war. Ich war fasziniert von den Schlumpfhäusern, samt Hexenmeister Gargamel und seiner Katze. Das hier war der helle Wahnsinn. Ich fand eine Plastiktüte, packte den ganzen Schlumpfkrimskrams hinein und nahm ihn mit. Schließlich war es nur fair, dass ich auch meinen Teil abbekam, nachdem ich so anständig war, freiwillig den Hamster zurückzubringen. Zu Hause versteckte ich die Schlümpfe in meinem Kleiderschrank. Ich fühlte mich wie ein Held. Ich hatte diesen Hamster wohlbehalten in seinen Käfig zurückgebracht. Eigentlich hatte ich ihn sogar gerettet. Wieder sah ich die Kinder vor mir und die ungläubige, staunende Freude, die sich auf den kleinen Gesichtern ausbreitete, wenn sie am Morgen in den Kindergarten kamen und entdeckten, dass er wieder da war. Wie sie vor Glück geradezu leuchteten. Bei dem Gedanken lächelte ich zufrieden. Ich hatte etwas wirklich Gutes getan. Ich hatte eine gute Tat vollbracht.

Ein paar Tage später verkündete der *Vísir* in großen Lettern: *Einbruchsserie in Fossvogur!* In der Meldung wurden alle möglichen Einbrüche aufgezählt, mit denen ich absolut nichts zu tun hatte, unter anderem aber auch die Sache mit dem Hamster samt der Bemerkung, der Dieb habe offensichtlich Gewissensbisse bekommen und das Tier selbst zurückgebracht. Die schrieben über mich! Diese Zeitungsmeldung handelte von mir! Meine Hände zitterten, während ich den Artikel zu Ende las. Ich kam mir vor wie Robin Hood – oder so, als gäbe es zwei Jóns. Der eine war böse, brach in Häuser ein und stahl fremdes Eigentum. Der andere dagegen war gut und brachte alles zurück, was der Böse geklaut hatte. Und um der gute Jón sein zu können, musste ich zuerst der böse Jón sein. Aber wenigstens habe ich nie jemanden verletzt und auch sonst keinen Schaden angerichtet. Dafür hatte der gute Jón schon gesorgt.

Ich der nächsten Nacht stieg ich noch einmal in den Kindergarten ein, denn ich hatte beschlossen, auch die Schlümpfe zurückzubringen. Wieder einmal schlich ich mich aus dem Haus, in der Hand die Tüte mit dem Schlumpfzeugs. Am Kindergarten stemmte ich das schon bewährte Fenster auf, hangelte mich mitsamt meiner Schlumpftüte nach drinnen, fand den Tisch und baute alles wieder ordentlich auf – allerdings etwas anders als zuvor. Nun unterhielt sich Schlumpfinchen mit dem Zauberer Gargamel, Kater

Uriel hatte sich dem Großen Schlumpf angeschlossen, und den Griesgramschlumpf setzte ich in eines der Schlumpfhäuser und ließ ihn dort aus dem Fenster schauen. Im Geiste sah ich schon die nächste Schlagzeile auf dem *Vísir: Der Robin Hood von Fossvogur!* Sicher hielten mich dann alle für jemanden, der den Dieben ihre Beute wieder abjagte. Für einen unsichtbaren Helden, der es sich zur Aufgabe gemacht hatte, Gangster und Halunken zu bestehlen und dafür zu sorgen, dass alles Diebesgut wieder bei seinem rechtmäßigen Besitzer landete. Ungefähr so wie Batman. Punkman? Tief in diese Gedanken versunken schlich ich mich in Richtung Ausgang, öffnete vorsichtig die Tür – und bekam einen Riesenschreck. Zwei Polizisten. Der eine stieß die Tür auf und packte mich an der Schulter.

– Was zum Teufel machst du denn hier?

Starr vor Angst glotzte ich dem Beamten ins Gesicht wie ein Reh in den Autoscheinwerfer.

Mama und Papa versuchte ich weiszumachen, ich hätte den Schlumpfkram zufällig gefunden und dann beschlossen, ihn zurückzubringen.

– Das Zeug lag einfach so im Garten rum, und ich dachte, ich bringe es zurück, weil die Kinder doch ihre Schlümpfe vermissen.

Mama war stinksauer.

– Hör auf zu lügen, Jón!, brüllte sie.

– Ich lüge doch gar nicht.

Aber mir wurde schnell klar, dass ich damit nicht durchkommen würde, und außerdem wusste ich aus langjähriger Erfahrung, dass Mama sich nicht so ohne Weiteres anlügen ließ. Sie weigerte sich, die gute Absicht hinter meiner Tat zu erkennen und nahm mir nicht ab, dass ich bloß eingebrochen war, um die Sachen zurückzubringen. Nein, sie sah immer nur das Negative. Papa sorgte sich mehr um seinen guten Ruf als darum, dass ich nun als Verbrecher und Schlumpfdieb aktenkundig war.

– Warum tust du mir so was an?, fragte er mich mit tränenfeuchtem Blick.

– Ich weiß nicht, murmelte ich wie schon so oft zuvor.

– Natürlich. Du weißt mal wieder überhaupt nichts!

Am nächsten Tag erschien ein Kriminalbeamter bei uns und durchsuchte mein Zimmer. Er schaute in jede Schublade und jeden Schrank. Er zog meine Action Man-Figuren heraus und sah mich erwartungsvoll an.

– Das gehört mir, murmelte ich.

Als Nächstes nahm er mich mit aufs Polizeirevier zur Vernehmung. Dort wurden auch Fingerabdrücke von mir genommen. Offenbar stand ich im Verdacht, an weiteren Einbrüchen beteiligt gewesen zu sein; unter anderem sollte ich in eine Werkstatt eingestiegen sein, dort sämtliche Feuerlöscher leergesprüht und alles kurz und klein geschlagen haben. So etwas hätte ich nie getan. Ich war nicht böse. Ich war kein Verbrecher. Ich war bloß ein neugieriger Junge, der alles anschauen, anfassen und beschnuppern wollte. Der Beamte glaubte mir erst, als ich in Tränen ausbrach. Dann stand er auf, beriet sich mit seinen Kollegen, und ich hörte ihn sagen, ich sei wohl nicht der, nach dem sie fahndeten. Ich wischte mir die Tränen vom Gesicht und riss mich zusammen. Der Polizeibeamte fuhr mich nach Hause. Auf der Fahrt versicherte er mir, einen derart lächerlichen Fall habe er in seiner ganzen Polizistenlaufbahn noch nicht erlebt.

– Sag mal, mein Junge, was hast du dir eigentlich dabei gedacht? Wozu bricht man irgendwo ein und lässt Sachen mitgehen, nur, um sie hinterher wieder zurückzubringen?

– Ich weiß nicht.

– Siehst du? Genau das ist der Punkt.

Sie planten eine Auslandsreise. Ich hatte den Reiseprospekt auf dem Tisch liegen sehen, also fragte ich:

– Will jemand verreisen?

– Ja, wir, sagte Mama kurz angebunden, als ginge mich das nichts an.

– Wohin denn?

– Nach Bulgarien.

Bulgarien? Davon hatte ich noch nie gehört, geschweige denn wusste ich, wo das lag. Ich wusste nicht einmal, ob Bulgarien ein Land oder eine Stadt war.

– Und wann fahrt ihr?

– Im Juli.

Mit den Monaten kam ich noch nicht ganz zurecht. Ich kannte weder alle Namen noch ihre genaue Reihenfolge. Der Juli war im Sommer, also musste das bald sein. Vielleicht schon im nächsten Monat.

– Und wo soll ich solange hin?

Hier zu Hause würde ich wohl nicht bleiben dürfen, so viel war klar.

– Aufs Land.

Ich dachte mit Grausen an meinen letzten Sommer auf dem Land. Dort wollte ich unter keinen Umständen wieder hin. Schon beim bloßen Gedanken kamen mir die Tränen.

– Ich geh nicht noch mal in so ein verdammtes Kuhkaff!

– Natürlich nicht, sagte Mama und seufzte.

Ich atmete auf.

– Kann ich nicht einfach bei Eyrún wohnen?

– Nein, kannst du nicht.

Ich hatte keine Lust, den ganzen Sommer am Arsch der Welt zu versauern. Ich wollte viel lieber zu meiner Schwester oben in Kjalarnes.

– Warum darf ich nicht zu Eyrún?

– Weil du's eben nicht darfst. Darum.

– Warum denn nicht?

– Das ist viel zu nah an der Stadt. Und ich habe keine Lust, mir den ganzen Urlaub über deinetwegen Sorgen machen zu müssen.

– Aber ich mach doch gar nichts.

Mama ließ sich nicht erweichen. Du kommst nicht zu Eyrún, Schluss, aus. Du kommst aufs Land.

– Wohin denn aufs Land?

– Nach Þrastarhóll, zu Tante Bonda.

– Und wo ist das?

In der Nähe vom Eyjafjörður.

Eyjafjörður sagte mir genauso wenig wie Bulgarien. Für mich war es irgendein ferner Ort, so wie Timbuktu in den Donald-Duck-Heftchen. Geografie war für mich ein Buch mit sieben Siegeln. Ich bezweifle, dass ich auf einer Weltkarte Island gefunden hätte. Meine Vorstellung von der Welt war äußerst vage, von den Himmelsrichtungen ganz zu schweigen. Ich konnte nicht einmal genau sagen, wo die Sonne auf-, und wo sie untergeht. Die einzigen Orte, die ich auf einer Islandkarte fand, waren Reykjavík, der Vatnajökull und die Westfjorde.

Eines Tages verkündete Mama beim Abendessen, nun sei es soweit, am nächsten Tag gehe es los – aufs Land. Sie packte für mich, und im Morgengrauen kam ein fremder Typ, der mich im Auto mitnehmen sollte.

Die Fahrt schien endlos. Wir fuhren den ganzen Tag. Es war hell, und das Wetter war gut. Island war genauso hässlich wie auf der letzten Reise, grau und eintönig. Steinhaufen und Wiesen, Zäune und Gräben. Die Gehöfte waren genauso hässlich. Sie sahen alle gleich aus, geduckte Steinhäuser mit bunten Wellblechdächern, und zwar in den abwegigsten Farben wie gelb oder blau. Es gab sogar welche in orange. Um die Häuser standen immer alle möglichen Landwirtschaftsmaschinen, Traktoren und Autowracks herum. Und dann die Misthaufen. Ich hasste solche Bauernhöfe. Ich wusste genau, wie es dort drinnen roch, und zwar nach Hunden, Schweißfüßen, vergammelten Kartoffeln und Fruchtkompott. Ein süßlich-fauliger Geruch. Ich versuchte mir vorzustellen, wie es wohl auf dem Hof aussähe, zu dem ich gerade unterwegs war. Todsicher wie auf allen anderen isländischen Bauernhöfen. Ich sah die Bewohner schon deutlich vor mir. Der Vater ein typischer Bauerntrottel, immer unrasiert, mit graumelierten Bartstoppeln und in einer ausgeleierten Polyesterhose, die ihm zu groß war und die er deshalb oben in die Gummistiefel stopfte. Dazu ein löchriger Schafwollpullover und darüber eine blaue Jacke. Und bestimmt hatte er einen Land Rover. Wenn er redete, dann redete er schnell und fluchte am laufenden Band. Seine Frau trug Strumpfhosen, Wollsocken und einen senfgelben Rock und war permanent schlecht gelaunt. Wenn sie nach draußen ging, schnappte sie sich die schäbigste Windjacke, die sie finden konnte. Das war immer so. Die Bäuerin hatte die hässlichste Windjacke von allen. Auch die Kinder wären unsäglich gekleidet. Die Jungen in ausgebeulten Jeans und Gummistiefeln, und die Mädchen genauso. Die Hosenbeine hätten sie in ihre Wollsocken gestopft, und ihre Arbeitskittel bis zum Hals zugeknöpft.

Der Mann, der mich im Auto mitnahm, redete kein Wort mit mir. Gegen Abend erreichten wir den Hof. Ich hatte keine Ahnung, wo wir waren. Der Mann öffnete den Kofferraum und gab mir meine Tasche.

Drinnen war alles genau so, wie ich es mir vorgestellt hatte. Der Bauer trug ausgeleierte Polyesterhosen und Wollsocken. Er war unrasiert, hatte ein Loch im Pullover und überall wunde Stellen an den Händen. Auch die Frau trug Hosen, aber keine schlabberigen, sondern enganliegende.

Dann gab es noch einen alten Mann, ebenfalls in Polyesterhosen. Weitere Personen schienen dort nicht zu wohnen. Die Leute begrüßten mich wortreich und wollten wissen, was es zu Hause Neues gebe. Ich versicherte ihnen, dort sei alles bestens, obwohl ich diese Frage eigentlich noch nie verstanden hatte. War denn zu Hause nicht immer alles bestens – sofern nicht gerade jemand im Sterben lag? Und dass in Wirklichkeit natürlich nie alles bestens ist, weiß auch jeder.

Die nächsten Tage verbrachte ich damit, meine Gastgeber kennenzulernen und die Umgebung zu erkunden. Das hier war kein typischer Bauernhof. Schafe gab es gar keine, und Kühe auch nur ganz wenige. Der Bauer hatte irgendeine Krankheit und konnte nicht mehr arbeiten. Die Bäuerin hatte einen Job in Akureyri. Ich brauchte überhaupt nicht zu arbeiten, musste weder Heu zusammenrechen noch Kühe vor mir herscheuchen oder Mist schaufeln. So gesehen hatte ich also ein bequemes Leben. Mir gefiel es dort auf dem Hof. Ich konnte mich ganze Tage lang mit einem Buch irgendwo verkriechen und brauchte, wenn ich nicht wollte, keinen Finger krumm zu machen. Ich wurde nicht einmal morgens aus dem Bett geschmissen, und ich hatte sogar mein eigenes Zimmer. Das Essen war ganz normales Essen, es gab nichts, was man nicht auch in Reykjavík kannte, manchmal sogar Spaghetti. In diesem Punkt war ich auf das Schlimmste gefasst gewesen. Schließlich hatte ich auf dem Land schon den widerlichsten Fraß vorgesetzt bekommen: Seehase, Biestmilch, saurer Blutpudding, Haferbrei mit Quark oder Euter. Auf dem Land isst man nämlich allerhand Dreckszeug, das die Leute in Reykjavík nicht mal im Traum anrühren würden. Nicht so bei diesen Bauern. Ich durfte essen, was ich wollte, und wenn ich keinen Hunger hatte, wurde ich nicht gezwungen. Bequemer hätte ich mir das Landleben kaum vorstellen können.

Wie sich herausstellte, war der alte Mann Mamas Bruder, und die Bäuerin wohl seine Tochter. Ich kannte erschreckend wenige aus meiner Verwandtschaft. Wenn ich durch die Stadt ging, begegneten mir ständig irgendwelche Leute, die mich grüßten oder sich nach meinen Eltern erkundigten. Und ich antwortete jedes Mal dasselbe – dass es ihnen gut gehe. Alles bestens.

Ich wusste nie, wer diese Leute waren, aber oft stellten sie sich als Geschwister von Mama oder Papa heraus. Außerdem hatte ich schon immer Schwierigkeiten, mir Gesichter zu merken oder Leute auseinanderzuhalten. Einmal kam mein Bruder Óskar zu Besuch, der sich kurz zuvor seinen Bart abrasiert hatte. Ich gab ihm die Hand und stellte mich mit Namen vor. Es gab großes Gelächter.

– Na, kennst du deinen eigenen Bruder nicht mehr?, sagte Mama grinsend. Aber schließlich bekam ich diese Leute ja auch fast nie zu sehen. Mama und Papa nahmen mich nur selten zu Verwandtenbesuchen mit, und den Sommer über war ich meistens auf dem Land. So war ich bei Treffen und Familienfesten eigentlich nie dabei. Die Geschwister meiner Eltern waren mir unbekannt und fremd, und meine eigenen Geschwister genauso.

Manchmal fuhren wir nach Akureyri. Das war fast so, als käme man in eine richtige Stadt. Es gab Geschäfte und sogar Jugendliche, die vor Kiosken herumhingen. In einer Buchhandlung erstand ich eine *Bravo,* in die ich mich in den folgenden Tagen vertiefte. Die Zeitschrift war auf Deutsch, sodass ich die Texte natürlich nicht verstand, aber dafür studierte ich die Bilder umso genauer. Alle ließen sich in Punks und Nicht-Punks einteilen. Und dann sah ich Nina Hagen. Es war Liebe auf den ersten Blick. Ich war ihr sofort restlos verfallen. Sie war ohne Zweifel die schönste Frau der Welt. Die Zeitschrift enthielt ein Nina-Hagen-Poster, das ich sogleich über mein Bett hängte. Sie war eindeutig ein echter Punk. Dann setzte ich mich aufs Bett und starrte sie an. Ich liebte diese Frau. Ich wusste zwar so gut wie nichts über sie, aber sie war einfach traumhaft – und sie wusste garantiert alles über Anarchismus.

Auch Camilla Cool wurde aus einer Zeitung ausgeschnitten und an die Wand gepinnt. Ich las den Artikel wieder und wieder. Was bedeutete »Philosophie«? Ich hatte keine Ahnung. Dagegen wusste ich sehr gut, wie viel Spaß es macht zu provozieren und andere gegen sich aufzubringen. Kurz, nachdem ich aufs Land geschickt wurde, kamen *The Clash* nach Island und spielten im Reykjavíker Laugardalur-Stadion. Im *Tíminn* gab es ausführliche Berichte darüber, samt Fotos, die aus dem Flugzeug aufgenommen worden waren. Im Radio spielten sie »London Calling«. Und »Bankrobber« würden sie todsicher auf dem Live-Konzert spielen. Ich wünschte mir nichts sehnlicher, als auf dieses Konzert zu gehen, was aber nicht ging, weil ich viel zu weit weg war. Ich war so verzweifelt, dass ich fast losheulte. Die denkwürdigste Veranstaltung meines Lebens würde ohne mich stattfinden! Allmählich wurde Punk zu einer festen Größe in meinem Leben. Ich studierte die Punks bis ins kleinste Detail und versuchte, ihren Kleidungsstil zu kopieren. Ich fand eine Sicherheitsnadel, heftete sie mir ans T-Shirt, auf das ich anschließend mit Kugelschreiber ein großes Anarchie-Zeichen kritzelte. Meine Jeans bearbeitete ich mit Schmirgelpapier, bis sie an den Knien durchgescheuert waren und sich beinahe auflösten. Dann nahm ich ein dünnes Kabel, machte einen Henkersknoten, wie ich es bei den Pfadfindern gelernt hatte, und legte mir die Schlinge um den Hals. Zum Schluss schnitt ich an meinem Sweatshirt sämtliche Bündchen ab. Die Leute auf dem Hof verfolgten meine Verwandlung mit großem Interesse und wurden Zeugen von der Geburt eines Punks inmitten dieser ländlichen Einöde.

Als Entschädigung für das verpasste *The Clash*-Konzert durfte ich zur einer Jugend-Disco nach Akureyri. Ich fand es wahnsinnig spannend, ganz allein nach Akureyri zu fahren. Ich brezelte mich sorgfältig auf, behängte mich mit extra vielen Sicherheitsnadeln und schrieb mit dem Textmarker des Bauern »Nina Hagen« auf meine Turnschuhe. Obwohl es regnete, weigerte ich mich, eine warme Jacke überzuziehen. Ich wollte lieber erfrieren oder im Regen ersaufen, als dort in irgendeinem uncoolen Anorak aufzukreuzen. Also trug ich nur ein Sweatshirt und die Galgenschlinge um den Hals. Der Bauer fuhr mich nach Akureyri, setzte mich dort ab und würde mich nach dem Konzert an der gleichen Stelle wieder abholen. Als er verschwunden war, holte ich die große Sicherheitsnadel heraus, die eigens zu diesem Zweck in meiner Hosentasche steckte. Ich öffnete die Sicherheitsnadel, piekste sie in mein rechtes Ohrläppchen, stach sie durch und ließ die Nadel wieder einrasten. Ich war bereit. Dann schob ich mich in Richtung Bühne. Ich erregte sofort einiges Aufsehen. Zum einen war ich von auswärts und fremd in der Stadt, und außerdem war mein Anblick wohl ziemlich kurios. Manchen blieb vor Staunen buchstäblich der Mund offen stehen. Ich ließ mir nichts anmerken und tat, als sei mir völlig egal, dass alle glotzten, trieb mich vor der Bühne herum und hielt nach anderen Punks Ausschau. Dabei kramte ich ein zu diesem Zweck stibitztes *Camel*-Päckchen hervor und steckte mir mit großspuriger Geste eine Zigarette an.

Das Konzert war gar kein Punk-Konzert. Alle Musiker waren stinknormal angezogen. Manche Bands spielten Hard Rock, hatten aber keinen Leadsänger, sondern machten alles mit Sologitarre. Die Songtexte der übrigen Bands handelten von irgendwelchen Mädchen oder vom Wetter. Unsägliches Zeug. Die Songs waren meist Rockversionen alter isländischer Schlager. Und dann gab es noch ein paar Versuche, bekannte ausländische Hits mit isländischem Text zu versehen. Was für ein Reinfall! Kein einziges Lied über Anarchie oder das Leben im Schatten der Atombombe, kein *Fuck the system*, nichts. Außerdem verbrachten die Musiker mehr Zeit damit, ihre Instrumente zu stimmen, als darauf zu spielen.

Ich stand im strömenden Regen, durchgefroren und bis auf die Haut durchnässt, als endlich die letzte Band die Bühne betrat. Nach dem Konzert flüchtete ich in den nächsten Kiosk. Triefnass und zitternd vor Kälte stellte ich mich ans Fenster und hielt nach dem Auto des Bauern Ausschau. Ein paar Kids, die auch dort rumhingen, wurden auf mich aufmerksam. Sie waren ein paar Jahre älter als ich, und es war offensichtlich, dass sie über mich redeten und dabei tuschelten und lachten.

– Bist du'n Punk?, fragte einer der Jungen.

– Darf ich dich mal anspucken?

– Nein!, antwortete ich gekränkt.

Durfte man Punks wirklich anspucken? Wer hatte das gesagt? Es fiel mir schwer, das zu glauben. Ich bezweifelte stark, dass jemand sich rausnehmen würde, Nina Hagen anzuspucken, wenn sie mal eben zum Kiosk ging. Der Junge stand jetzt dicht vor mir.

– Was hast du denn da Schönes um den Hals?

– Eine Galgenschlinge. Das ist so ein Henkersknoten, den benutzt man, um Leute zu erhängen.

Er griff nach dem Ende des Kabels und zog daran. Seine Kumpels lachten.

– Lass das!, sagte ich.

– Soso, dann bist du also kein Punk?, grinste ein Anderer.

– Lass mich in Ruhe, murmelte ich.

Ich bekam es allmählich mit der Angst und hielt nervös nach dem Bauern Ausschau.

– Lasst ihn in Ruhe!, befahl das Mädchen hinter der Ladentheke.

– Ich werd ja wohl mit ihm reden dürfen, gab der Junge zurück.

– Wenn ihr nicht aufhört, muss ich euch vor die Tür setzen, fügte sie hinzu.

Der Junge ließ mich los und ging zu seinen Freunden zurück. Die Jugendlichen lachten wieder und glotzten mich an. Ich lächelte meiner Retterin dankbar zu und schob mich näher an sie heran.

– Bist du aus Reykjavík?, erkundigte sie sich.

– Ja, aber zur Zeit wohne ich hier in der Gegend.

– Hörst du Punk?

– Ja!

Die Frage verblüffte mich. Kannte sie sich etwa mit Punk aus?

– Stehst du auf Nina Hagen?

Ich hatte mich wohl verhört. Nina Hagen! Wusste dieses Mädchen wirklich, wer Nina Hagen war – oder kannte sie sogar persönlich?

Ja, antwortete ich eifrig und deutete, wie zum Beweis, auf meine Turnschuhe.

Wir starrten beide auf meine Schuhe. Der Marker war nicht wasserfest gewesen, und die Buchstaben waren zu unleserlichen, schwarzen Klecksen zerlaufen.

– Ich hatte da »Nina Hagen« draufgeschrieben, murmelte ich erklärend.

– Okay.

– Nina Hagen ist meine Lieblingssängerin, fügte ich wichtigtuerisch hinzu. Ich hab zu Hause ein Poster von ihr.

In Wirklichkeit hatte ich noch keinen einzigen Song von ihr gehört. Ich kannte sie bloß von ein paar Fotos und fand sie cool und wunderschön.

– Ich habe eine Platte von ihr, sagte das Mädchen. *Unbehagen.*

Ich nickte und tat, als wüsste ich genau, wovon sie redete. Tatsächlich hatte ich nicht die leiseste Ahnung.

– Meine Lieblingsband ist *The Clash,* sagte ich dann, um überhaupt etwas zu sagen.

– Warst du auf dem Konzert?

– Nein. Da konnte ich nicht.

– Die waren echt super.

– Du warst also da?

– Klar, sagte sie.

Ich musterte sie genauer. Sie sah nicht gerade punkmäßig aus, trug völlig intakte Jeans und ein Sweatshirt. Ihre Haare waren zu einem gewöhnlichen Pferdeschwanz zusammengebunden. Sie war kein Punk, aber sie hörte Punkmusik. Es erfüllte mich mit Ehrfurcht, neben jemandem zu stehen, der auf dem *The Clash*-Konzert gewesen war.

– Ich habe auch das Album, fuhr sie fort. Was für Platten hast du denn so?

Ich konnte dieser wunderbaren Person, diesem Schutzengel der Verfolgten und glühendem Punk-Fan, unmöglich gestehen, dass ich keine einzige Platte besaß.

– Ich hab meine Platten nicht hier. Auf dem Hof haben sie sowieso keinen Plattenspieler.

– Schöne Scheiße. Ich könnte das nicht, irgendwo wohnen, wo es keinen Plattenspieler gibt.

– Ich weiß. Aber immerhin kam »London Calling« vor Kurzem im Radio.

– Aber einen Kassettenrekorder werden sie doch wohl haben?, fragte sie.

Tatsächlich hatte das Radio im Wohnzimmer einen eingebauten Kassettenrekorder, so wie den von Mama.

– Schon. Aber meine Kassetten hab ich auch nicht mitgenommen, fügte ich bedauernd hinzu.

– Schöne Scheiße, wiederholte sie. Aber ich könnte dir was aufnehmen!

Drei Tage später fuhr der Bauer mich zum zweiten Mal nach Akureyri. Ich stapfte in den Kiosk, um meine Kassette abzuholen. Sie steckte in einer Plastikhülle, auf die das Mädchen mit blauem Filzstift NINA HAGEN. UNBEHAGEN geschrieben hatte. Was für eine Kostbarkeit! Zurück auf dem Hof durfte ich mir den Rekorder ausleihen und verschwand damit in meinem Zimmer. Mit zitternden Fingern öffnete ich die Hülle, und dann hielt ich ihn in den Händen, diesen Schatz, der die geheimnisumwitterten Songs der schönsten Frau der Welt enthielt. UNBEHAGEN. Eine schwarze Kassette, TDK, *High Position Type II*. Sechzig Minuten Punk vom Feinsten. Ich legte die Kassette ein, schloss das Kassettenfach, holte einmal tief Luft und drückte auf »Play«. Afrikanischer Reggae erfüllte das Zimmer. Ich war wie hypnotisiert vor Liebe. Noch nie hatte ich jemanden so singen hören. Meine Angebetete raunte mit tiefer Stimme oder krächzte wie eine alte Frau, um im nächsten Moment einen glockenhellen Opernsopran ertönen zu lassen. Sie war einfach göttlich, und das in jeder Hinsicht. Dumm war nur, dass sie auf Deutsch sang. Das Einzige, das ich zu verstehen glaubte, war, dass sie nach Afrika wollte.

Ich hörte die Kassette bis zum Ende. Wieder und immer wieder. Die einzelnen Stücke verschmolzen zu einem endlosen, gleichförmigen Strom aus schrillem Gekreisch und tiefem, heiseren Geröhre. Außerdem quasselte sie ihre Texte in einem derartigen Tempo runter, dass ich nicht mal die einzelnen Wörter unterscheiden konnte. Ich versuchte, mich ganz auf den Text zu konzentrieren, in der Hoffnung, irgendwo das Wort »Anarchie« herauszuhören, aber ohne Erfolg. Auch die Begleitband war einen Tick zu brav. Die Musiker spielten gepflegt auf ihren Instrumenten und wirkten auch äußerlich nicht besonders punkig. Auf den Bildern in der *Bravo* hatten sie stinknormale Klamotten an. Anscheinend war Nina Hagen der einzige Punk in dieser Band. Außerdem hatten die meisten Songs ein Gitarrensolo. Ich hatte zwar in meinem Leben noch nicht viel Punk gehört, glaubte aber zu wissen, dass Gitarrensolos dort nichts zu suchen hatten. Was für ein Reinfall! Das hier war kein Punk, sondern irgendetwas ganz anderes. Und wozu musste Nina Hagen dauernd zwischen den Stimmlagen hin- und herturnen? Offenbar interessierte sie sich weder für Anarchismus, noch wollte sie das System über den Haufen schmeißen. Stattdessen wollte sie nach Afrika. Was daran Punk sein sollte, war mir ein Rätsel. Gab es in Afrika überhaupt Punk? Gab es afrikanische Punks? Warum wollte sie nicht lieber nach London? Und die Musik nervte mich. Das Album war todlangweilig. Ich machte den Rekorder aus, nahm die Kassette heraus und steckte sie wieder in die Hülle. Was für ein Flop. Nina Hagen hatte mich betrogen. Aber Liebe ist blind. Beschämt betrachtete ich mein Poster. Sie war cool, und sie war schön, und ich beschloss, über ihren schlechten Musikgeschmack hinwegzusehen. Nobody is perfect. Ich liebte sie trotzdem, auch wenn ich ihre Musik unmöglich fand. Vielleicht arbeitete sie ja schon an einem neuen, viel, viel besseren Album, das ANARCHYHAGEN heißen würde, und auf dem sie nur Englisch sang. Vielleicht brauchte sie auch bloß andere Musiker. Vielleicht würde sie sogar irgendwann mit den *Sex Pistols* singen. Wie so oft war diese erste große Liebe oberflächlich. Ich liebte Nina Hagen, aber ich liebte sie nur für ihr Aussehen.

Am Tag, an dem ich nach Reykjavík zurückkehrte, wurde Vigdís Finnbogadóttir in ihr Amt als Staatspräsidentin von Island eingeführt. Am selben Tag ließen italienische Terroristen im Hauptbahnhof von Bologna eine Bombe hochgehen, die 85 Menschen tötete und die Erdbevölkerung auf vier Milliarden vierhundertvierunddreißig Millionen sechshundertzweiundachtzig Tausend reduzierte. Die Bevölkerung Islands betrug zweihundertneunundzwanzig Tausend einhundertsiebenundachtzig. Jimmy Carter war Präsident der Vereinigten Staaten, und es zeichnete sich bereits ab, dass er bei den anstehenden Präsidentschaftswahlen gegen Ronald Reagan verlieren würde. Die Sowjetunion war in Afghanistan einmarschiert. Die US-Regierung bildete Terroristen aus, um die sowjetischen Truppen anzugreifen. Aus diesen Milizen gingen später die Taliban hervor, die dann in Afghanistan die Macht an sich rissen. Zwischen Iran und Irak brach Krieg aus. Die Vereinigten Staaten standen auf Seiten der Iraker und unterstützten sie mit Nahrungsmitteln, Waffen und Geld. Mithilfe dieser Rückendeckung konnte Saddam Hussein später im Iran einmarschieren.

Die Isländer hatten gerade die Kreditkartenzahlung für sich entdeckt. Die Sozialdemokraten, später unter dem Namen »Allianz« bekannt, bildeten die Regierung. Der Premierminister hieß Benedikt Gröndal. Die Inflationsrate lag bei 100 Prozent und sollte weiter steigen.

Nichts von all dem hatte mit mir zu tun. In meinen Augen war die Welt sowieso nicht mehr zu retten. Ich hatte keine Zukunft. Ich fürchtete mich nicht vor der Zukunft, sie war mir egal. Ich versuchte, möglichst wenig über sie nachzudenken. Die Atomwaffen der Supermächte warteten auf ihren Einsatz, und der Weltuntergang war nur noch eine Frage der Zeit. Die Amerikaner hatten Atombomben über Hiroshima und Nagasaki abgeworfen. So was konnte jederzeit wieder passieren. Darüber wurde viel diskutiert. Der Militärstützpunkt in Keflavík rückte uns ins internationale Fadenkreuz. Wenn es zwischen Russen und Amerikanern Krieg gäbe, würden die Russen eine Atombombe auf den Flughafen in Keflavík werfen. Die Reykjanes-Halbinsel würde verbrennen wie Papier. Und alle wären tot. Die Druckwelle würde sich über Reykjavík wälzen und dort die Häuser zum Einsturz bringen. Die Menschen würden unter den Trümmern begraben, und den Rest würde die Radioaktivität erledigen.

Inzwischen war ich ein hauptberuflicher Punk. Eine meiner ersten Amtshandlungen bestand darin, mir im Zoogeschäft am Grensásvegur ein Hundehalsband mit Stachelnieten zu besorgen, das ich anstatt der Galgenschlinge um den Hals trug. Als Nächstes wollte ich, da ich von klein auf unter meiner Haarfarbe gelitten hatte, meine Haare grün färben. Mama sagte Nein. Aber weil ich meine Ohrläppchen immer wieder mit Sicherheitsnadeln malträtierte, was nicht selten mit einer dicken Entzündung endete, bekam ich schließlich die Erlaubnis, mir ein Ohrloch stechen zu lassen – jedoch unter der Bedingung, dafür eine ausgebildete Fachkraft in einem Friseursalon aufzusuchen. Also war das mein nächster Punkt auf der Liste. Mit Herzklopfen und einem dicken Kloß im Magen setzte ich mich auf den Friseurstuhl.

Zu meiner großen Verblüffung tat es überhaupt nicht weh. Jetzt hatte ich einen echten Ohrring! Ich hatte das Gefühl, mindestens einen Kopf gewachsen zu sein. Als ich wieder auf der Straße stand, kam es mir vor, als starrten alle, die vorüberliefen, sofort auf mein Ohrläppchen. Alle um mich herum starrten auf diesen Ohrring. Selbst der Busfahrer glotzte. Und als ich mich setzte, schienen sich die Blicke sämtlicher Fahrgäste auf mein Ohrläppchen zu konzentrieren. Es war der Wahnsinn. Als ich nach Hause kam, knöpfte ich mir mein Zimmer vor und sortierte alles aus, was ich für Kinderkram oder nicht punkmäßig hielt. Dann war der Kleiderschrank an der Reihe. Ein Großteil meiner Klamotten wanderte ebenfalls in den Müll, bis nichts als eine Jeans und ein paar T-Shirts und Sweatshirts übrig war. Ich schlüpfte in die Jeans und bearbeitete sie mit grobem Sandpapier, bis der Stoff durchgescheuert war und an den Knien aufplatzte. Von den Sweatshirts schnitt ich sämtliche Ärmelbündchen ab, dann nahm ich einen schwarzen Filzstift, verzierte sie großzügig mit dem klassischen A im Kreis und kritzelte, wo noch Platz war, »Anarchie« und alle möglichen Bandnamen dazwischen.

Was mir noch fehlte, war die richtige Jacke. Punks laufen nicht in Daunenjacken und Anoraks rum. Punks tragen Lederjacken. Ich hatte aber keine Lederjacke. Also beschloss ich, Dóri anzurufen. Der wusste bestimmt, wie und wo man für wenig Geld an eine solche Jacke herankäme. Dóri bot mir an, die ausrangierte Lederjacke von seinem Bruder Friðjón zu übernehmen. Ich ging also in meinem frisch bekritzelten T-Shirt bei ihm vorbei und holte die Jacke ab. Die Jacke war keine echte Lederjacke, sondern aus Kunstleder. Und sie war auch nicht schwarz, sondern braun, und außerdem hatte sie Strickbündchen. Das alles war zwar nicht das Gelbe vom Ei, aber das Annehmbarste, das ich im Moment kriegen konnte. Ich schnitt die Bündchen ab und entfernte die Schulterklappen. Dann warf ich mich in Schale und spazierte ins Wohnzimmer, wo Mama am Tisch saß und Patiencen legte.

– Allmächtiger! Was soll das denn jetzt schon wieder, Junge?

– Das ist Punk, erklärte ich selbstbewusst.

Mama seufzte tief und schüttelte den Kopf.

– Krieg ich ein bisschen Geld?

Sie wandte sich wieder ihren Patiencen zu und antwortete, wie immer mit entnervtem Unterton:

– Frag deinen Vater.

Genau das war das Letzte, was ich wollte.

– Ich hab aber keine Lust, ihn zu fragen. Kannst du mir nicht was geben?

– Wozu brauchst du schon wieder Geld?

Sie sah nicht von ihren Karten auf.

– Ich will mir Buttons kaufen. Und eine Schallplatte.

– Wie viel brauchst du?

Ich nannte einen Betrag. Mama zögerte einen Moment, dann seufzte sie, stand auf und holte ihre Handtasche.

Ich war erleichtert, dass ich nicht Papa um Geld anbetteln musste. Für Buttons und Schallplatten hätte er mir sowieso keins gegeben. Ich nahm den Bus hinunter zum Hlemmur und ging in das einzige Geschäft auf dem Laugavegur, das Buttons verkaufte. Der Inhaber war ein alter Araber und das Warensortiment speziell auf Kinder und Jugendliche ausgerichtet. In diesem Laden bekam man alles, was das Herz begehrte, modische Klamotten, Poster, Nietengürtel, Buttons und Räucherstäbchen, aber auch Stinkbomben und andere Scherzartikel. Ich war dort schon fast Stammkunde. Meistens wollte ich nur stöbern. Aber manchmal erwarb ich auch etwas. Einmal zum Beispiel eine Scheißhaufen-Attrappe, die mir viel Freude bereitete, bis ein Lehrer sie schließlich konfiszierte. Auch Stinkbomben hatte ich gelegentlich dort gekauft, um sie dann bei Leuten, die es nicht besser verdient hatten, durchs Fenster oder den Briefkastenschlitz zu werfen.

Inzwischen hatte das Geschäft die Zeichen der Zeit erkannt und sich zu einem wahren Punk-Paradies gemausert.

Hier gab es alles, wovon ein Punk nur träumen konnte – Hosen, die zerfetzt und mit Sicherheitsnadeln wieder zusammengepinnt waren. Jacken aus Echtleder mit dickem rotem Futter. Und Buttons und Aufnäher. Das waren entweder Stoffabzeichen, die man an die Kleidung nähte, oder Buttons und andere Anstecker.

Ich sah mir alles genau an und fragte nach den Preisen. Der Araber antwortete mit ausländischem Akzent und kompetenter, geduldiger Entschlossenheit.

Nach langer Bedenkzeit erstand ich ein *Crass*-Anarchiezeichen zum Aufnähen und drei kleine Buttons, auf einem waren die *Sex Pistols,* auf einem stand FUCK THE SYSTEM, und auf dem dritten war ein Bild von *The Clash.* Zum Schluss kaufte ich noch ein paar Nieten für meine Jacke. Für mehr reichte das Geld nicht, denn den Rest brauchte ich für die Schallplatte. Ich befestigte die Nieten an meiner Lederjacke, steckte mir die Buttons an und stolzierte in den Plattenladen.

Meine Barschaft reichte für genau eine Platte. Ich durchforstete die vorrätigen Punk-Alben, hörte hier und da rein und wog ab. Natürlich wollte ich nicht in eine Platte investieren, die ich mir genauso gut bei Dóri überspielen konnte. Hinzu kam, dass diese Alben oft nur einen Song enthielten, der etwas taugte. Bei *Sham 69* zum Beispiel. Mir gefiel die Musik trotzdem nicht. Ein paar Titel von den *Dead Kennedys* waren ganz okay, so wie »California über alles« oder »Too Drunk to Fuck«, aber so toll, dass ich mir gleich die ganze Platte angeschafft hätte, fand ich sie auch wieder nicht.

Nach sorgfältiger Überlegung entschied ich mich für »Inflammable Material« von den *Stiff Little Fingers.* Über die hatte ich mal eine Fernseh-Doku gesehen. Sie kamen aus Nordirland und schienen über das Leben und die Welt ihre ganz speziellen Ansichten zu haben. Ein weiterer Pluspunkt war, dass dem Album die Songtexte beilagen. Doch was mich letztendlich dazu bewog, genau diese Platte zu kaufen und keine andere, war, dass der Sänger eine Brille trug. Er hatte ein viereckiges Metallgestell, genau wie ich, und hatte daher sofort meine ganze Sympathie.

In Fossvogur gab es nicht viele Punks. Viele standen vielleicht auf die Musik, waren aber nicht bereit, aufs Ganze zu gehen, so wie das Mädchen im Kiosk in Akureyri. Sie waren ganz normal gekleidet, und zu Hause sammelten sie Punkplatten. Und schließlich waren da die Pseudopunks. Das waren die, die sich als Punks ausgaben und die Musik hörten, ohne die dazugehörige Gesinnung zu teilen. Sie waren weder hoffnungslos, noch wollten sie das System bekämpfen, sondern betrachteten den Punk einfach als oberflächlichen Modetrend. Sie hörten Adam Ant und hielten das allen Ernstes für Punk. Für Anarchismus interessierten sie sich nicht die Bohne, und mit solchen Leuten wollte ich nichts zu tun haben. Um Pseudopunks machte man am besten einen großen Bogen. Für mich war Punk keine Mode, sondern eine Daseinsform. Diese Klamotten waren meine Art, mich zu einer bestimmten Gruppe zu bekennen und es anderen Punks zu erleichtern, mich als einen der ihren zu erkennen. Worauf es mir jedoch am meisten ankam, war die tiefere Bedeutung, die dem Punk zugrunde lag: im Abseits zu stehen, anders zu sein als die anderen, und der Wunsch, eines Tages endlich in Ruhe gelassen zu werden und den ganzen verdammten Zirkus nicht mehr mitmachen zu müssen. In der Welt der Normalos war ich ein verstörendes Element, ein Sonderling, hässlich, dumm und unfähig. In der Welt des Punk dagegen war ich ein Ebenbürtiger, attraktiv, intelligent und geistreich. Der Punk gab meinem Leben einen Sinn. Die Regeln der anderen betrafen mich nicht mehr. Unter den Vorzeichen des Punk konnte ich tun und lassen, was ich wollte. Ich konnte schreiben, ohne dass sich jemand über mein Gekrakel lustig machte. Gekrakel war Punk. Ich konnte Gitarre spielen, ohne es jemals gelernt zu haben. Ich konnte Dinge sagen oder tun, die das System nicht akzeptierte, denn der Punk akzeptierte ja auch das System nicht. Punk war die Auflehnung gegen das System und jede Art von Systemdenken. Besonders intensive Bekanntschaft hatte ich mit dem Schulsystem gemacht. Ich hasste es und damit alle weiteren Systeme, in die man mich in Zukunft hineinzwängen würde. Ich hasste alle, die Regeln aufstellten. Ich hasste dieses Wertesystem, in dem alles, was ich nicht konnte, als wichtig und erstrebenswert galt und meine eigenen Fähigkeiten als wertlos abgetan wurden. Das System stempelte mich zu einem Außenseiter ab, einem von jeder Norm abweichenden Freak. Hier gab es für mich keinen Platz. Unter den Schulversagern aber auch nicht. Das System hielt mich für dumm oder lernbehindert, obwohl ich das nicht war. Vielleicht war ich dem System sogar zu intelligent. Der Punk hatte dieses System besiegt, und ich sah nicht ein, wozu ich dann die verdammten Regeln lernen sollte. Ich glaubte nicht mal die Hälfte von dem Schwachsinn, den sie uns erzählten. Ich sah keinerlei Sinn darin, Mathematik oder Dänisch zu lernen. Und mir war scheißegal, was die anderen von mir dachten. Ich hatte beschlossen, mich nicht mehr von anderen definieren zu lassen. Der Punk befreite mich von all diesen überhöhten Erwartungen, mit denen die Schule und meine Eltern mich konfrontierten. Ich wollte mich zu Wort melden, meine Meinung sagen, sie am liebsten laut herausbrüllen. Ich wollte mich losreißen. Ich sehnte mich nach Frieden. Der Punk war ein Schiff, das dieses Land der Spießer und Gesetzeshüter für immer verließ, und ich sprang an Bord und segelte neuen Abenteuern entgegen.

Ich wurde Stammgast im Jugendzentrum unseres Stadtteils, hauptsächlich weil ich hoffte, dort andere Punks zu treffen. Stattdessen traf ich Alli. Er wohnte nur eine Straße weiter. Sein Vater war Lehrer an der Austurbaer-Schule, an der auch Alli selbst Schüler war, und deshalb hatten wir bisher – außer vielleicht in den Sommerferien – wenig miteinander zu tun gehabt. Alli trug ein mit Buttons gespicktes Opa-Jackett. Ich studierte die Sammlung eingehend. Alles war Punk, mit einer Ausnahme: *Police*. *Police* waren keine Punk-Band, sondern New Wave. Ihre Songtexte waren ziemlich albern und drehten sich um belangloses Zeug. Ein Song hieß zum Beispiel »Walking On the Moon« und handelte von jemandem, der auf dem Mond herumstiefelt. Und dann hatten sie jede Menge Lieder über Mädels, so wie »Roxanne« und so weiter. Echte Punks geben sich nicht mit weinerlichen Liebesschnulzen ab. Aber trotz allem war Alli immer noch der annehmbarste Punk, der im Clubhaus herumhing.

Die meisten Kids im Viertel waren entweder Disco-Popper oder Normalos. In der Regel waren sie unproblematisch und ließen mich in Ruhe. Und dann gab es eine Kategorie, die ich »die Idioten« getauft hatte. Die Idioten waren Jungs, die sich für ungemein komisch hielten, ständig herumblödelten und voreinander eine Show abzogen. Dabei waren sie einfach unausstehlich, zogen nur im Pulk durch die Gegend und machten einen Heidenlärm. Die Idioten waren immer gut gelaunt und zugleich stinklangweilig. Im Winter prügelten sie sich im Schnee und versuchten, sich gegenseitig Schneebälle in den Kragen zu stopfen. Sie hörten Ska-Bands wie *Madness* oder *Bad Manners*, und im Kino sahen sie Filme wie *H.O.T.S.* oder irgendwas über Cheerleader in der Highschool und waren hin und weg. Sie hatten keine Freundinnen, sondern hingen ständig mit der Clique herum. Wenn die Idioten allerdings eines ihrer Happenings planten, waren sie nicht mehr wiederzuerkennen. Sie kicherten und tuschelten. Diese Aktionen hatten meistens auf irgendeine Art mit Mädchen zu tun. Zum Beispiel nahmen sie mit Ketchup getränkte Tampons oder Damenbinden, bewarfen sich damit und quiekten dabei vor Vergnügen. Kondome fanden sie besonders spannend. Manchmal füllten sie ein Kondom mit Spucke, spielten damit Zuwerfen oder taten so, als hätten sie es gerade zufällig bei einem ihrer Kumpels gefunden. Wenn ihnen diese Spielchen zu langweilig wurden, flog das Kondom in meine Richtung. Auf mich hatten es die Idioten besonders abgesehen.

An jedem Abend lauerten sie mir auf. Sie schüchterten mich ein und drohten mir, stießen mich oder stellten mir ein Bein. Ich bat sie höflich, mich in Ruhe zu lassen, aber das schien sie erst recht anzustacheln, also blieb mir nichts anderes übrig, als die Tortur still über mich ergehen zu lassen, bis sie von mir abließen. Irgendwann kam meist ein Mädchen oder einer von den Sozialarbeitern vorbei, und ich war gerettet. Ich achtete aber darauf, mir bei den Mitarbeitern nichts anmerken zu lassen, sonst hätte ich hinterher nur noch mehr Schläge bezogen. Bevor ich ins Clubhaus hineinging, vergewisserte ich mich, ob sie nicht irgendwo in der Nähe herumlungerten. Drinnen blieb ich ständig in Sichtweite des Personals und ging auch nie alleine aufs Klo. Stattdessen wartete ich, bis ein Mitarbeiter auf der Toilette verschwand und schlüpfte mit hinein, und hinterher traute ich mich erst wieder hinaus, wenn meine Peiniger garantiert nirgends in der Nähe waren oder gerade nicht hinschauten.

Ich wurde nie gefragt, ob ich irgendwo mitmachen wollte. Aber egal, ich riss mich auch nicht darum. Im Großen und Ganzen fand ich andere Jugendliche langweilig und dumm.

Die Mädchen waren nur auf ihr Aussehen fixiert. Die Jungen waren auf Mädchen fixiert. Wenn diese Kids überhaupt ein Interessengebiet hatten, dann war es Sport. Ich verachtete Sport.

Meinem Schulkameraden Alli versuchte ich aus dem Weg zu gehen. Wenn wir zusammen irgendwo auftauchten, war es noch viel schlimmer. Als Mobbingopfer waren wir ein verlockendes 2-für-1-Angebot. Dass ich Sohn eines Polizisten war und Alli Lehrerkind, machte die Sache nicht besser. Aus irgendeinem Grund schien Alli die Idioten sogar noch mehr zu reizen als ich. Manchmal stürzten sie sich ausschließlich auf ihn, während sie mich kaum beachteten. Alli nahm sich die Hänseleien auch viel mehr zu Herzen und regte sich jedes Mal furchtbar auf. Das wiederum heizte die Idioten noch mehr an, sodass sie sich vor Vergnügen kaum mehr einkriegten. Ich regte mich nicht auf. Auch nicht, wenn sie mich mit Cola überschütteten oder mit zerkauten Kaugummis nach mir warfen. Ich hatte ein Ziel. Ich war ein Spion in geheimer Mission. Meine Aufgabe war es, Informationen über den Punk zu beschaffen. Und solange sie sich damit nur ihr eigenes Grab schaufelten, sollte es mir recht sein. Ich würde andere Punks kennenlernen, und wir würden immer mehr, und irgendwann würde es niemand mehr wagen, sich mit uns anzulegen. Eines Tages würden die Punks die Macht übernehmen.

Der Einzige, mit dem ich manchmal redete, war Eiki Dope. Er war geistig zurückgeblieben und drei Jahre älter als ich. Seinen Spitznamen hatte er, weil er sich so unbeholfen bewegte, als sei er ständig bekifft. Wir kannten uns ewig und hatten schon als Kinder zusammen gespielt. Mit Eiki Dope teilte ich mehr als mit den meisten anderen. Wir standen beide im Abseits. Zwei Abweichungen von der Norm. Der Unterbelichtete und der Überflieger.

Ich wollte gern ein Instrument lernen und in einer Punkband spielen. Noch lieber wollte ich Sänger werden, so wie Johnny Rotten oder der Sänger von *Stiff Little Fingers.* Aber dazu war ich zu schüchtern und gehemmt. Ich hätte nie den Mut gehabt, vor Leuten zu singen, und wäre sowieso nur ausgelacht worden. Dagegen konnte ich mir durchaus vorstellen, als Gitarrist groß rauszukommen. Um Punk zu spielen brauchst du nicht sonderlich viel zu können, ein paar Barrégriffe auf der Gitarre dürften da völlig ausreichen.

Alli und ich diskutierten die dringende Notwendigkeit, eine echte, ernst zu nehmende Punkband zu gründen. So etwas fehlte. Es gab ein paar isländische Combos, die sich für Punk-Bands hielten: die *Fræbbblarnir, Fiasko* und *Die Wixer.* Ich stand auf keine der drei, denn meiner Meinung nach ließen sie alle wichtige Punkte außer Acht.

Alli konnte nicht nur Gitarre spielen, sondern besaß auch eine eigene E-Gitarre, die ihm sein Bruder geschenkt hatte. Außerdem hatte er jahrelang Geigenunterricht gehabt, sodass er sich auch auf der Gitarre schnell zurechtfand. Ich konnte überhaupt kein Instrument. Ich versuchte, Texte zu schreiben. Und das war verdammt schwer. Worüber ich schreiben wollte, wusste ich dagegen genau: Anarchie, Schule, Polizei, Frieden, Punk.

Als Nächstes versuchte ich mich als Drummer. Alli und ich bastelten aus Konfektdosen, Töpfen und Topfdeckeln eine Art Schlagzeugset zusammen; dann spielte Alli irgendwas auf seiner Gitarre, und ich sollte ihn begleiten. Ich bearbeitete eifrig meine Topfdeckel – und scheiterte kläglich. Es war offensichtlich, dass mir musikalische Begabung und Rhythmusgefühl völlig abgingen. Alli spielte mir alle möglichen Hörbeispiele vor, und ich sollte versuchen, den Beat des Schlagzeugs herauszuhören. Wenn ich ehrlich war, hörte ich meistens überhaupt keinen Beat, sondern nur ein undurchdringliches Tongewirr. Sounds. Krach. Und das Geschepper, das mein Instrument hervorbrachte, hatte mit dem Klang eines richtigen Schlagzeugs sowieso nicht viel zu tun.

Mir dämmerte allmählich, dass Punk spielen wohl doch nicht so einfach war, wie ich geglaubt hatte. Alli schlug mir vor, vielleicht lieber Bassist zu werden. E-Bass spielen könne so gut wie jeder. Ich fand die Idee gut. Auch Sid Vicious war Bassist und hatte, als er bei den *Sex Pistols* anfing, überhaupt kein Instrument beherrscht. Den hatten sie bloß wegen seines Aussehens aufgenommen und ihm dann einfach einen E-Bass in die Hand gedrückt. Trotzdem war er der Frontmann der *Pistols* und kam gleich nach Johnny Rotten. Und cooler als der Gitarrist war er sowieso. Der E-Bass ist im Gegensatz zur Gitarre ein einfaches und leicht zu lernendes Instrument – nur vier Saiten, keine komplizierten Griffe. Ich wandte mich an den dicken Dóri, der sich erst kürzlich einen E-Bass angeschafft hatte und mittlerweile in einer Tanzband spielte.

– Hast du Lust, mir E-Bass beizubringen?, fragte ich ihn.

Ja, das hatte er. Ich setzte mich, und er holte das gute Stück, einen beeindruckenden, schwarz glänzenden Fender. Er zeigte mir, wie man ihn hielt und wie man die Saiten zupfte. Ich lernte schnell und hatte bald begriffen, wie sich die Tonhöhe verändert, je nachdem, wo man die Saite auf den Hals des Instruments drückte. Kein Zweifel, ich war der geborene Bassist, und in ein paar Tagen würde ich spielen wie ein junger Gott. Dann legte Dóri eine Platte auf, und ich musste versuchen, den Bass herauszuhören und mitzuspielen. Ich spitzte die Ohren, aber heraushören konnte ich überhaupt nichts, egal, wie sehr ich mich konzentrierte. Dóri versuchte, mir mit Handzeichen und Grimassen auf die Sprünge zu helfen – alles umsonst. Ich hörte nichts als ein dumpfes Geklapper, wie wenn man eine mit Schrauben gefüllte Metalldose schüttelt. Zuerst glaubte Dóri an irgendwelchen Blödsinn, aber als ihm klar wurde, dass meine Unfähigkeit bitterer Ernst war, schlug er mir vor, irgendwo Musikunterricht zu nehmen.

– Du brauchst erst mal ein paar musikalische Grundlagen.

Da hatte ich nichts dagegen, auch wenn ich nicht genau wusste, was er damit meinte.

– Glaubst du, man kann hier irgendwo E-Bass lernen?

– Hm, nicht, dass ich wüsste.

Dóri riet mir schließlich, mich in der Gitarrenschule Óli Gaukur anzumelden. Auf diese Art bekäme ich nicht nur die nötige Grundausbildung, sondern auch anständigen Gitarrenunterricht. Ich war sofort entschlossen, lief nach Hause zu Mama und brachte mein Anliegen vor.

– Darf ich in Óli Gaukurs Gitarrenschule anfangen?

– Was willst du denn da?

– E-Bass lernen.

Mama fand die Idee hervorragend und war überglücklich, dass ich freiwillig etwas lernen wollte, und nach einigem Hin und Her bekam ich die Erlaubnis, einen sechswöchigen Anfängerkurs zu belegen. Papa ging mit mir ins Musikhaus Rín unten in der Stadt und kaufte die billigste Akustikgitarre, die sie dort hatten. Eine hässliche, uncoole Hippieklampfe. Hat jemand schon mal einen Punk mit Wandergitarre gesehen? Aber gut, zu Übungszwecken würde sie wohl reichen. Zu Hause verzog ich mich für den Rest des Tages in mein Zimmer und schrammte auf meiner Gitarre herum. Da ich abgekaute Fingernägel hatte, benutzte ich eins von diesen Plastikplättchen, mit denen man Brottüten zuknipst. Ich legte den ausgestreckten Zeigefinger quer über die Saiten und ließ ihn den Hals der Gitarre auf und ab gleiten, wie ich es bei dem Gitarristen von *Crass* gesehen hatte, während ich mit dem Brottütenplättchen gnadenlos über die Saiten schrubbte.

Am Tag darauf hatte ich meine erste Gitarrenstunde. Die Schüler saßen in kleinen, abgetrennten Kabinen, mit Kopfhörern auf den Ohren und einer E-Gitarre im Arm. Óli Gaukur lief von einem zum anderen, half und erklärte. Er gab immer allen dieselbe Aufgabe, und immer spielten alle das Gleiche. Wenn er uns einen Gitarrengriff beibrachte, mussten wir den so lange üben, bis wir ihn sicher konnten. Dann lernten wir den nächsten Griff. Ich brachte ständig alles durcheinander und schaffte es nie, mit meinen Fingern die richtige Stelle zu finden. Am Ende der Stunde musste die ganze Gruppe einstimmig »Gamli Nói« spielen. Dabei durften wir nicht die Fingernägel benutzen, sondern sollten die Saiten sanft mit dem Zeigefinger anzupfen. Ich hätte diesen Verein am liebsten sofort wieder verlassen. Diese Griffe waren mir viel zu kompliziert, und außerdem hatte ich »Gamli Nói« noch nie leiden können. Hinzu kam, dass mir die Hände wehtaten. Ich hätte viel lieber Barrégriffe gelernt, denn gerade die waren im Punk ja die Hauptsache. Ich sprach Óli darauf an. Nein, Barrégriffe kämen in seinem Unterricht nicht vor. Wir sollten lieber gleich die richtigen Griffe lernen, dann bräuchten wir so was ohnehin nicht mehr.

Die nächste Stunde war eine echte Zerreißprobe. Óli schien davon auszugehen, dass alle in der Zwischenzeit zu Hause fleißig geübt hatten. Die meisten waren tatsächlich gut vorbereitet. Ich dagegen hatte nicht den leisesten Ehrgeiz, und diese Griffe würde ich sowieso nie lernen. Óli kam herüber und ging das Ganze noch mal extra langsam mit mir durch, während ich versuchte, ihm klar zu machen, dass diese albernen Griffe für Leute, die in einer Punkband spielen wollen, ziemlich überflüssig waren.

– Um in einer Band zu spielen, musst du ein Instrument beherrschen.

Ich wiederum erklärte ihm, dass man auch nicht zu gut spielen dürfe, dass ein zu perfekter Gitarrist eine ganze Punkband ruinieren und sie in eine New-Wave-Band verwandeln könne. Óli Gaukur hatte weder Interesse an Punk, noch Ahnung davon, sondern nickte geduldig und versuchte dann, meine Aufmerksamkeit wieder auf die Gitarrengriffe zu lenken.

In der dritten Stunde mussten wir wieder »Gamli Nói« spielen. Jeder in seiner Kabine. Ich versuchte es erst gar nicht. So lange Óli uns instruierte, nickte ich mit interessiertem Blick, doch sobald er sich umdrehte, nahm ich mein Brottütenplektron und haute wie wild auf den Saiten herum. Der Sound in meinen Kopfhörern war überwältigend. Ich schloss die Augen und hämmerte genüsslich vor mich hin – bis mir die erste Saite um die Ohren flog. Óli kam sofort angerannt, guckte entnervt und nahm mir Kopfhörer und Gitarre ab.

– Warum bist du hier, Jón?, fragte er nachsichtig.

– Um Gitarre zu lernen.

– Und warum spielst du dann nicht so, wie ich es dir beibringe?

Gute Frage. Um die Gitarre selbst ging es mir ja gar nicht. Ich wollte mir bloß ein paar Grundlagen aneignen und dann auf den E-Bass umsteigen.

– Ich will Punk lernen.

– Punk unterrichte ich aber nicht, Jón.

Das konnte ich überhaupt nicht nachvollziehen.

– Warum denn nicht?

– Ich bringe meinen Schülern bei, ganz normal Gitarre zu spielen, damit sie die wichtigsten Griffe beherrschen und beliebte Volkslieder begleiten können.

Das war nun wirklich nicht mein Ding. Ich war hier ganz offensichtlich falsch. Gitarrengriffe und Volkslieder klang ungefähr so aufregend wie Dänisch und Dividieren. Als ob ich vorhätte, mit der Klampfe am Lagerfeuer zu hocken und Folk Songs zu zupfen. Genauso wenig würde ich bei Mama und Papa in der Küche sitzen und ihnen »Gamli Nói« vorspielen wie der letzte Dorfdepp. Óli riet mir, die Gitarrenstunden sein zu lassen und bot sogar an, mir das Geld zurückzuzahlen. Mit dieser Lösung konnten wir beide ausgezeichnet leben, zumal Papa den Kurs schon im Voraus bezahlt hatte und ich das Geld daher selber einstreichen konnte. Während ich Mama und Papa glaubhaft versicherte, wie gut ich vorankäme und wie sehr meine Gitarrenkünste gelobt würden. Da sie das alles nicht die Bohne interessierte, war nicht zu befürchten, dass sie auf einer Kostprobe bestehen würden.

Schließlich gab ich meine Instrumentalistenpläne endgültig auf. Wenn ich Bandmusiker werden wollte, blieb mir also nur meine Stimme. Da mir offenbar jegliches Musiktalent abging, war die Sängerkarriere meine einzige Chance. Alli war Gitarrist, also brauchten wir nur noch einen Bass und ein Schlagzeug – und einen Proberaum. Wir wussten von einem Jungen namens Maggi, der E-Bass spielte. Den kannten wir zwar nur flüchtig, beschlossen aber, bei ihm vorbeizuschauen. Wir klingelten, und seine Mutter kam an die Tür.

– Ist Maggi zu Hause?

Kurz darauf erschien Maggi im Türrahmen und sah uns fragend an.

– Willst du Bassist in einer Band werden?, fragten wir.

Für mich verstand es sich von selbst, dass die Band, die wir gründen wollten, eine Punkband sein würde. Kein Flip und kein New Wave. Auch keine Rockband im engeren Sinne, sondern Punk. Und zwar würden wir nicht irgendeine

Punkband gründen, sondern die beste Punkband Islands. Alli dagegen war sich da nicht ganz so sicher. Er hörte zwar Punk und sah aus wie einer, doch für Anarchismus und die Ideologie dahinter hatte er nicht viel übrig. Er stand einfach auf den Look und die Musik.

– Eine Punkband!, erklärte ich streng, um das von vornherein klar zu stellen.

Maggi war kein Punk. Er war sogar ziemlich weit davon entfernt. Musik war nicht sein Ding, und er konnte *Duran Duran* nicht von den *Sex Pistols* unterscheiden. Dafür hatte er fast nur Motorräder im Kopf, verbrachte seine Freizeit zu Hause in der Garage und schraubte an Mopeds herum. Er hatte irgendeine Allergie, weshalb er ständig die Nase hochzog. Bassspielen hatte er von seinem großen Bruder gelernt, und er hatte Lust, bei uns mitzumachen.

Einen Bassisten hatten wir also, jetzt fehlte nur noch der Drummer. Und dieser fiel uns wie durch ein Wunder sozusagen in den Schoß. Eines Tages, als wie wieder mal bei Alli herumhingen, rauchten und quatschten, hörten wir auf einmal Schlagzeugrhythmen, die irgendwo in der Nachbarschaft aus einer Garage dröhnten. Kein Zweifel, da übte jemand Schlagzeug. Immer denselben Takt, mit kurzen Pausen dazwischen, wieder und wieder. Tak tak tak tak tsssss. Tak tak tak tak tsssss.

– Wer ist das?, fragte ich.

– Weiß ich doch nicht, gab Alli zurück.

Wir hatten nicht den Mut, an der Garagentür zu klopfen, blieben aber in der Nähe und hofften, dass der Drummer irgendwann zum Vorschein kam. Nach einer Weile öffnete sich tatsächlich eine Tür, und ein Junge, etwas älter als wir, kam heraus. Zu meiner großen Enttäuschung war er kein Punk, sondern ein ganz normaler Typ.

– Wer ist das?, fragte ich noch einmal.

– Der ist neu hier in der Straße.

Er schaute zu uns herüber, dann ging er zurück ins Haus.

Am nächsten Tag standen wir wieder vor seiner Tür, und diesmal klingelten wir. Eine ältere Frau machte auf.

– Wir würden gern mal mit dem Jungen sprechen, der hier wohnt, sagte ich.

– Hannes!, rief die Frau nach hinten.

Kurz darauf erschien Hannes, machte ein erstauntes Gesicht, schien uns aber gleich wiederzuerkennen.

– Hi, sagte er.

– Du bist doch Schlagzeuger, oder?

– Ähh, ja. So was Ähnliches jedenfalls ...

– Wir haben dich spielen gehört. In der Garage.

Er grinste verlegen.

– Willst du in einer Band mitspielen?

– Was denn für ne Band?

– Eine, die wir gerade gründen.

– Und wie soll die heißen?

Einen Namen hatten wir noch nicht. Es gab ein paar Ideen, aber wir wollten nichts entscheiden, bevor die endgültige Besetzung feststand. Ich hatte »Anti-Police« vorgeschlagen, aber Alli wollte nichts Englisches, sondern lieber so etwas wie »Die Durchgeknallten« oder »Die aus der Anstalt«.

– Wir haben sie noch nicht getauft, erklärte Alli.

– Soll das ne Punkband werden?, fragte er dann, nachdem er uns eingehend gemustert hatte.

– Ja, antwortete ich knapp und überlegte, ob sich Hannes wohl zum Punk ummodeln ließ. Vielleicht konnte man ihn dazu bringen, sich einen anderen Haarschnitt zuzulegen, und ihn in eine zerfetzte Jeans stecken.

Hannes zuckte mit den Schultern und schien keine Einwände zu haben.

– Okay, sagte er.

Damit war die Band gegründet. Hannes bat uns herein, und wir folgten ihm in sein Zimmer, das bis obenhin mit Schallplatten vollgestopft war. Ich hatte noch nie im Leben so viele Platten auf einem Haufen gesehen, nicht mal unten im Carnaby oder in anderen Plattenläden. Das waren bestimmt mehrere Hundert, sodass der Raum wie eine Art Musikarchiv wirkte, in dem sämtliche Schränke, Regale und Kisten vor Platten überquollen.

– Und was hörst du so für Musik?

Hannes grinste verlegen. Er war ein stiller, zurückhaltender und ernsthafter Junge.

– Ich höre eigentlich alles Mögliche, antwortete er.

– Punk? fragte ich gespannt.

– Jaja, ich höre auch viel Punk.

Ich atmete auf. Das hörte sich gut an. Wie sich herausstellte, kannte Hannes nicht nur jede einzelne Band auf dieser Welt, sondern auch die jeweiligen Mitglieder. Er war ein echter Freak und tat anscheinend nichts anderes als Platten sammeln und Musik hören. Er war erst neu hierhergezogen. Sei Vater war vor Kurzem gestorben, und jetzt wohnte er allein mit seiner Mutter.

– Habt ihr auch einen Proberaum?, erkundigte er sich.

Wir hatten nichts dergleichen, suchten aber verzweifelt nach einer geeigneten Garage.

– Wir können bestimmt bei uns in der Garage proben. Wir haben sowieso kein Auto. Mama hat bestimmt nichts dagegen, erklärte Hannes.

Dann hielten wir unsere erste offizielle Sitzung. Erster Tagesordnungspunkt: Name. Die Band brauchte einen Namen, und der musste punkig sein. »Anti-Police« wurde mit drei Stimmen gegen eine abgelehnt. Maggi wollte am liebsten irgendwas Kurzes, Knackiges, so wie »Furz« oder »Arsch«. Ich fand das kindisch, und außerdem klang es irgendwie Flip-mäßig. Hannes war unser Musikexperte, der am meisten von Musik verstand und sogar Bücher über Bands gelesen hatte. Obwohl er auf die *Bay City Rollers* stand, hatte er einen besseren Überblick über die Musik- und Punkszene als wir anderen zusammen.

Schließlich endete die Sitzung in einem Streit zwischen Alli und Maggi, der mit immer neuen Vorschlägen im Stil von »Dünnschiss«, »Möse« oder »Fotze« nervte. Mit Maggi hatten wir sowieso die Niete gezogen. Er passte von Anfang an nicht in die Gruppe, und als er auch noch herumtönte, er spiele nur deshalb mit, weil die Weiber auf so was stünden, flog er raus.

– Dass der sich einbildet, überhaupt eine abzukriegen, mit dem ewigen Gerotze, spottete Alli, nachdem Maggi die Garagentür samt unserer gewissenhaft angebrachten Schaumstoffisolierung hinter sich zugeknallt hatte.

– Was glaubst du, weshalb er mit zweitem Vornamen »Popel« heißt, grinste ich. Plötzlich schaltete sich Hannes ein, der still und nachdenklich an seinem Schlagzeug gesessen und sich bei der Namensdiskussion bisher im Hintergrund gehalten hatte:

– Hey, was ist mit »Laufnase«?

– Was?

– Warum nennen wir uns nicht einfach *Nefrennsli*? »Die Laufnasen«? Das ist doch cool.

Die Laufnasen? Klang gar nicht so schlecht. Und wenn wir dann später im Ausland berühmt wären, ließe sich der Name leicht ins Englische übersetzen. »The Running Noses«. *»Jón, or Johnny, the singer of the Running Noses«* hörte sich sogar richtig gut an. Auch Alli schien einverstanden, und damit hatte die Band ihren Namen, und die coolste Punkband Islands nahm offiziell ihre Arbeit auf. Wir waren »Die Laufnasen«. *Nefrennsli.*

In den folgenden Tagen und Wochen war nichts als Proben angesagt. Wir probten täglich und von morgens bis abends. Für den Anfang nahmen wir uns ein paar Titel von anderen Bands vor. Aber auch hier kam mir mein fehlendes Rhythmusgefühl in die Quere. Ich konnte mir nie merken, wo ich einsetzen musste, und auf welchem Ton. Die Jungs nickten aufmunternd in meine Richtung, aber ich kam ständig aus dem Takt und setzte entweder zu früh oder zu spät ein, oder gar nicht. Ich fühlte mich wie ein Blinder in einem Labyrinth. Wenn ich es rein zufällig doch mal schaffte, den richtigen Einsatz zu erwischen, flog ich im nächsten Moment schon wieder raus. Schließlich beschlossen Alli und Hannes, alle Songs extrem langsam zu spielen. Kurz bevor mein Einsatz kam, nickte Alli übertrieben deutlich mit dem Kopf, zählte dann lautlos ein paar Takte vor, und ich las den Text von seinen Lippen ab, falls er die erste Liedzeile nicht einfach mitsang. Auf diese Art gelang es mir ab und zu, mich durch den Song zu hangeln. Für die Bühne war das natürlich nicht gedacht, da sollte ich schließlich wild herumtanzen und den Blick in die begeisterte Masse richten. Diese seltsame Rhythmus-Schwäche war extrem hinderlich – als ob meine Unsicherheit, Schüchternheit und Bühnenangst nicht schon schlimm genug waren. Der Weltruhm, der zum Greifen nah gewesen war, schien sich nun von Tag zu Tag weiter zu entfernen. Wie sollte ich denn bei einem Konzert auftreten? Vielleicht war alles nur eine Frage der Übung? Vielleicht ließ sich das mit dem Rhythmus ja trainieren. Vielleicht müssten wir nur lange genug zusammen proben, und eines Tages wäre der Groschen gefallen, und dann wäre alles nur noch ein Kinderspiel.

Bald darauf erblickte unser erster eigener Song das Licht

der Welt. Alli hatte eine einfache, rhythmische Melodie entwickelt und sogar einen Text dazu geschrieben. Das Lied hieß »Einmal Hippie, immer Hippie« und handelte von einem dämlichen Flowerpower-Typen, der in einem geblümten Kleid herumläuft und gar nicht mitkriegt, wie hoffnungslos ewig gestrig er ist. Die Melodie war eingängig, fast wie ein Kinderlied, und ich schaffte es, bis zum Ende voller Enthusiasmus mitzusingen, ohne ständig zu Alli hinüberzuschielen. Am Schluss sprang ich sogar von meinem Stuhl auf und brüllte aus vollem Hals gegen unsere schallisolierte Garagentür:

– Einmal Hippie, immer Hippie! Scheiß-Hippies!

Auch Hannes hatte eine Idee zu einem Song. Er summte uns die Melodie vor, Alli übernahm sie auf der Gitarre und feilte noch ein bisschen daran herum. Dann spielten sie das Stück zusammen, und ich nahm das Ganze auf Kassette auf. Meine Aufgabe war es, dazu einen Songtext zu schreiben. Am Abend setzte ich mich also hin, nahm mir was zum Schreiben und hörte das Stück immer und immer wieder an. Dann schrieb ich meinen Text:

Anarchy and freedom

Anarchy and freedom is what I want
fuck the government!
You can't say I can't do what I want
fuck you, fascist pig!

Everybody thinks they know
what is right and what is wrong
but they don't know shit
and that's why I'm singing this song.

Fuck the police and fuck the schools
they are just a bunch of fools.
Fuck the armies and the church,
Anarchy and freedom rules!

Ich konnte es selbst kaum fassen. Ich hatte meinen ersten Songtext geschrieben. Ein echter Punktext. Ich hörte noch mal die Musik, und brummte meinen Text dazu. Endlich war ich nicht mehr nur Zuschauer, sondern mischte selber mit. Ich war so aufgewühlt, dass ich erst gegen Morgen einschlafen konnte.

Und danach ging es Schlag auf Schlag. Alli und Hannes komponierten die Musik, und die Texte dazu kamen aus den verschiedensten Quellen. Ein paar waren von mir, einer war von Allis Vater. Und einen hatten wir uns bei Steinn Steinarr ausgeliehen.

Nach ein paar Wochen und endlosen Proben hatten wir eine Art Repertoire zusammen. Wir waren eine richtige Band. Alli und Hannes waren ganz heiß darauf, möglichst bald irgendwo aufzutreten, aber ich zögerte und versuchte, ihnen die Idee auszureden. Sosehr ich davon träumte, auf der Bühne zu stehen und wie ein Rockstar ins Mikro zu brüllen, hatte ich gleichzeitig eine Heidenangst davor. Ich fand mich hässlich, doof und uncool. Besonders uncool war meine Brille, aber wenn ich sie abnahm, war ich blind wie ein Maulwurf. Und dann war da diese verfluchte Rhythmus-Macke, die bei Aufregung, das wusste ich, nur noch schlimmer wurde. Ich würde mitten im Song aus dem Takt kommen, würde das Stück ruinieren und mich selbst für alle Zeiten blamieren. Ich bekam ja schon Lampenfieber, wenn irgendein Kumpel in der Garage auftauchte und mal zuhören wollte. Nur konnte ich das natürlich vor niemandem zugeben. Oder sollte ich vielleicht zu Alli und Hannes gehen und sagen, wir hätten uns die Proberei sparen können, weil der Sänger der Band zu schüchtern war, um sich jemals auf eine Bühne zu trauen? Ich ließ mir ständig neue Ausreden einfallen, schützte Kopfschmerzen vor oder fand etwas, entweder am Text oder in der Musik, das mich irritierte. Immer gab es noch was zu feilen oder zu verbessern, bevor wir uns damit in die Öffentlichkeit wagen könnten. Die Jungs waren ungemein verständnisvoll und warteten geduldig, bis ich so weit wäre, öffentlich aufzutreten. Als Ausgleich gaben wir ein band-internes Garagenkonzert und nahmen alles auf Kassette auf. Dann gingen wir ins Haus und lauschten verzückt der besten Punkband der Welt, die noch nie vor Publikum gespielt hatte, weil der Leadsänger so schüchtern war.

Da die Band nicht öffentlich auftrat, mussten wir mit anderen Mitteln auf uns aufmerksam machen. Wir besorgten uns dicke Marker, gingen durch die Stadt und kritzelten NEFRENNSLI an alle möglichen und unmöglichen Stellen – an Bushäuschen, Kioskwände, Straßenschilder und überall sonst, wo sich schon andere verewigt hatten. Unser Logo war ein N im Kreis, das rechts oben in einem spitzen Pfeil auslief, und auf diese Art wurde die Band allmählich berühmt, obwohl uns noch nie jemand gehört hatte. Mittlerweile war ich sogar in manchen Kreisen als »der Sänger von *Nefrennsli*« bekannt. Ich war der Leadsänger einer berühmten Punkband, die noch kein einziges Konzert gegeben hatte. Und je mehr sich mein Ansehen und das der Band verbreitete, desto größer wurde meine Angst vor dem ersten Auftritt. Konnten wir nicht einfach alles so lassen, wie es war? War es nicht besser, die Leute hielten mich weiterhin für einen Star, als ihnen die Wahrheit zu offenbaren? Doch mit der Zeit wurden wir immer öfter auf die Band angesprochen und mit Konzertanfragen und Einladungen überhäuft.

Alli und Hannes saßen längst in den Startlöchern, aber ich fand immer neue Vorwände.

– Jetzt am Wochenende können wir nicht spielen, ich glaube, ich kriege gerade eine dicke Halsentzündung ...

Wir beschlossen, dem Redakteur einer Musiksendung im Radio ein Demo-Tape zu schicken. Wir entschieden uns für »Bad World«, unser, wie wir fanden, bei Weitem bestes Lied. Diesen Song hielten wir für absolut erfolgverdächtig, und zwar nicht nur auf dem isländischen Markt, sondern auch im Ausland, schließlich war der Text auf Englisch. Ein paar Tage später rief der Radioredakteur bei Hannes an. Er hatte das Tape gehört und wollte uns gern zu einem Interview ins Studio einladen. Ehrfürchtig und mit Herzklopfen betraten wir das Funkhaus in der Skúlagata. Man führte uns in ein Studio, wo der Redakteur schon auf uns wartete und uns bat, Platz zu nehmen. Ich fühlte mich auf der Schwelle zum Weltruhm. Ich wurde im Isländischen Rundfunk interviewt. Ganz Island würde dieses Interview und unseren Song hören. Als es losging, wäre ich vor Aufregung fast gestorben. Mein Mund wurde trocken und meine Handflächen schwitzten. Mein Herzschlag dröhnte in meinen Ohren. Der Moderator stellte uns den Zuhörern vor und sagte etwas über junge Talente, die in isländischen Garagen heranwuchsen. Dann wandte er sich an uns und bat jeden von uns, sich vorzustellen und zu erzählen, welches Instrument er spielte. Alle Statements und coolen Sprüche, die wir uns zurechtgelegt hatten, waren wie weggefegt. Stattdessen bekamen wir vor Nervosität kaum einen Ton heraus und drucksten und stotterten um die Wette. Der Moderator versuchte es auf die lockere Tour und kam auf unseren Bandnamen zu sprechen – ob wir vielleicht ständig erkältet wären? Wir verstanden die Frage nicht. Alli sagte Ja, ich sagte Nein. Inzwischen hatte ich Ohrensausen vor Anspannung. Dann erzählte er den Zuhörern von unserem Demo-Tape, während ich vergeblich versuchte an seinem Gesicht abzulesen, ob er die Musik nun gut fand oder nicht.

– Ihr habt eure Instrumente also im Griff?

– Nö, murmelten wir unisono. Überhaupt nicht.

– Nicht?

– Ich kann ein bisschen Gitarre, sagte Alli leise.

– Und das ist auch schon alles, was wir draufhaben, ergänzte ich.

– Aber man muss doch ein Instrument spielen können?

Wir widersprachen einhellig und beteuerten, das sei nicht nötig.

– Dann braucht man also nichts weiter als genug Kohle, um sich das Instrument anzuschaffen?

Ich lief feuerrot an. Wovon redete der Mann eigentlich? Was sollte diese Frage? Worauf wollte er hinaus? Warum kam er nicht endlich auf unsere Texte zu sprechen?

– Instrumente kann man sich schließlich leihen, erklärte Alli herablassend.

Der Moderator grinste ironisch.

– Dann kann also jeder x-Beliebige in einer Band spielen, ohne je ein Instrument in der Hand gehabt zu haben?

– Ja, sagte ich.

– Nein, widersprach Alli.

Ich warf ihm einen vorwurfsvollen Blick zu.

– Naja, ein bisschen Ahnung sollte man vielleicht haben, räumte er ein.

– Ein paar Gitarrengriffe oder so, ergänzte ich großspurig.

– Und zwei, drei Beats auf dem Schlagzeug, schaltete sich Hannes ein.

– Aber das reicht vollkommen, sagte ich.

Der Moderator schaute forschend vom einen zum anderen. Wir schwiegen. Und da draußen saß das isländische

Volk an den Radios und hielt vor Spannung die Luft an. Ich versuchte fieberhaft, mir etwas Geistreiches einfallen zu lassen, irgendeinen coolen Spruch zu bringen, aber vor lauter Aufregung war mein Kopf wie leergefegt. Ich rang nach Luft, meine Hände zitterten. Mein Herz hämmerte wie verrückt, so laut, dass es todsicher bis in die Sendung zu hören war.

– Woher kommen eure Texte?

– Die schreibt er, sagte Alli und zeigte auf mich.

– Die schreibe ich, bestätigte ich.

Alli und Hannes nickten. Für mich waren es die Texte, worauf es eigentlich ankam, nicht die Musik.

– Schreibst du auf Englisch oder Isländisch?

Gute Frage. Darüber hatte ich noch gar nicht nachgedacht.

– Kommt drauf an, sagte ich ausweichend.

– Singt es sich vielleicht auf Englisch besser?

– Logisch. Viel besser.

– Und warum?, fragte er gespannt.

– Weil sich Isländisch bescheuert anhört.

Ich dachte an die vielen missglückten Songs, die ich auf Isländisch fabriziert hatte, und an all die übersetzten Texte, die nie richtig mit der Musik zusammenpassten. Die Sätze waren immer entweder zu lang oder zu kurz. Bei diesem Gedanken musste ich plötzlich furchtbar lachen. Ich versuchte, dagegen anzukämpfen, aber nach der ganzen Anspannung und Nervosität hatte ich jede Kontrolle über mich verloren.

Der Moderator lächelte irritiert, so als hoffe er, in den Witz eingeweiht zu werden und mitlachen zu können.

– Inwiefern bescheuert?

– Naja, man hört sich einfach an wie der letzte Idiot, kicherte ich.

Jetzt lachte auch er. Ich hatte den unangenehmen Verdacht, dass er über mich, nicht mit mir lachte, und dass ich derjenige war, der sich hier bescheuert anhörte. Mein Lachen brach augenblicklich ab.

– Man findet nie die passenden Worte ... und am Schluss kommt nur Schwachsinn raus, stotterte ich.

– Ist es nicht auch ganz bequem, diesen Schwachsinn in einer Sprache von sich zu geben, die niemand versteht?, wollte er wissen.

Was sollte denn das nun wieder? Was waren das überhaupt für Fragen? Warum fragte er nichts über Punk oder Anarchismus? Ich sah hilfesuchend zu den beiden anderen und hoffte, dass einem von ihnen etwas dazu einfiel. Offensichtlich war das nicht der Fall, denn die Jungs schauten genauso hilflos zurück. Ich befürchtete, jeden Moment in die Luft zu gehen. Lief dieses Interview jetzt komplett aus dem Ruder? Ich wartete nur darauf, dass mein Kopf explodierte und die Gehirnmasse ringsum an die Studiowände spritzte.

– Was?

Er wiederholte die Frage.

– Findet ihr es nicht praktisch, den Schwachsinn in einer Sprache zu singen, die keiner versteht? Vielleicht nicht mal ihr selbst?

– Ja und nein, antwortete ich, um Zeit zu gewinnen und fragte mich, was der Typ wohl hören wollte.

Es entstand eine verlegene Pause.

– Gibt es eine Botschaft in euren Texten?

Endlich eine halbwegs intelligente Frage, die man auch halbwegs kapierte.

– Ja, natürlich, sagte ich.

– Und wen wollt ihr damit hauptsächlich erreichen? Wollt ihr Gleichaltrige ansprechen?

Was zum Teufel sollte diese Frage nun wieder? Kapierte

der nicht, dass wir eine Punkband waren? In Island gab es damals keine echten Punkmusiker. Wir waren die erste richtige Punkband, die ernsthafte anarchistische Texte hatte. Von wegen »Gleichaltrige ansprechen«.

– Politiker, sagte Hannes plötzlich.

– Politiker?, fragte der Moderator und schien genauso verblüfft wie ich.

– Nicht nur die, sagte ich. Eigentlich alle.

Dann schwiegen wir. Vielleicht waren wir für diesen Typen einfach zu cool. Was verstand der schon von Punk? Nichts, wie man sah. Stattdessen stellte er uns absurde Fragen, die hier überhaupt nicht hergehörten. Warum kam er nicht endlich auf unseren Song zu sprechen? Wie cool er die Musik fand und wie erfreulich es sei, dass Island jetzt endlich eine anständige Punkband hatte.

– Also gut, Jungs ... Dann erzählt uns doch mal was über diesen Song, den wir jetzt gleich für unsere Hörer auflegen werden!

Das wurde aber auch Zeit! Jetzt würden die Isländer endlich knallharten isländischen Punk zu hören kriegen, und damit hätte dieser Albtraum ein Ende.

– Er heißt »Bad World«, erklärte Hannes.

– Er hier hat die Musik dazu geschrieben, sagte ich und zeigte auf Alli. Und ich den Text.

– Aha. Ihr findet die Welt also schlecht?

– Ja, antwortete ich überzeugt.

– Aber ist es nicht fantastisch, wenn jeder einfach loslegen kann, ohne erst ein Instrument lernen zu müssen?

Legte er es vielleicht darauf an, uns zu verunsichern? Versuchte er, uns aus dem Konzept zu bringen, indem er uns mit unverständlichen Fragen löcherte?

Er drehte sich um und betätigte ein paar Schalter und Knöpfe.

– Okay, Jungs, dann danke ich euch für das Gespräch.

Nach unserem Auftritt standen wir wieder draußen vor dem Funkhaus. Wir schlenderten durch die Innenstadt und fühlten uns wie Rockstars, waren uns aber einig, dass das Interview ein ziemlicher Flop gewesen war. Dieser Schwachkopf von Radiomoderator hatte bloß nach Dingen gefragt, die keinen interessierten. Aber immerhin hatten sie unser Tape gespielt. Ganz Island kannte jetzt diesen Song. Wir rechneten fast damit, dass auf dem Lækjartorg eine Horde Fans über uns herfallen und um Autogramme betteln würde. Aber es war kalt an diesem Abend in Reykjavík, und die Leute hatten es alle viel zu eilig, in ihre warmen Wohnungen zu kommen, als dass sie die drei Rockmusiker bemerkt hätten, die in dünnen T-Shirts, die Hände in den Hosentaschen, an einer Hauswand lehnten und zähneklappernd ihrem Weltruhm entgegensahen. Wie die *Sex Pistols* mit Laufnasen.

In dieser Zeit streifte und schlenderte ich ständig durch die Stadt, entweder zu Fuß oder mit dem Bus. Auf diese Weise lernte ich den »Außendienst« kennen, eine städtische Einrichtung mit Anlaufstelle in der Tryggvagata. Die Leute vom Außendienst waren Erwachsene, die durch die Stadt kurvten und verkrachten Jugendlichen wieder auf die Beine halfen. Auch mich hatten sie schon mehr als einmal aufgegabelt und in die Tryggvagata mitgenommen, hatten mir zugehört und es sogar geschafft, mich zu verschiedenen Aktivitäten und sozialen Maßnahmen zu überreden. Sie gaben sich große Mühe herauszufinden, wofür die Jugendlichen sich interessierten, und halfen ihnen dabei, diese Interessen auch zu verwirklichen. Dort habe ich mich immer wohlgefühlt. Da sich meine Interessen mehr oder weniger ausschließlich auf den Anarchismus richteten, bestand das Hilfsprogramm in meinem Fall darin, mit mir dies und jenes zu diskutieren, das irgendwie mit dem Thema zu tun hatte. Dabei hatten die Mitarbeiter dort ein feineres Gespür, als ich ihnen zutraute, und erkannten sofort, wie es in meinem Inneren wirklich aussah. Das jahrelange Außenseitertum hatte auf meiner Seele tiefe Schrammen hinterlassen, auch wenn ich das nie hatte wahrhaben wollen. Vielmehr war ich überzeugt, es nicht besser verdient zu haben. Ich war nun mal dumm, hässlich und hoffnungslos uncool. Übrigens schienen die Leute vom Außendienst viel lieber solche Probleme zu besprechen, als mit mir über Anarchismus zu diskutieren.

– Wie geht es dir zur Zeit, Jón?

Darauf wusste ich nichts zu sagen. Noch nie hatte jemand wissen wollen, wie es mir ging. Und genau genommen hatte ich auch keine Ahnung, wie ich mich fühlte. Ich war nervös, angespannt und nervös. Ich machte mich ständig verrückt und wünschte mir, jemand anderes zu sein als der, der ich war. Ich wünschte mir, ruhig und gelassen zu sein, und vor allem nicht rothaarig. Die Außendienstler taten, was sie konnten, um mein Selbstvertrauen zu stärken. Leider kamen sie dabei unweigerlich auf meine Zukunft zu sprechen, und das machte mich erst recht nervös. Darüber wollte ich so wenig wie möglich nachdenken.

– Können wir nicht einfach über Anarchismus reden? Kennt ihr zum Beispiel den Unterschied zwischen Proudhonismus und Bakunismus?

Nein, den kannten sie nicht.

– Was möchtest du denn später mal werden, Jón?

Eine unbequeme und beunruhigende Frage. Ich wollte schwarzhaarig werden. Ich wollte ruhig und gelassen werden. Und ich wollte Sänger werden. Aber ich wusste auch, dass sich alle diese Wünsche wohl nie erfüllen würden. Ich war missraten, überdreht, rothaarig und doof. Ein Idiot mit

Brille. Wenn ich erwachsen wäre, würde ich bestimmt in der Klapsmühle enden, so wie Onkel Kiddi. Vielleicht gab es ja noch mehr Leute wie mich, die nur versehentlich auf die Welt gekommen waren. Unbrauchbar von Anfang an. Vielleicht war ich ja so ein verkorkstes Exemplar. Aber reden konnte ich darüber mit niemandem, nicht mal mit den Leuten vom Außendienst. Vielleicht war es mir damals auch gar nicht bewusst. Oder ich hielt es für so offensichtlich, dass ich es nicht auch noch ansprechen wollte – aus Angst, jemand könnte mir am Ende noch zustimmen. Der Hauptgrund aber war, dass ich mich schämte. Ich schämte mich dafür, ich zu sein, so zu sein, wie ich war, und deshalb fing ich lieber gar nicht davon an. Ich verstand sowieso nicht, warum sich die vom Außendienst überhaupt mit mir abgaben. Warum sie mir überhaupt zuhörten und ihre Worte und ihre Zeit an mich verschwendeten. Hatten sie Mitleid mit mir? Ja, wahrscheinlich hatten sie das, und davon abgesehen war es ganz einfach ihr Job. Als wir wieder einmal in der Tryggvagata zusammensaßen – ich redete über Anarchismus und Punk, während sie versuchten, mich auf ein anderes Thema zu bringen –, kam die Rede wie so oft auf die Zukunft.

– Was willst du werden, Jón, wenn du mal groß bist?

Schon die Frage allein schnürte mir die Kehle zu, ich bekam einen Druck auf der Brust und hämmernde Kopfschmerzen.

– Weiß ich nicht. Irgendwas halt.

– Hast du eine Freundin, Jón?

Ich? Ich, der hässlichste, dämlichste Junge in ganz Reykjavík. Welches Mädchen würde schon meine Freundin sein wollen?

– Neeee, sagte ich gedehnt. Und fügte dann wie erklärend hinzu: Ich find Mädchen eigentlich eher langweilig.

Schon komisch, dass so ein gut aussehender Junge wie du keine Freundin hat!

Die Worte hallten in meinem Kopf. So ein gut aussehender Junge wie ich? Ich sah die Sozialarbeiterin prüfend an und dachte über ihre Worte nach. Sie lächelte und schien es auch so gemeint zu haben. Es schien tatsächlich ihre ehrliche Meinung zu sein. Wahnsinn! Sie war cool, auch wenn sie natürlich kein Punk war, aber Hippie war sie immerhin auch nicht. Sie war einfach ganz normal – und hübsch. Und sie hatte einen Freund. Eine erwachsene Frau, gut und gerne über zwanzig, die ihr Leben im Griff hatte – und mich gut aussehend fand! So ein gut aussehender Junge wie du, Jón! Dass jemand wie sie so etwas zu mir sagte, war dermaßen sensationell, dass es irgendwas in mir dauerhaft umkrempelte. Ich konnte mich nicht erinnern, dass mich jemals irgendwer als »gut aussehend« bezeichnet hatte, und verspürte plötzlich ein völlig neues Selbstvertrauen. Die Leute vom Außendienst hatten herausgefunden, dass ich in einer Band spielte. Hin und wieder fanden im Hof vor der Zentrale Konzerte statt, und die Mitarbeiter hatten mich schon ein paarmal gefragt, ob *Nefrennsli* da nicht auch mal auftreten wollte. Ich ließ mir immer neue Ausreden einfallen und hatte mich bis jetzt immer einigermaßen glaubhaft aus der Affäre ziehen können. Außerdem war es nicht besonders punkig, im Hof der Straßenhilfe aufzutreten.

– Wir sind halt schon ne echte Punkband.

Ich hatte keine Lust, mit irgendwelchen albernen Combos zusammen aufzutreten. Daraufhin beschlossen die Außendienstler, ein »echtes« Punk-Festival zu veranstalten. Diesmal gab es keine Ausrede. Auf einem Punkfestival mussten wir Farbe bekennen und auf die Bühne steigen. Wenigstens wären auf diesem Konzert ausschließlich Punks, also keine Dumpfbacken, die sich über mich lustig machen würden.

Alli und Hannes sprangen vor Begeisterung fast an die Decke, als ich ihnen eröffnete, was uns bevorstand. Dann begannen die eigentlichen Vorbereitungen. Als Erstes schrieben wir die Namen der auftretenden Bands auf kleine Zettel, die wir dann in großzügigem Umkreis an Laternenpfähle klebten. »Die besten Punkbands von Reykjavík. Punk-Festival im Hof der Straßenhelfer-Zentrale in der Tryggvagata, Sonntag 13–16 Uhr!« Dann folgten die angekündigten Bands, und eine davon war *Nefrennsli.* Unser großer Moment stand kurz bevor. Ich war vor Erwartung und Aufregung völlig aufgelöst.

Als der Tag des Auftritts endlich gekommen war, hatte ich zwei Tage und Nächte kein Auge zugetan. Ich stieg in mein bestes Punk-Outfit, bestehend aus der zerrissensten Jeans, die ich hatte, und meinem Sid-Vicious-Shirt, und stach mir zum Schluss noch eine Sicherheitsnadel durchs Ohr. Da ich nicht mit der uncoolen Brille auf der Bühne stehen wollte, beschloss ich, sie wegzulassen. Was allerdings bedeutete, dass ich Alli nicht sehen konnte und in puncto Gesang ganz auf mich selbst gestellt war. Ich war kurzsichtig, minus sechs auf dem einen Auge und minus sieben auf dem anderen. Dazu kam noch eine starke Hornhautverkrümmung. Ohne Brille konnte ich ungefähr einen Meter weit scharf sehen, dahinter verschwamm alles im Nebel. Aber vielleicht war es ja auch ganz praktisch, die Zuhörer erst gar nicht zu sehen, dann würde ich nicht gleich nervös, wenn ich im Publikum ein paar Kids entdeckte, die mich komisch anglotzten oder so aussahen, als ob sie nicht auf *Nefrennsli* standen. Bevor wir den Hof betraten, nahm ich also die Brille ab, versteckte sie hinter einer Mülltonne und tauchte in die Nebelschwaden ein. Alli und Hannes waren bester Laune und konnten es kaum erwarten, auf der Bühne zu stehen. Ich dagegen war vor Angst wie gelähmt und bekam kein Wort heraus. Ich stolperte hinter den anderen her und hoffte, dass ich mich nicht verirrte und mich plötzlich irgendwo allein und hilflos wiederfand, blind, mit trockenem Mund und völlig umnachtet. Dann stiegen die Bands eine nach der anderen auf die Bühne. Zwischen den Programmpunkten erschien ein Moderator, bedankte sich bei der Band, die gerade gespielt hatte, und kündigte die nächste an. Und bevor ich wusste, was los war, kamen wir an der Reihe.

– Und als Nächstes hören wir jetzt drei junge Musiker aus Fossvogur, die sich *Nefrennsli* nennen!

Beifall. Ich schaffte es, hinter den anderen auf die Bühne zu klettern, doch meine Hände zitterten, mein Mund war wie zusammengeklebt, und mein Herz spielte verrückt.

– Alles klar?, hörte ich Alli sagen.

– Hmmm, murmelte ich.

Ohne Vorwarnung schlug Alli seine Drumsticks zusammen und gab den Beat zum ersten Song vor. Jemand hatte mir ein Mikrofon in die Hand gedrückt, das ich, die Ellenbogen an den Körper gepresst, krampfhaft umklammerte. Ich war wie gelähmt. Die Jungs legten los, und ich stand steif wie eine Holzpuppe daneben und kam mir vor wie von einem anderen Stern. Ich hatte keine Ahnung, wann ich einsetzen sollte. Alli lavierte sich etwas näher an mich heran und rief:

– Warum hast du die Brille nicht auf?

– Hab ich zu Hause vergessen, rief ich zurück.

Ein paar Takte später kam Alli noch näher, grinste und gab mir das Zeichen für meinen Einsatz. Ich hob das Mikro an die Lippen und steckte die andere Hand in die Hosentasche. Dann machte ich den Mund auf, und schon beim ersten Ton wurde mir klar, dass ich mit einer völlig falschen Textstelle eingesetzt hatte. Außerdem versetzte mir der Klang meiner eigenen Stimme aus dem Lautsprecher einen solchen Schreck, dass ich sofort wieder verstummte. Ich drehte mich um, starrte irritiert vor mich hin und tat, als gäbe es irgendein technisches Problem. Alli und Hannes spielten weiter, während ich unzusammenhängende Wörter und Satzfetzen ins Mikrofon brummte. Ich konnte mich einfach nicht mehr an den Text erinnern und spürte, wie ich knallrot anlief. So hangelten wir uns durch die ersten beiden Songs. Während die Jungs sich ins Zeug legten und ganz in der Musik aufgingen, tänzelte ich nervös auf und ab, murmelte hier und da etwas Unverständliches ins Mikrofon und starrte ansonsten verwirrt ins Leere. Ich versuchte immer noch so zu tun, als sei etwas mit der Technik nicht in Ordnung – die in Wirklichkeit ausgerechnet heute einwandfrei funktionierte. Dann kam unser dritter und letzter Titel, »Bad World«, unser bekanntester Song und der, der uns noch am ehesten zum Durchbruch verhelfen würde. Ich wollte den Horror einfach nur hinter mich bringen. Aber wie, verdammt, kam ich aus diesem Schlamassel je wieder raus?

– Läuft doch super, oder?, murmelte ich in Allis Richtung.

Allmählich musste es doch jedem hier aufgefallen sein, dass ich kurz davor war, einen Herzinfarkt zu kriegen.

– Nein!, sagte Alli bestimmt.

– Los Mann, »Bad World«!, versuchte Hannes mich anzufeuern.

Ich wanderte ziellos auf der Bühne herum, die mehr oder weniger aus Euro-Paletten zusammengebaut war. Hannes gab das Tempo vor, schlug seine Sticks gegeneinander und zählte eins, zwei, drei, vier! Ich hatte höllische Kopfschmerzen, die mit jeder Sekunde unerträglicher wurden, und außerdem bekam ich jeden Moment einen epileptischen Anfall. Auf einmal spürte ich, wie ich mit dem Schuh gegen etwas stieß. Und da hatte ich eine Idee. Das war die Lösung! Ich würde mich einfach fallen lassen. Mir war es völlig egal, dass ich einen Sturz drehen und mich vielleicht ernsthaft verletzen würde. Alles war besser als dieser Albtraum! Meine Laune hellte sich augenblicklich auf. Endlich hätte der Horror ein Ende. Ich ließ mich also kopfüber von der Bühne kippen, landete mit lautem Krachen in einem Haufen Holzabfälle und rollte von dort auf die Straße.

Verletzt hatte ich mich offenbar nicht, wusste das aber durch eine überzeugende schauspielerische Leistung auszugleichen. Die Leute vom Außendienst kamen sofort angestürzt, und ich tat so, als könne ich mich vor Schmerzen kaum rühren.

– Ich bin gegen irgendwas ...

– Hast du dich verletzt?

– Ich fürchte, ja, stöhnte ich mit gekonnt schmerzverzerrtem Gesicht und hielt mir abwechselnd den Knöchel und den Ellenbogen. Sie hievten mich vorsichtig auf die Beine, stützten mich rechts und links und schleppten mich ins Haus. Damit war ich von Rechts wegen entschuldigt. Die restliche Band ließ sich nicht aus der Ruhe bringen und spielte eben ohne ihren Sänger weiter. Drinnen wurde ich mit vereinten Kräften auf ein Sofa gebettet. Mir fiel ein wahrer Felsbrocken vom Herzen, und in diesem Moment beschloss ich, ein für allemal bei *Nefrennsli* auszusteigen. Die Lust auf eine Karriere als Punksänger war mir endgültig vergangen. Musik machen war ganz offensichtlich nicht mein Ding, und ich habe es auch später nie wieder versucht. Mein Ausstieg änderte jedoch nichts an dem legendären Ruf der Band, und das lag an unserem Filzstift-Geschmier. Das Konzert war ziemlich schlecht besucht gewesen, und so sprach sich mein blamabler Auftritt auch nicht groß herum. Auch der kurzen Zeitungsmeldung über das Punk-Festival war nur zu entnehmen, dass unter anderem *Nefrennsli* dort gespielt hatten. Noch Jahre danach glaubten viele, die »Laufnasen« seien eine ziemlich angesagte Band gewesen. Gewissermaßen waren es also unsere Marker, die uns den Weg zu Ruhm und Erfolg geebnet hatten. Wir hatten uns auf sämtlichen Buswartehäuschen der Stadt verewigt, NEFRENNSLI, NEFRENNSLI WAS HERE, NEFRENNSLI RULES, ein paar Anarchiezeichen, und wieder NEFRENNSLI. Deshalb hielten uns die Leute noch immer für eine real existierende, erfolgreiche Band, die gut im Geschäft war und regelmäßig auftrat. Alli und Hannes trafen sich weiterhin zum Proben in der Garage, aber ich hatte mein Interesse und meinen Ehrgeiz endgültig verloren.

Im Herbst wechselte ich auf eine neue Schule. Auf der Réttarholt-Schule wurden die Schüler nach einem bestimmten System in Klassen eingeteilt. Ich kam in die D-Klasse. Immerhin war das nicht die Deppenklasse. Die Deppen saßen in der F. In der A- und der B-Klasse hockten die Streber. Ich war mit der D-Klasse sehr zufrieden. Wer in der F-Klasse landete, hatte von Anfang an den Idiotenstempel und bekam nie wieder eine Chance. Vor diesen Schülern hatte das Schulsystem kapituliert und versuchte nur noch, sie von den anderen Schülern fernzuhalten. Ich wunderte mich eigentlich, dass ich nicht bei den Idioten gelandet war. Meine Noten waren nicht gerade herausragend. Vielleicht ließen sie sich auch bloß nicht in das Schema einordnen, nach dem die Réttarholt-Schule funktionierte. In der Fossvogur-Schule hatte es nämlich keine Noten gegeben, sondern schriftliche Bewertungen. Vielleicht hatten sie mir auch ein paar Anwesenheitspunkte gutgeschrieben. In der alten Schule war ich immer zum Unterricht erschienen. Bloß gelernt hatte ich nichts.

Die Réttarholt-Schule hatte einen ziemlich üblen Ruf, und viele hatten eine Heidenangst davor. Es kursierten allerlei Geschichten über jähzornige und sadistische Lehrer und über ältere Schüler, die offenbar gefährliche Schlägertypen waren. Ein paar in meiner neuen Klasse waren mit mir auf der Fossvogur-Schule gewesen, den Rest kannte ich nicht. Die Réttó war eine Art Gesamtschule, deren Schüler aus der Fossvogur-Schule und anderen umliegenden Grundschulen kamen. Die meisten von ihnen hatten sich im Lauf des Sommers stark verändert, waren größer und erwachsener geworden. Bisher hatte ich auf so was nie geachtet, aber nun sprang es geradezu ins Auge, besonders bei den Mädchen, die plötzlich um Jahre älter wirkten als die Jungen. Sie hatten angefangen sich zu schminken und schienen sich nur noch für ihr Äußeres zu interessieren, was ihnen früher völlig egal gewesen war. Auch ich selbst hatte das Gefühl, in diesem einen Sommer zehn Jahre älter geworden zu sein. Die Réttó-Schüler wurden überall als »die Großen« bezeichnet. Plötzlich war ich selbst einer davon. Plötzlich war ich kein Kind mehr. Ich gehörte zu »den Großen«, einer Gruppe, die ich den größten Teil meines Lebens gefürchtet und verachtet hatte: den Jugendlichen. Ich war einer von ihnen. Ich hatte sogar schon Pickel. Ich wurde bald vierzehn. Ich betrachtete mich als erwachsenen Mann. Ich hatte angefangen zu rauchen und Alkohol zu trinken und hatte mein erstes Saufgelage hinter mir.

Auf der neuen Schule war ich der einzige Punk. Die meisten waren Normalos, ein paar waren Kiffer. Ich wurde angestarrt. Manche hatten sogar Angst vor mir. Ein paar der älteren Jungs nahmen mich sofort ins Visier und machten sich über mich lustig. Ich versuchte, mich nicht einschüchtern zu lassen. Aber mit Argumenten und Erklärungen ist bei solchen Typen bekanntlich nicht viel auszurichten. Sie sorgten dafür, mir auch das letzte Restchen Spaß am Schülerdasein zu versauen. Die gelegentlichen Übergriffe von damals waren zur täglichen Routine meines Schulalltags geworden. Die Typen konnten sich jederzeit und an den unwahrscheinlichsten Orten vor mir aufbauen. Ich versuchte, mich möglichst unauffällig zu verhalten, aber sie erwischten mich trotzdem, oft zu zweit oder zu dritt. Ich war immer allein. Sie passten mich nach Unterrichtsschluss am Schultor ab oder lauerten mir sogar auf meinem Heimweg auf. Wenn sie dann plötzlich wie aus dem Nichts auftauchten und sich mir in den Weg stellten, blieb ich einfach stehen. Was blieb mir auch anderes übrig. Weglaufen wäre nur noch erniedrigender gewesen. Ich hatte nicht die Kraft, mich gegen sie zur Wehr zu setzen. Diese Typen taten offenbar nichts anderes als auf eine Gelegenheit zu warten, über mich herzufallen. Also ließ ich die Prozedur stumm über mich ergehen und wartete, bis es vorbei war, bis sie keine Lust mehr hatten und von mir abließen.

Die Quälgeister um Gnade anzuflehen hatte keinen Sinn. In der Regel ließen sie erst von mir ab, wenn jemand kam, oder wenn ein Erwachsener auf ihr Treiben aufmerksam wurde. Aber meistens kam niemand. Dann hörten sie erst auf, wenn es ihnen langweilig wurde, ließen mich liegen und schlenderten lachend davon.

Ich begann, sie zu hassen. Warum durfte ich nicht so sein, wie ich war? Ich störte doch niemanden. Hatten sie vielleicht Angst vor mir? Und wenn ja, vor was fürchteten sie sich? Fühlten sie sich durch meine Selbständigkeit und mein Anderssein irgendwie provoziert? Diese Zeit, in der ich der Gewalt Tag für Tag ins Auge sehen musste, hat meine Wahrnehmung und mein Verständnis dafür entscheidend geschärft. Vielleicht hat alle Gewalt in der Welt ein und denselben Ursprung und tritt nur, je nach Situation und Begleitumständen, in unterschiedlichen Formen auf?

So sehr ich diese Typen auch hasste, war ich nicht in der Lage, ihnen auch nur ein Haar zu krümmen. Ich träumte oft davon, sie zu verprügeln und krankenhausreif zu schlagen, aber so was hätte ich niemals fertig gebracht – aus Angst, ihnen weh zu tun oder ihnen versehentlich ein paar Zähne auszuschlagen. Und davon abgesehen würde ich alles, was ich ihnen antat, doppelt und dreifach zurückbekommen. Ich hatte noch nie jemanden auch nur geohrfeigt. Und alles andere hielt ich für zwecklos. Was mich vielleicht gereizt hätte, war ein Tritt in den Hintern. Aber damit wäre nichts gewonnen. Sie traten mir regelmäßig in den Hintern, und wenn ich ihnen das in gleicher Münze heimzahlte, wäre ich selbst keinen Deut besser. Das Einzige, was ich also tun konnte, war, mir treu zu bleiben und keinen Millimeter davon abzuweichen, sondern stärker und selbstbewusster zu werden und niemals aufzugeben.

Ich versuchte, meine Wege und Gewohnheiten so einzurichten, dass ich meinen Peinigern möglichst selten in die Hände fiel. Nach der Schule stahl ich mich durch die Hintertür nach draußen und streunte auf immer neuen Umwegen nach Hause. Morgens wartete ich am Rand des Schulhofs, bis es zur ersten Stunde klingelte und huschte erst dann durch das Schultor, wenn ich sicher war, dass alle im Unterricht saßen. Und außerhalb der Schule mied ich alle Kioske, Läden und andere Orte, an denen dieses Pack regelmäßig herumhing.

Ich hatte mich schon in der Fossvogur-Schule nicht besonders wohl gefühlt, aber meine neue Schule hasste ich aus tiefstem Herzen. Die Magenschmerzen begannen schon, wenn ich das Gebäude nur von Weitem sah. Während der Schulstunden fühlte ich mich sicher, aber mir grauste es vor jeder Pause. Inzwischen hatte ich ein paar Mitschüler kennengelernt und achtete darauf, möglichst in ihrer Nähe zu bleiben und niemals alleine herumzustehen. Doch obwohl ich regelmäßig zum Unterricht erschien, lernte ich extrem wenig und hatte oft nicht mal meine Schulbücher dabei. Ich wollte nichts lernen. Ich wollte dort nicht sein. Schule war einfach nichts für mich. Zwischen den Lehrern und mir galt eine stillschweigende Abmachung: Lasst ihr mich in Ruhe – lass ich euch in Ruhe. Sie waren größtenteils frustriert und ausgebrannt, und so kam ihnen das nur entgegen.

Neben Englisch gab es nur ein anderes Fach, in dem ich einigen Fleiß an den Tag legte, und das war Religion. Ich hatte jeden Glauben an irgendeinen Gott längst verloren, und als waschechter Anarcho-Punk lehnte ich Religionen grundsätzlich ab. Dieses ganze scheinheilige Getue widerte mich an. Anarchisten waren gegen Religion, und Punks sowieso. Religion war auch nur eins dieser Systeme, die bekämpft und ausgerottet werden mussten. Und obwohl ich nicht an Jesus glaubte und alles, was mit ihm zu tun hatte albern und kindisch fand, malte ich Jesusbildchen aus, machte meine Hausaufgaben und verhielt mich im Unterricht ruhig und interessiert. Der Grund war schlichtweg der, dass der Religionslehrer ein so netter, gutmütiger Mann war und ich es nicht übers Herz brachte, mich irgendwie gegen ihn aufzulehnen. Er behandelte mich mit Achtung, respektierte meinen Unglauben und meine Ansichten. Er war ehrlich und geradlinig und von aufgesetztem frommen Getue weit entfernt.

In der Mitte des Winterhalbjahrs wurde er krank und konnte nicht mehr unterrichten; an seiner Stelle wurde ein neuer Religionslehrer eingestellt, ein arroganter, unsympathischer Typ. Und Pfarrer noch dazu. Er schickte mich beim kleinsten Anlass aus dem Klassenzimmer, und ich dachte mir im Gegenzug allerhand komplizierte Fragen für ihn aus. Als ich wissen wollte, ob Hitler an Jesus geglaubt habe, musste ich zum Rektor.

Bald kam der Tag, an dem ich endgültig vom Religionsunterricht ausgeschlossen wurde. In dieser Stunde wurde die biblische Schöpfungsgeschichte durchgenommen. Ich hielt das alles für kompletten Schwachsinn. Ein Schüler meldete sich und wollte wissen, wer denn dann Gott erschaffen habe, worauf sich der Lehrer triumphierend herauswand und behauptete, Gott sei ewig und habe schon immer existiert. Ich konnte es kaum fassen.

– Bei Gandy im Bio-Unterricht klang das aber ein bisschen anders.

– So? Und wie klang das bei Gandy?, fragte der Lehrer herablassend.

– Dass der Mensch vom Affen abstammt.

Er grinste spöttisch.

– Aha. Und wo kommen die Affen her?

– Die haben sich aus den Tieren entwickelt.

– Und wer hat die Tiere erschaffen?

– Die haben sich laut Darwins Evolutionstheorie aus primitiven Lebewesen entwickelt.

– Und woher kommen diese primitiven Lebewesen?

Ich musste kurz überlegen, um mich an die Einzelheiten zu erinnern.

– Haben sich aus den Reptilien entwickelt.

– Und die Reptilien?

– Aus den Fischen.

– Und wer hat die erschaffen?

Ich versuchte, mir die Schautafel über die Darwinsche Evolutionslehre aus dem Bio-Saal ins Gedächtnis zu rufen.

– Die sind aus Bakterien entstanden, und die wiederum aus organischem Material.

Er packte mich am Arm, riss mich vom Stuhl, und dann segelte ich in hohem Bogen aus dem Klassenzimmer und landete an der gegenüberliegenden Wand.

– Lass dich hier nie wieder hier blicken!

Dann schlug er die Tür hinter sich zu, und damit war meine Religionserziehung von schulischer Seite beendet.

Um noch mehr Punk zu sein und von meinen Widersachern respektiert und in Ruhe gelassen zu werden, verwendete ich großen Ehrgeiz darauf, mich so ekelhaft zu benehmen, wie ich nur konnte. Ich hatte zum Beispiel eine bemerkenswerte Fähigkeit entwickelt und es im Lauf der Jahre darin zu einiger Perfektion gebracht: Ich konnte auf Kommando kotzen. Entdeckt hatte ich das rein zufällig, als ich eigentlich versuchte, zu rülpsen und gleichzeitig zu sprechen. Der

Erfolg dabei hing allerdings sehr von meinem jeweiligen Mageninhalt ab. Schwere, raue Nahrungsmittel wie Kartoffeln, Fleisch oder Äpfel waren am schwierigsten. Suppen oder Hackfleisch waren dagegen kein Problem. Am besten flutschte es mit Eiscreme. Wenn jemand mich gemein behandelte, beförderte ich einfach meine letzte Mahlzeit wieder hoch und spie sie ihm ins Gesicht. Das war äußerst praktisch. Die meisten waren so angeekelt, dass sie mir von vornherein aus dem Weg gingen. Eine andere Nummer war, auf eine Fensterscheibe zu spucken, die Rotze anschließend abzulecken und runterzuschlucken. Das konnte keiner mit ansehen, ohne Brechreiz zu kriegen. Im Grund war das ein ganz natürliches Selbstschutzverhalten, wie es das Stinktier oder der Eissturmvogel zeigt. Auf diese Art habe ich mir oft meine Freiheit erkauft und es sogar zu einer gewissen Berühmtheit gebracht: Ich war der Ekel-Punk, der jedem, der sich mit ihm anlegte, ins Gesicht reiherte. Jónsi Punk eben.

Je länger sich meine Schullaufbahn hinzog, desto weniger interessierte mich der Unterricht und alles, was damit zusammenhing. Schließlich machte ich mir nicht mal mehr die Mühe, Schultasche und Schulbücher mitzunehmen und hatte im besten Fall einen Bleistift dabei. In den Schulstunden fläzte ich mich auf meinem Stuhl, kritzelte in ein Notizbuch oder versuchte, eine absurde Diskussion vom Zaun zu brechen, was fast immer darauf hinauslief, dass ich mehr oder weniger hochkant rausflog. An manchen Tagen erschien ich überhaupt nicht, und wenn doch, verkrümelte ich mich schon nach der ersten Stunde wieder. Mit der Zeit driftete ich immer weiter ab, bis ich meine Lehrer und Mitschüler kaum noch kannte. Stattdessen verbrachte ich meine Zeit in der Stadtbücherei und vergrub mich in den *Melody Maker*. Ungefähr zu der Zeit, zu der auch der Unterricht zu Ende war, ging ich nach Hause und tat, als käme ich direkt aus der Schule. Ich fühlte mich wie ein Wesen von einem anderen Stern. Alle um mich herum schienen hervorragend klarzukommen, nur ich nicht. Ich konnte mir nicht erklären, warum ich nicht so war wie alle anderen. Warum ich so gründlich aus der Art geschlagen war, verdammt, einsam und allein durch eine Welt zu driften, deren Gesetzmäßigkeiten ich nicht verstand oder die mir falsch und ungerecht erschienen. Und eines Tages kam, was kommen musste: Mama bekam einen Anruf von der Schule. Der Rektor persönlich war am Apparat, um seine Besorgnis über mein notorisches Schwänzen und mein Verhalten überhaupt zum Ausdruck zu bringen. Anschließend nahm Mama mich ins Gebet und verlangte eine Erklärung. Aber ich wusste nichts zu sagen. Es gab einfach nichts, was ich ihr hätte antworten können, denn sie verstand mich ja sowieso nicht. Sie *wollte* mich nicht verstehen. Sie stand auf der Seite des Rektors und wollte einfach, dass ich tat, was er sagte. Was fiel diesem Witzbold überhaupt ein, meine Mutter anzurufen und ihr was von Besorgnis vorzusülzen? Wie armselig. In Wahrheit war ich ihm doch scheißegal. Warum erzählte er ihr nicht, wie er mit mir normalerweise umsprang? Dass er mich als dummen, missratenen Rotzbengel bezeichnete? Warum durfte ich diese Scheiß-Schule nicht einfach sein lassen und zu Hause bleiben? Was war so schlimm daran, dass ich später so werden wollte wie Johnny Rotten? Johnny Rotten war immerhin berühmt – was der Rektor oder der Religionslehrer nicht von sich behaupten konnten.

Kurz darauf wurde ich zum Schulpsychologen geschickt. Der kam einmal pro Woche in unsere Schule, um mit den Schülern über ihre Probleme zu reden. Ich kannte ihn noch nicht persönlich, hatte aber schon die ein oder andere Story über ihn gehört. Die, die schon mal bei ihm gewesen waren, hielten ihn für völlig durchgeknallt, oder zumindest kurz davor. Der Psychologe war ein kleines Männchen mit einem langen, buschigen Vollbart. Er begrüßte mich freundlich und ließ mich Platz nehmen.

– Na, Jón, wie geht's dir so?, fragte er leutselig.

Ich bemerkte, dass er auf seine Notizen schielen musste, um sich an meinen Namen zu erinnern.

– Alles in Ordnung, antwortete ich und überlegte, ob ich jetzt wohl wieder in die Kinderpsychiatrie müsste. Oder war ich dafür mittlerweile zu alt? Würde er mir vielleicht Elektroschocks verpassen? Oder mich direkt in die Klapse stecken? Gab es ein Mindestalter, um dort aufgenommen zu werden?

– Alles in Ordnung, aha, wiederholte er nachdenklich. Und wie läuft's in der Schule?

Ich musste nachdenken. Eigentlich lief es ziemlich gut, fand ich. Das einzige Problem waren die großen Jungs, die mich ständig malträtierten. Dafür ließen mich die Lehrer größtenteils in Ruhe. Eigentlich wartete ich nur noch darauf, dass das Schulsystem mich endgültig abschreiben und rausschmeißen würde, sodass ich endlich machen konnte, was ich wollte.

– Läuft super, sagte ich.

Ich hätte ihm das von den großen Jungs erzählen können, und den ganzen Gemeinheiten und Quälereien, und dass die Lehrer überhaupt nichts kapierten. Der Psychologe war nicht hier, um mir zu helfen, sondern um mich auf die Probe zu stellen. Er war ein Vertreter des Systems und dessen treuer, abhängiger Diener.

– Und wie ist die Situation in deiner Familie?

Ich verstand nicht gleich, was er meinte, und er formulierte die Frage anders.

– Wie läuft's denn so bei euch zu Hause?

Was sollte ich darauf antworten? Sollte ich ihm von Papa erzählen? Wie abartig ich es fand, wenn er meine Hand festhielt, mir dabei mit der anderen über die Wange strich und mich im Flüsterton bat, ihm dies und jenes zu versprechen? Würde sich dadurch irgendwas ändern? Müsste Papa dann auch zum Schulpsychologen? Mama war eigentlich ganz okay, außer, wenn ich etwas angestellt hatte und sie einen Wutanfall bekam. Wenigstens redete sie keinen Schwachsinn. Damals in der Kinderpsychiatrie zum Beispiel wollten sie mir Tabletten verschreiben. Mama wollte davon nichts wissen und sagte, sie habe nicht vor, ihr Kind unter Drogen setzen zu lassen. Dann wolle sie lieber, dass ich genau so blieb, wie ich eben war.

– Ich weiß nicht.

Der Psychologe strich sich nachdenklich seinen Bart und schaute auf ein Blatt, das vor ihm auf dem Schreibtisch lag. Was waren das für Unterlagen? Und woher hatte er die? Dass meine Lehrer über mich Buch geführt hatten, war eher unwahrscheinlich. Vielleicht war das eine Art schwarze Liste, in der meine sämtlichen Schandtaten und Vergehen vermerkt waren. Oder war es ein Polizeibericht aus den Akten der Kripo Reykjavík?

– Wie verstehst du dich mit deinen Eltern?

Was sollte ich dazu sagen? Wir waren wie drei Ausländer mit drei verschiedenen Muttersprachen. Mama und Papa verstanden sich kein bisschen. Mich verstand Mama immerhin ab und zu, ich sie dagegen ebenfalls kein bisschen.

– Ganz gut, murmelte ich, weil mir nichts Besseres einfiel.

Der Psychologe musterte mich nachdenklich und kraulte wieder seinen Bart, dann brummelte er etwas und nickte dabei, so als sei er ganz meiner Meinung. Dabei hatte ich gar nichts gesagt.

Er stand auf, ging zu einem kleinen Handwaschbecken in der Ecke und winkte mich zu sich heran. Dann steckte er den Stöpsel in den Abfluss, drehte den Hahn auf und ließ Wasser einlaufen. Wir standen beide schweigend neben dem Becken, und ich verfolgte gespannt, wie der Wasserspiegel stieg.

– Was wird das?, fragte ich, als er den Hahn wieder zugedreht hatte.

Er hielt mir ein Glas und einen Löffel hin und schob den Mülleimer mit dem Fuß in meine Richtung.

– Also pass auf, Jón, sagte er und schaute mich durchdringend an. Wie würdest du dieses Waschbecken am besten leeren?

Jetzt wurde es lustig. Was erwartete er von mir? Worauf wollte er hinaus? Na gut, man könnte zum Beispiel das Wasser aus dem Becken ins Glas löffeln und es von dort in die Mülltonne kippen. Oder es zuerst ins Glas löffeln, dieses austrinken und dann in die Mülltonne kotzen. Man könnte auch direkt aus dem Waschbecken schlürfen. Allmählich dämmerte mir, was das Ganze sollte. Er wollte herausfinden, ob ich dumm war. Okay, ein Intelligenztest also. Plötzlich verspürte ich den unwiderstehlichen Drang, etwas völlig Verrücktes zu machen, um ihn so richtig aus der Fassung zu bringen. Wie wäre es zum Beispiel, das Wasser aus dem Becken anzusaugen, es ins Glas zu spucken und von dort in den Mülleimer zu löffeln? Und diesen dann auszutrinken? Aber der Psychologe nahm seine Sache so bitterernst, dass ich es nicht über mich brachte, ihn so zu verscheißern.

– Könnten wir nicht einfach den Stöpsel rausziehen?, fragte ich vorsichtig.

Er hob skeptisch die Augenbrauen, so als sei er nicht sicher, ob das ein ernst gemeinter Lösungsvorschlag war. Ich starrte zu Boden und schwieg. Er ließ das Wasser ab, setzte sich wieder an seinen Schreibtisch und machte sich weitere Notizen. Ich stand immer noch neben dem Waschbecken. Wenn er mich jetzt gehen ließe, könnte ich gerade noch eine qualmen, bevor es zur großen Pause klingelte und die ganzen Vollidioten aus ihrem Unterricht kamen. In der großen Pause schlich ich mich gewöhnlich durch den Hintereingang nach draußen und versteckte mich gegenüber in einem kleinen Park, um dort ungestört meine Zigarette zu genießen. Obwohl Rauchen in der Clique natürlich mehr Spaß machte. Der Einzige, der mir beim Rauchen dort manchmal Gesellschaft leistete, war der dicke Dóri. Auch den ließen sie nicht in Ruhe. Und dann gab es noch ein paar andere coole Typen, die während der Schulstunden draußen herumhingen und rauchten. Jungs, die den Unterricht schwänzten oder auch rausgeflogen waren – so wie ich.

Der Psychologe sah mich wieder an.

– Jón, wo lebt der Elefant?

Das verblüffte mich. Ich hatte eher mit Fragen nach Hobbys und Freizeitaktivitäten gerechnet. Und ich hätte ihm auch bereitwillig alles über Anarchismus erzählt.

Aber anscheinend ging es wirklich nur darum zu testen, ob ich unterbelichtet war oder nicht. Wie lächerlich.

– In Afrika.

Er nickte eifrig, als hätte ich in einem Fernsehquiz den Jackpot geknackt und notierte etwas. Dann blickte er auf und bedeutete mir mit einer Handbewegung, dass ich gehen dürfe.

– Ich danke dir, sagte er und vergrub sich wieder in seine Papiere. Ich war erleichtert. Draußen sah ich Dóri, der in einer Ecke stand und rauchte. Mittlerweile trafen wir uns kaum noch außerhalb der Schule. Ich erzählte ihm das mit dem Schulpsychologen.

– Hat er dir auch die Aufgabe mit dem Waschbecken gestellt?

– Ja?

– Mir auch.

Ich kicherte. Dóri zog an seiner Zigarette, inhalierte tief und schnipste die Kippe in hohem Bogen von sich, die daraufhin zischend in einer Pfütze landete.

– So ein Arsch.

Von allen Jungs, die mich ärgerten und quälten, fürchtete ich einen am allermeisten. Das war ein richtiger Schlägertyp, der regelmäßig in Prügeleien verwickelt war und seine Gegner nicht selten krankenhausreif schlug. Er gehörte zu denen, die keinen Moment zögern, ihrem Gegenüber die Fresse zu polieren. Davon abgesehen war er ziemlich verquer. Er hieß Biggi und war als »Brutalo-Biggi« bekannt, außerdem war er mit den Idioten befreundet, obwohl die mit ihm wenig gemeinsam hatten. Die Idioten schlugen nicht einfach drauf los, sondern ärgerten und piesackten ihre Opfer auf viel hinterhältigere Art und Weise. Ich brauchte nur mein Schulzeug ein paar Sekunden aus den Augen zu lassen, schon hatten sie meine Tasche geschnappt, steckten sie ins Klo und zogen die Spülung, sodass ich sie hinterher triefnass aus der Kloschüssel fischen musste. Wenn ich dann mit der völlig durchweichten Tasche nach Hause schlich, kamen sie feixend hinterher und lachten sich kaputt.

– Hey, du Gnom, was haste denn mit deiner Tasche gemacht?

– Da hat er gerade reingepinkelt!

– Ganz schön bekloppt, in seine eigene Schultasche zu pinkeln.

Die beiden, die bei solchen Aktionen das Maul am weitesten aufrissen, traten immer zu zweit auf und waren außerdem gute Kumpels von Biggi. Sie wurden »Black and White« genannt, weil sie auf Ska-Punk standen. Als sie wieder einmal über mich herfielen, versuchte ich, sie wegzustoßen und rief ihnen »Black and White – Fuck and fight!« hinterher. Das hatten sie anscheinend in den falschen Hals gekriegt, verpetzten mich bei Biggi und beauftragten ihn, mir eine Abreibung zu verpassen. Biggi zögerte nicht lange, baute sich vor mir auf und versetzte mir einen Fausthieb ins Gesicht. Ich hatte noch nie so einen Schlag abbekommen und war vor Schreck wie gelähmt. Dann ging er auch auf Dóri los und prügelte völlig grundlos auf ihn ein. Hinterher hatte Dóri ein blaues Auge und war so verängstigt, dass er sich tagelang nicht aus dem Haus traute. Wir diskutierten diesen Vorfall von vorne bis hinten und wieder zurück und hatten bald kein anderes Gesprächsthema mehr. Was sollten wir machen? Was konnten wir unternehmen, damit das hier endlich aufhörte? Ich wusste nur, dass es so nicht weitergehen konnte. Wir waren völlig eingeschüchtert und wagten uns überhaupt nicht mehr auf die Straße, wagten uns nicht ins Jugendzentrum und nicht zum Kiosk, gingen nicht mehr in die Schule und stiegen in keinen Bus. Die Angst verfolgte uns auf Schritt und Tritt. Von da an nannten wir sie »die Bestien«. Und die Bestien waren überall.

Ich hatte eine Art Fahrtenmesser, das noch aus meiner Zeit bei den Pfadfindern stammte und das ich ab jetzt immer dabeihatte, wenn ich aus dem Haus ging. So fühlte ich mich wenigstens ein kleines bisschen sicherer. Ich schnappte mir Mamas Nähzeug und nähte die Messerscheide ans Innenfutter meiner Jacke. Sollte Biggi es also schaffen, mich in eine Ecke zu treiben und ich mich allein nicht befreien können, bräuchte ich ihm nur meinen Dolch unter die Nase zu halten, und er würde sofort das Weite suchen. Das Messer verschaffte mir tatsächlich eine gewisse Beruhigung. Erzählen konnte ich das natürlich niemandem. Das hier war eine pure Selbstschutzmaßnahme. Eines Abends, ich hatte mich mit Siggi Punk im Clubhaus getroffen und war auf dem Weg nach Hause – tauchte plötzlich Brutalo-Biggi auf. Als er mich sah, kam er schnurstracks auf mich zu. Ich blieb stehen.

– Hey, wo ist mein Brennivín?

– Wovon redest du?, murmelte ich.

– Du schuldest mir noch nen Brennivín!

Ich erstarrte auf der Stelle zu Eis.

– Hör auf. Hör bitte auf!, flehte ich und kämpfte mit den Tränen.

– Dann her mit dem Brennivín. Wenn du meinen Brennivín rüberwachsen lässt, hör ich sofort auf. Du schuldest mir ne Null-Drei-Fünfer, du Idiot!

Ich fing an zu heulen, vor Angst, aber auch in der Hoffnung, er würde dann vielleicht von mir ablassen. Aber meine Tränen schienen ihn erst recht anzustacheln.

– Heul doch, du Schwächling!

Er umklammerte meinen Hals, sodass ich kaum noch Luft bekam. Ich drehte fast durch vor Panik. Ohne lange zu überlegen griff ich unter meine Jacke, zückte mein Messer und fuchtelte damit vor Biggis Gesicht herum. Ich hoffte sehnlichst, er würde beim Anblick des Messers die Flucht ergreifen. Ich wollte noch etwas sagen, bekam aber keinen Ton heraus, also hielt ich ihm bloß mit zitternder Hand das Messer unter die Nase.

– Ach, was haben wir denn da? Doch nicht etwa ein Messer?

Im nächsten Moment hatte er mir das Messer aus der Hand geschlagen, schien aber selber so verblüfft, dass er mich losließ. Ich nutzte die Gelegenheit und sah zu, dass ich wegkam.

– Beim nächsten Mal mach ich Hackfleisch aus dir, du Hosenscheißer!, rief er mir hinterher.

In panischer Angst rannte ich den ganzen Weg nach Hause und verkroch mich für den Rest des Abends zitternd und schluchzend in meinem Zimmer. Sid Vicious auf meinem Shirt triefte vor Rotz und Tränen. Was für ein verdammtes Scheißleben! Ich hasse sie, hasse, hasse, hasse sie, murmelte ich vor mich hin.

Die Story von mir und dem Messer verbreitete sich in Windeseile.

– Du hattest echt ein Messer dabei?

– Hattest du vor, Biggi abzustechen, oder was?

Ich wusste nicht, was ich darauf antworten sollte, und genauso wenig, was ich stattdessen hätte tun sollen.

– Ja, ... nein, ich hatte halt zufällig ein Messer dabei.

Ich sollte also verprügelt werden, wie Biggi das ja bereits angekündigt hatte. Auch das sprach sich schnell herum, und ich konnte an nichts anderes mehr denken, als an Biggi und wie ich ihm am besten aus dem Weg gehen könnte. Ich hatte schon öfter mitbekommen, wenn Leuten Prügel angedroht wurden und hatte jedes Mal mit ihnen gezittert. Ich versuchte, mich so viel wie irgend möglich zu Hause aufzuhalten. Wenn ich doch auf die Straße ging, drückte ich mich an den Hauswänden entlang und huschte von einem Haus zum nächsten. Wieder einmal hielten Dóri und ich Kriegsrat und suchten krampfhaft nach einer Lösung, kamen aber auch diesmal keinen Schritt weiter. Schließlich wandte ich mich an ein paar ältere Jungs und fragte sie, was ich in dieser verfahrenen Situation noch tun könnte.

– Es gibt nur einen Weg, sagten sie. Wehr dich. Weglaufen bringt nichts. Du musst dich der Sache stellen.

Aber wie sollte ich es denn anstellen, Brutalo-Biggi zu schlagen? Ich spielte verschiedene Möglichkeiten durch. Wie machte man so was überhaupt? Sollte ich ihm auflauern und ihm eine Eisenstange über den Schädel ziehen, oder was? Ich beschloss, einen Jungen zu Rate zu ziehen, der mit mir bei den Pfandfindern gewesen war. Gulli war ein notorischer Schlägertyp und trug den passenden Spitznamen »Gulli die Faust«. Außerdem hatte er den Ruf, leicht durchgeknallt zu sein. Er war auch einer von denen, die nicht lange fackelten. Er war regelmäßig an Schlägereien unten auf dem Ingólfstorg beteiligt und zögerte nicht, auch auf ältere und stärkere Jungs loszugehen und blindlings auf sie einzudreschen. Aber zu mir war er immer anständig gewesen, und wir hatten von Anfang an einen guten Draht zueinander. Ich erzählte ihm also die ganze leidige Geschichte, von den Jungs, die mich auf dem Kieker hatten, und von Biggis Kampfansage. Gulli hielt von Biggi genauso wenig wie ich:

– Ne ordentliche Tracht Prügel würde dem Drecksack echt mal guttun.

Deshalb ließ sich Gulli auch nicht lange bitten und machte sofort Nägel mit Köpfen. Es sei ganz einfach: Wir müssten bloß zu dritt über ihn herfallen und ihn dann gründlich durch den Wolf drehen. Wir brachten in Erfahrung, dass Biggi zweimal pro Woche abends in der Fossvogur-Schule Tischtennis spielte. Er besaß ein todschickes 21-Gänge-Rad, auf dem er gewöhnlich zum Training fuhr. Da wir wussten, wo er wohnte, konnten wir in etwa berechnen, welchen Weg er nehmen würde, und beschlossen, uns an einer unübersichtlichen Stelle nicht weit von der Fossvogur-Schule zu postieren. Ich hatte darauf bestanden, dass keiner von uns zu erkennen sein dürfe, also zogen wir Skimützen über den Kopf und trugen Klamotten, die wir sonst selten anhatten. Gulli war richtig aufgekratzt und konnte es kaum erwarten; in mir dagegen kroch schon wieder die Angst hoch. Doch wenn ich aus diesem Albtraum endlich erwachen wollte, war das meine einzige Chance.

Der Plan war, Biggi aufzulauern und ihn aus dem Hinterhalt zu überfallen, ihn gehörig zu vermöbeln und anschließend sein Fahrrad samt Tischtennistasche in Brand zu setzen. Ich hatte eine leere Spülmittelflasche ausgewaschen und mit Benzin gefüllt.

Am Abend der Abende krochen wir in unser Versteck und

warteten. Ich hoffte sehnlichst, Biggi würde nicht kommen. Kurz darauf kam er auf seinem Fahrrad die Straße herauf. Als er fast auf unserer Höhe war, schossen wir mit unseren Skimützen und Strumpfmasken aus dem Hinterhalt und verstellten ihm den Weg.

– Tod den Bestien! brüllte Dóri.

Vor Schreck kam Biggi ins Schlingern, verlor das Gleichgewicht und kippte vom Rad. Gulli warf sich auf ihn und drosch mit den Fäusten auf ihn ein, während Dóri so lange nach ihm trat, bis Biggi sich kaum noch rühren konnte und hilflos über die Straße kroch. Inzwischen goss ich mit zitternden Fingern das Benzin über Biggis Fahrrad samt seiner Sporttasche und hielt ein Streichholz daran, worauf alles mit einem gewaltigen Fauchen in Flammen aufging. Gulli und Dóri hatten Biggi immer noch in der Mangel, aber ich traute mich nicht. Biggi hielt sich die Arme vors Gesicht, hatte Nasenbluten und eine geplatzte Oberlippe. Ich schleuderte die leere Spüliflasche ins Gebüsch und ergriff die Flucht. Die beiden anderen nahmen ebenfalls Reißaus, und wir rannten alle drei in drei verschiedene Richtungen davon.

Die nächsten Tage waren der reinste Albtraum. Ich fragte mich, ob jemand wusste, dass wir dahintersteckten. Biggi kam mit geschwollenem Gesicht und einem blauen Auge in die Schule. Das verschaffte mir eine nie gekannte Genugtuung. Er schien mich nicht weiter zu beachten, woraus ich schloss, dass er mich nicht verdächtigte. Mein Selbstvertrauen bekam einen ungeheuren Schub. Wir hatten die Sache durchgezogen. Wir hatten Biggi zusammengeschlagen, und jetzt würden er und die anderen uns ein für allemal in Ruhe lassen. Wir hatten ihm für alle Zeiten eine Lektion erteilt. Aber nach einiger Zeit wurden Stimmen laut, die behaupteten, dass wir drei, Gulli, Dóri und ich, hinter dem Angriff auf Biggi steckten. Gulli hatte den Mund nicht halten können. Ihm hatte die Aktion solchen Spaß gemacht, dass er unbedingt damit angeben musste. Und auf einmal fragten mich alle:

– Warst du wirklich dabei, als sie Biggi vermöbelt haben?

Ich stritt natürlich alles ab.

– Spinnst du, oder was? Natürlich nicht!

Ich hielt das für ziemlich glaubwürdig, denn Gulli und ich hatten tatsächlich so gut wie nichts gemein. Er war weder Punk, noch ging er auf die Réttarholt-Schule und war auch sonst nicht der Typ, den man mit mir in Verbindung gebracht hätte. Gulli war eine Kategorie für sich. Gulli die Faust eben, ein stadtteilbekannter Schläger, dem man nachsagte, er habe sogar schon seine eigene Mutter verprügelt, weil sie an ihm herumgenörgelt hatte.

Nachdem es offiziell als bewiesen galt, dass Gulli für den Angriff verantwortlich war, forderte Biggi ihn zum Zweikampf heraus. Das Duell sollte auf dem freien Platz hinter dem Einkaufszentrum Grímsbær stattfinden. Ein paar der Jungs gingen hin, um das Spektakel mitzuerleben, aber ich hätte mich um keinen Preis dort sehen lassen. Es wurde die denkwürdigste Schlägerei aller Zeiten. Gulli war nicht zimperlich und teilte unerschrocken aus, aber Biggi war ihm körperlich überlegen, und so lief es darauf hinaus, dass Biggi seinen Gegner gründlich und dauerhaft außer Gefecht setzte. Gulli wurde halb bewusstlos im Krankenwagen abtransportiert. Nach diesem Vorfall erschien ich überhaupt nicht mehr zum Unterricht und hing auch nicht mehr im Jugendzentrum, am Kiosk oder ähnlichen Treffpunkten herum. Ich hatte den Hlemmur für mich entdeckt. Der zentrale Busbahnhof war der einzige Ort, an dem ich mich sicher fühlte. Obwohl ich ständig damit rechnete, dass mir Mama auf die Schliche kam. Was allerdings nie passierte, so als hätte sie von alldem niemals erfahren. Als hätte sich die Schule nie bei ihr gemeldet und sich über mein Fernbleiben beklagt. Biggi habe ich danach nie wieder gesehen. Mag sein, dass er nach mir Ausschau gehalten hat, aber ich war ständig auf der Hut. Wenn ich ins Clubhaus ging, runter zum Ingólfstorg oder wo immer sich die Kids trafen, war ich in ständiger Alarmbereitschaft.

Im Lauf des Winters klinkte ich mich allmählich ganz aus dem Schulbetrieb aus. Die Schule konnte mir nichts beibringen, was mich interessierte oder weiterbrachte, sondern war ein Schauplatz von Verfolgung, Demütigung und Gewalt. Und das wurde von Tag zu Tag schlimmer.

Die Lehrer schien es nicht weiter zu stören, dass ich mich kaum noch blicken ließ; einige von ihnen machten sich nicht mal mehr die Mühe, meine Fehlstunden zu notieren. Wenn ich doch einmal auftauchte, versuchte ich, durch verquere Kommentare oder alberne Störaktionen aufzufallen, und wurde früher oder später vor die Tür gesetzt. Der einzige Grund, noch hin und wieder zum Unterricht zu gehen, war Mama. Ihretwegen konnte ich tagsüber nicht zu Hause sein, also blieb mir manchmal nichts anderes übrig als die Schule.

Wenn ich Geld hatte, aber keine Lust oder nicht den Mut, zur Schule zu gehen, machte ich einen Rundtrip mit dem Bus, gondelte kreuz und quer durch die Stadt und ließ Reykjavík vor dem Busfenster an mir vorbeiziehen. Manchmal traf ich auf diesen Ausflügen Kids, die ich kannte, oder lernte sogar neue Leute kennen. Ich freundete mich mit einem Busfahrer an, der gewöhnlich den Elfer fuhr. Wenn er Dienst hatte, brauchte ich nicht zu bezahlen. Er hieß Stjáni, war ein junger Typ und noch ziemlich neu in diesem Job. Wenn er am Steuer saß, blieb ich oft Runde um Runde bei ihm im Bus, und wir quatschten die ganze Zeit. Dann redeten wir über alles Erdenkliche; Stjáni hatte viel zu erzählen, konnte aber auch zuhören und interessiert nachfragen. Er war zur See gefahren und weit in der Welt herumgekommen. Ich konnte ihm stundenlang zuhören, und im Gegenzug erzählte ich ihm von meinen Überlegungen zu Punk und Anarchismus. Stjáni hatte seine ganz eigenen politischen Ansichten und war überzeugter Kommunist.

Die Parlamentswahlen standen kurz bevor, und wir hielten beide einen Regierungswechsel für dringend an der Zeit. Wir hatten beide von dieser Gesellschaft die Schnauze gestrichen voll, wenn auch aus unterschiedlichen Gründen. Ich verstand nur wenig von dem, worüber Stjáni redete, ließ mir das aber möglichst nicht anmerken. Zumal er, wenn er Leute erwähnte, einfach davon auszugehen schien, dass mir diese Namen etwas sagten. Stjáni beschwerte sich gerne über seinen, wie er fand, mies bezahlten Job. Ich fragte ihn nach seinem Monatsgehalt, und als er den Betrag nannte, erschien mir das sogar ziemlich viel. Was er in einem Monat verdiente, war mehr, als ich im Leben je besessen hatte und überstieg sogar den Betrag, mit dem ich insgeheim als Konfirmationsgeschenk rechnete. Und dabei hatte er noch Frau und Kind zu ernähren. Ich fand Stjáni ganz große Klasse. Er hatte auch eine Freundin, worum ich ihn, ob ich wollte oder nicht, grenzenlos beneidete. Bis ich mal eine feste Freundin hätte, würde es sicher noch dauern, falls ich jemals eine abkriegen würde. Ich hielt es für nicht sehr wahrscheinlich, dass mich ein Mädchen interessant genug finden würde. Stjáni war nicht rothaarig und trug auch keine Brille, abgesehen von einer dunklen Sonnenbrille, die er an besonders sonnigen Tagen manchmal aufsetzte. Er war eben ein cooler Typ. Einen Bus zu lenken war ungefähr das Spannendste, das ich mir vorstellen konnte. In meinen Augen hatte Stjáni das ganz große Los gezogen – cooler Job, Freundin und Geld wie Heu –, und ich war sicher, an seiner Stelle wäre ich der glücklichste Mensch der Welt. Aber ich war nicht an seiner Stelle, und Stjáni fand sein Leben scheiße.

Er druckte mir Umsteigefahrkarten aus, auf denen er die Uhrzeiten eintrug, die mir am besten passten. Auf diese Art konnte ich sogar noch mehr Bus fahren. Mit der Zeit kannte ich Stjánis Schichtplan auswendig und wusste genau, wann er Dienst hatte. Der Elfer fuhr vom Breiðholt hinunter zum Hlemmur und endete dort. Dann machte Stjáni Kaffeepause. Ich mochte den Busbahnhof und traf dort sogar andere Punks. Der Hlemmur war ein Treffpunkt für Punks, Saufbrüder, Psychopathen und Sonderlinge jeder Art, die dort den ganzen Tag über kamen und gingen oder auch von früh bis spät dort herumhingen. Besonders Abends und am Wochenende ging es hoch her. Dann waren oft fünfzehn bis zwanzig Punks gleichzeitig da. Ich habe keine Ahnung, wie es kam, dass der Busbahnhof zur inoffiziellen Zentrale der Reykjavíker Punkszene wurde. Vielleicht gab es einfach nicht viele Alternativen. Der Hlemmur lag zentral, es gab Bänke zum Sitzen, und dort war immer was los. Bei gutem Wetter war man zu Fuß gleich in der Innenstadt. Diesen Luxus hatten nicht viele Orte zu bieten. Außerdem wurden wir dort normalerweise in Ruhe gelassen und nicht andauernd rausgeschmissen wie in den Kiosks.

Anfangs hatte Siggi Punk mich ein paarmal mitgeschleppt und mich den anderen Punks vorgestellt, und da ich im Gefolge des Chef-Punks auftauchte, war ich sofort akzeptiert und gehörte dazu. In der ersten Zeit war ich meistens nur Abends dort, besonders an Freitag- und Samstagabenden.

Am Hlemmur fühlte ich mich so viel besser als in der Schule, dass ich bald täglich dort aufkreuzte. Manchmal nahm ich gleich Morgens den allerersten Bus, war zur Stelle, wenn der Busbahnhof aufmachte und hing dann dort ab, bis Abends abgeschlossen wurde. Tag für Tag.

Die Punks waren alle so ungefähr in meinem Alter, ein paar vielleicht etwas älter oder jünger. Die Ältesten waren sechzehn oder siebzehn, und die Jüngsten gerade mal zehn oder elf. Eigentlich spielte der Altersunterschied kaum eine Rolle, denn wir waren alle ein und dieselbe Clique, treu vereint unter der Flagge des Punk. Die älteren Kids behandelten die jüngeren mit Rücksicht und Respekt, denn der Punk schmiedete uns auf geheimnisvolle Weise zusammen. Das waren nicht nur der Kleidungsstil und die Musik, es war die Einstellung. Was uns verband war, dass jeder von uns auf die eine oder andere Weise mit seiner Umwelt über Kreuz lag. Die meisten von uns stammten aus schwierigen Verhältnissen, hatten Eltern, die Alkoholiker oder sogar gewalttätig waren. Viele lebten bei alleinerziehenden Müttern, die ständig außer Haus waren und nie Zeit für sie hatten. Und alle waren wir im Schulsystem durchs Raster gefallen.

Der Unterschied zwischen den isländischen Punks und denen in Großbritannien war erheblich. Unser Kleidungsstil war einförmig und ziemlich handgemacht, bestehend aus zerschlissenen, mit Filzstift verzierten Jeans, Turnschuhen oder schwarzen Springerstiefeln, am besten mit halb abgerissener Sohle, und irgendeinem schmuddeligen Shirt. Die meisten trugen Lederjacken oder Militärparkas. Windjacken und Anoraks waren dagegen verboten. Die älteren Jungs trugen oft schwarze Herrenjacketts mit Aufnähern und Buttons am Revers. Wie die Jeans waren auch die Parkas mit schwarzem Marker vollgekritzelt. Die Frisuren waren kurz und struppig und sollten möglichst aussehen wie selbst geschnitten – was auch tatsächlich oft der Fall war. Irokesenschnitte oder gefärbte Haare waren dagegen erstaunlich selten. Einige standen auf Sticker und Buttons, entweder mit den Namen irgendwelcher Bands, oder dem Anarchie-A. Als Halsschmuck waren Hundehalsbänder beliebt, und die Ohren waren natürlich mit Ringen und Sicherheitsnadeln gespickt. Der Grund für dieses behelfsmäßige Outfit war der, dass es in Island fast keine Läden gab, die Punk-Sachen verkauften, und falls doch, wurden sie zu Wucherpreisen angeboten. Die männlichen Punks waren zwar in der Überzahl, aber es gab auch ein paar Mädchen, die sich in etwa genauso kleideten wie die Jungs. Die meisten Punks stammten aus Kópavogur. Dort am Umsteigebahnhof Hamraborg hatten sie auch einen eigenen Unterschlupf, aber am Hlemmur war natürlich mehr los.

Das Völkchen, das hier seine Tage vertrödelte, ließ sich in zwei Gruppen einteilen: die Punks und die Penner. Wir hatten unseren Stammplatz in der einen Ecke, die Penner in einer anderen. Die Penner waren erwachsene Leute, Obdachlose, Kriminelle und Psychopathen, die auf der Straße lebten und in leerstehenden Häusern, Fahrradkellern oder an ähnlichen Orten übernachteten. Dann gab es ein paar Seeleute, die von außerhalb kamen, um sich hier in der Stadt mal richtig volllaufen zu lassen. Diese Kerle waren von morgens bis abends besoffen und bekifft. Wir hatten mit ihnen nicht viel zu tun, außer wenn sie für uns ins Alkoholmonopol gingen oder uns irgendwelche Pillen besorgten. Ansonsten hielten wir lieber Abstand, denn sie konnten, besonders in zugedröhntem Zustand, hinterhältig und gefährlich sein. Mit Dope hatten wir ebenfalls wenig am Hut. Wir wollten nicht so werden wie die Penner. Mich hatten Drogen sowieso noch nie gereizt, vielmehr machten sie mir Angst, besonders Heroin. Bei Heroin, hatte man mir erzählt, reichte ein einziger Schuss, und du warst für den Rest deines Lebens drauf. Ab und zu ein paar Pillen einzuwerfen fand ich okay, das war witzig und machte Spaß, aber sonst rührte ich nichts an. Wer als Junkie endete, der hatte aufgegeben, und das System hatte wieder mal gesiegt. Als Junkie würde einen keiner mehr ernst nehmen, und letztendlich würde man im Drogenrausch irgendeine Dummheit begehen und entweder in der Klapse oder in der Sicherheitsverwahrung landen.

Am Hlemmur war ein Tag wie der andere, und jeder von ihnen war einfach perfekt. Wir lungerten in unserer Ecke herum, rauchten und quatschten. Unsere Lieblingsthemen waren Bands und Musik, und natürlich die ewige Frage: Was ist Punk und was nicht. Wie tiefschürfend diese Gespräche waren, hing stark vom Alter und den Lebensumständen der Beteiligten ab, aber was uns verband, war die Verachtung für das bürgerliche Leben der Normalos und Spießer, also für alles, was durchschnittlich, bieder und langweilig war – und damit das Gegenteil von uns. Am unteren Ende unserer Werteskala rangierten unsere Erzfeinde, die Disco-Freaks. Disco-Freaks liefen in gelben oder pinkfarbenen Pullovern rum, waren immer wie aus dem Ei gepellt und gingen zum Tanzen ins Hollywood. Sie waren Barbie und Ken. Wir dagegen waren Action Man.

Das Wachpersonal am Hlemmur behandelte uns im Allgemeinen freundlich und korrekt. Mit manchen von ihnen freundeten wir uns mit der Zeit sogar an und nannten sie »Opa« oder »Oma«. Sie kamen regelmäßig in unserer Ecke vorbei, setzten sich und hielten ein Schwätzchen. Wenn wir doch mal Ärger machten, redeten sie geduldig auf uns ein und baten uns, doch nicht so einen Lärm zu machen. Manchmal schickte Opa uns für eine Weile nach draußen, weil jemand angerufen und sich beschwert hatte. Dann zogen wir brav und ohne zu murren ab, und das nicht, weil wir vor der Autorität den Kopf einzogen, sondern aus Respekt und Sympathie gegenüber Oma und Opa. Wir wussten, dass sie nur ihren Job machten, und wollten sie nicht in Schwierigkeiten bringen. Leider gab es unter den Wachleuten aber auch solche, denen wir ein Dorn im Auge waren. Meistens waren das Aushilfen, die uns einfach nur loswerden wollten. Wenn die uns aufforderten, den Bahnhof zu verlassen, rührten wir uns keinen Zentimeter, sondern pöbelten ebenso arrogant. Wenn wir dann schließlich abzogen, veranstalteten wir draußen eine kleine Verfolgungsjagd, und während sie uns mühsam hinterherkeuchten, waren wir einmal ums Gebäude gerannt und längst wieder drinnen. Manchmal verteilten wir uns in kleinen Grüppchen rings um den Hlemmur, scheuchten sie hin und her und hielten sie so lange zum Narren, bis sie nach Luft japsend stehenblieben, während wir uns vor Lachen kaum wieder einkriegten. Zum Schluss fiel ihnen meistens nichts Besseres ein, als die Polizei zu rufen. Dann verschwanden wir vorübergehend von der Bildfläche und tauchten im Joker oder im Einholt unter. Aber kaum waren die Bullen abgezogen, kamen wir zurück. Unsere direkten Begegnungen mit der Polizei verliefen meist unkompliziert und waren eine willkommene Abwechslung. Gewöhnlich kamen sie in ihrem schnittigen Polizeiauto angedüst und befahlen uns einzusteigen. Dann wurden wir einmal über die Straße chauffiert und auf die Polizeiwache direkt gegenüber gebracht. Da saßen wir dann und warteten, bis der diensthabende Oberwachtmeister erschien und sich um uns kümmerte. Eigentlich boten wir der Polizei selten einen konkreten Anlass, uns aufzugreifen. Es schien eher, als hätten die Beamten gerade nichts zu tun oder seien dazu angehalten, uns ab und zu etwas einzuschüchtern. Dann wurden wir gefilzt, mussten unsere Taschen ausleeren und alles zur genaueren Untersuchung abgeben. Die Beamten versuchten jedes Mal fieberhaft, uns irgendeinen Strafbestand, irgendeine Gesetzeswidrigkeit nachzuweisen, suchten nach Drogen oder nach Zeug zum Sniffen, wie Gas oder Klebstoff. Fündig wurden sie leider nie. Im für sie besten Fall hatten wir Zigaretten dabei, die sie natürlich sofort sicherstellten.

– Was habt ihr denn am Hlemmur gemacht?

Genau genommen wohnten wir ja dort.

– Auf den Bus gewartet.

Dazu war der Hlemmur ja wohl da.

– Solltet ihr um diese Zeit nicht in der Schule sein?

– Da wollten wir gerade hin, aber dann wurden wir ja dummerweise hier aufgehalten, und jetzt haben wir den Unterricht verpasst.

Zuletzt ließen sie uns ziehen, nicht ohne uns zu ermahnen, sofort nach Hause zu gehen – und von dort schnurstracks in die Schule. Wir nickten brav, drehten uns um und stapften auf direktem Weg zurück zum Hlemmur. In manchen Fällen, besonders Freitag- oder Samstagabends, brachten sie uns nicht auf die Wache, sondern fuhren mit uns aus der Stadt hinaus und setzten uns irgendwo weit draußen ab. Dabei waren sie immer freundlich und korrekt, unterhielten sich mit uns und ließen uns dann in der Heiðmörk oder sonst wo auf freier Strecke aussteigen und winkten uns zum Abschied wie alte Bekannte. Für uns folgte dann ein längerer Fußmarsch.

Am Wochenende wurde der Hlemmur zur Partymeile. Nach sechs Uhr abends hielten sich die normalen Leute nicht mehr in der Bahnhofshalle auf, sondern warteten lieber draußen. Drinnen hatten die Penner das Sagen; die bekamen am Wochenende meist Verstärkung und waren dann deutlich in der Überzahl. Außerdem gesellten sich Saufkollegen dazu, die streng genommen gar keine Penner waren, Penner auf Zeit sozusagen, Seeleute auf Landgang oder irgendwelche Bauern von außerhalb auf der Suche nach dem wilden Großstadtleben. Wir lungerten in der Nähe herum, schnorrten Zigaretten und den ein oder anderen Schluck Brennivín. Auf diese Art war dort eigentlich immer was los, aber zugleich war der Hlemmur ein brisantes Pflaster; die Stimmung konnte beim geringsten Anlass kippen, und es war nie weit bis zur nächsten Schlägerei. Dann wurde aus der friedlichen Szenerie schlagartig ein Schlachtfeld. Das Blut spritzte bis an die Fensterscheiben, die ausgeschlagenen

Zähne lagen wie Treibholz auf dem Boden und das Gebrüll war ohrenbetäubend. Spätestens dann machten wir, dass wir wegkamen. Leute, die dermaßen bedröhnt sind, sind zu allem fähig. Manchmal ergab es sich, dass ich mich bis nachts in der Innenstadt herumtrieb. Zum Beispiel, wenn ich Mama weisgemacht hatte, ich wolle bei einem Freund übernachten. Außerdem genoss ich es, die Nacht zum Tag zu machen. Mit dem Schlafen hatte ich sowieso meine Probleme und blieb deshalb gerne mal die ganze oder auch zwei Nächte hintereinander wach. Dann schlenderte ich durch die Straßen, genoss die Ruhe und wartete, bis es Morgen wurde und der Hlemmur aufmachte.

Einmal saß ich auf einer Bank vor dem Busbahnhof, es war schätzungsweise vier Uhr und ziemlich mild. Um diese Zeit waren nur wenige Leute unterwegs, und wenn mal jemand vorbeikam, nutzte ich die Gelegenheit, um Zigaretten zu schnorren. Auf einmal näherte sich ein Mann, den ich vom Sehen kannte, denn er riss im Kino um die Ecke die Eintrittskarten ab. Er war in mittlerem Alter, grauhaarig und ziemlich fett. Meistens trug er Jeans mit breitem Gürtel und einer riesigen Gürtelschnalle und dazu bunte Hawaii-Hemden, die er bis zum Bauchnabel aufknöpfte. Ich hatte ihn schon oft gesehen, kannte ihn aber nicht näher. Ich schwatzte ihm eine Zigarette ab, und wir kamen ins Gespräch. Er fragte mich nach meinen Hobbys und warum ich mich mitten in der Nacht am Hlemmur herumtrieb. Ich freute mich über ein bisschen Gesellschaft und über das Interesse, das er an mir zeigte.

– Und was für Musik hörst du?

– Ich höre Punk, antwortete ich bestimmt. Ich *bin* nämlich Punk!

– Ach ja? Ich habe zu Hause ziemlich viele Punkplatten.

Das wunderte mich. Auf mich wirkte er nicht gerade wie

jemand, der auf Punk stand, aber da konnte man sich täuschen.

– Echt?, fragte ich gespannt.

– Ja, klar.

– Von welchen Bands denn zum Beispiel?

– Auf welche stehst du denn?, fragte er zurück.

– Ich höre hauptsächlich *Crass*.

Er nickte, so als sei ihm der Name geläufig. Dann zählte ich noch ein paar weitere Bandnamen auf, die mir gerade einfielen, nicht ohne einfließen zu lassen, dass ich für New Wave selbstverständlich nichts übrig hatte.

– Ist dir nicht kalt?

– Doch, schon.

Mir war tatsächlich kalt in meinem kurzärmeligen T-Shirt und mit nichts als meiner Lederjacke darüber.

– Willst du vielleicht mit zu mir kommen und dich aufwärmen?

– Hmmm ... ich weiß nicht ...

Mir kam das Ganze irgendwie sonderbar vor, aber andererseits wollte ich unbedingt seine Platten sehen.

Also nickte ich und ging mit ihm in die Njálsgata. Dort schloss er eine Haustür auf, ich folgte ihm in ein Treppenhaus und von dort in eine Wohnung. Ich war auf alles gefasst. Meine zunehmenden Zweifel, dass so ein alter Knacker wirklich den Schrank voller Punkplatten hatte, kämpften gegen meine Neugier und die verlockende Aussicht, gleich vor dieser legendären Sammlung zu stehen. In der Wohnung gab es keine Türen, stattdessen klirrten hippiemäßige Perlenvorhänge in den Türrahmen. Wir gingen ins Wohnzimmer.

– Setz dich doch, sagte der Typ und verschwand in der Küche. Besonders viele Platten hatte er nicht. Ich ging sie alle sorgfältig durch. Punk war überhaupt nicht dabei, bloß ein bisschen Uriah Heep, Beatles, Rolling Stones und irgend so ein isländischer Mist. Dann kam der Typ wieder ins Zimmer, trug zwei randvolle Gläser vor sich her und reichte mir eines davon. Dem Geruch nach zu urteilen war der Inhalt ziemlich hochprozentig.

– Entschuldigung, aber hier sind ja gar keine Punkplatten.

– Nicht? Na so was. Ich hätte schwören können, dass hier massenhaft Punkplatten rumstehen.

– Nein, Punk ist da überhaupt nicht dabei.

Ich saß auf dem Sofa, das unberührte Schnapsglas vor mir auf dem Couchtisch. Er stand direkt neben mir. Plötzlich strich er mir mit den Fingern durchs Haar und sagte leise:

– Du hast echt schöne Haare, weißt du das?

Mir wurde ein bisschen mulmig und ich wusste nicht, wie ich reagieren sollte. Dass alte Männer mir durch die Haare fuhren, so etwas war mir noch nie passiert. War er einfach nur ein lieber alter Kerl, oder war er irgendwie gestört?

– Wirklich Wahnsinn, diese Haare, wiederholte er.

– Hmmmm, murmelte ich verlegen.

Oder war er vielleicht Friseur? Ein netter alter Friseur, der die Rolling Stones für eine Punkband hielt? Vielleicht war er auch ein herzensguter Mensch, der nachts durch die Straßen lief und sich um herumstreunende Jugendliche kümmerte? Der Blick, mit dem mich der Typ anglotzte, wurde immer sonderbarer und die Atmosphäre immer unbehaglicher. Ich überlegte, ob ich nicht einfach weglaufen sollte. Was wollte der bloß von mir? Ich zeigte auf das Glas und fragte:

– Was ist das?

– Trink's einfach. Los, einen Schluck!

– Aber was ist es denn nun?

– Entspann dich und trink. Einfach rein damit.

– Hmjaaaa, murmelte ich und nahm das Glas in die Hand.

Der Mann grinste mir aufmunternd zu und ging dann

aus dem Zimmer. Ich nutzte die Gelegenheit und kippte den Schnaps in den großen Blumentopf neben dem Sofa. Vielleicht wollte er mich vergiften? Oder er hatte da Schlafmittel reingetan? Allmählich bekam ich ernsthaft Angst. Ich stand auf und überlegte, was ich tun sollte. Plötzlich stand er wieder im Zimmer. Er hatte sämtliche Klamotten ausgezogen und nur einen Morgenmantel übergestreift. Was, verdammt, war das hier eigentlich? Er grinste mich gutmütig an. Ich zitterte vor Angst.

– Ich glaub, ich geh dann mal.

– Du gehst nirgendwohin! Du bist doch gerade erst gekommen!

– Doch. Ich bin hundemüde.

Jetzt grinste er noch dämlicher.

– Du kannst in meinem Bett schlafen. Genau, du übernachtest einfach hier.

Er machte eine Geste in Richtung Schlafzimmer. Ich fand die Vorstellung nicht besonders verlockend.

– Ja ... nein ... lieber nicht, sagte ich und schob mich näher an die Wohnungstür.

– Jetzt hab dich nicht so. Jetzt gönnen wir zwei beiden uns erst mal eine schöne heiße Dusche, und dann entspannen wir uns ein bisschen. Was hältst du davon?

Mich ergriff die blanke Panik. Ich hatte noch immer das Glas in der Hand, bewegte mich in Richtung Wohnungstür und sah ihn auf mich zukommen. Ohne nachzudenken holte ich aus und schleuderte ihm das Glas ins Gesicht. Dann hetzte ich den Flur entlang, riss die Wohnungstür auf und flüchtete ins Treppenhaus. Von drinnen in der Wohnung hörte ich ihn kreischen:

– Hey, was soll das? Was machst du da? Wo willst du hin?

Ich rannte, so schnell ich nur irgend konnte, lief mit klopfendem Herzen und ohne mich noch einmal umzudrehen den ganzen Weg zurück zum Hlemmur. Als die anderen am Morgen eintrudelten, erzählte ich ihnen von meinem nächtlichen Abenteuer. Einige kannten den Typen und bestätigten, dass er ein Perverser war. Kurz darauf taten wir uns zusammen und beschlossen, ihm einen Besuch abzustatten. Ein paar der älteren Punks hatten sich dazugesellt und gingen vorneweg. Ich trottete hinterher und versteckte mich hinter den Größeren. In der Njálsgata klingelten die Jungs an seiner Tür, aber ich hielt mich nach wie vor im Hintergrund, denn ich bekam schon beim Anblick des Hauses Beklemmungen. Man hörte einen leisen Brummton, dann öffnete sich die Tür. Ich hätte mich um kein Geld der Welt da hineingewagt. Die Großen dagegen zögerten nicht lange und stiefelten in den Hausflur. Als der Kerl im Treppenhaus erschien, hörte ich sie feixen:

– Hey du, bist du'n Perverser?

– Haut ab, oder ich rufe die Polizei, rief er.

– Dann erzählen wir den Bullen, dass du'n Perverser bist. Genau das bist du nämlich. Ein Scheiß-Perverso, der sich an Minderjährigen vergreift!

– Das ist überhaupt nicht wahr!

Ich sah ihn durch die offene Haustür. Der Junge, der ganz vorne stand, zeigte auf ihn und fragte mich:

– Ist das der Perverso, der dich belästigt hat?

Ich bekam kein Wort heraus, nickte nur und schaute zu Boden. Der Typ tat, als hätte er mich noch nie gesehen.

– Verpisst euch, sonst rufe ich die Polizei!

– Dann lass nächstens deine Griffel von unschuldigen Kindern, du perverses Schwein!

Als ein paar Nachbarn im Treppenhaus erschienen, flüchtete der Mann zurück in seine Wohnung und knallte die Tür hinter sich zu.

– Was ist denn hier los?, wollte eine alte Frau wissen.

– Der Perverso da hat versucht, sich an einem kleinen Jungen zu vergreifen.

Ich sah, wie der Typ aus dem Küchenfenster spähte, verzog mich auf die andere Straßenseite und wartete auf die anderen, die kurz darauf johlend aus dem Haus kamen und die Haustür hinter sich ins Schloss warfen. Wir trieben uns noch eine Weile vor dem Haus herum, und ich fühlte mich immer unbehaglicher. Ich bereute aus tiefstem Herzen, dass ich überhaupt mitgekommen war, und kam mir vor wie der letzte Idiot. Warum war ich bloß auf diesen Typen reingefallen? Wie konnte ich bloß so bescheuert sein? Ich hatte das alles nur mir selbst zuzuschreiben. Ich hätte ja nicht mitgehen müssen. Eigentlich war ich sogar noch bekloppter als er. Wie konnte ich überhaupt auf die Idee kommen zu glauben, dass so einer Punkplatten sammelte?

– Kommt, wir gehen, sagte ich bedrückt, aber die anderen hörten nicht auf, wüste Beschimpfungen über die Straße zu brüllen. Ich weiß nicht, wer von uns plötzlich diesen Stein in der Hand hatte. Die Scheibe des Küchenfensters zersplitterte mit lautem Krachen. Wir machten, dass wir wegkamen.

Obwohl ich mich bei den Kids am Hlemmur in vieler Hinsicht zu Hause fühlte, hatte ich immer das Gefühl, dass etwas fehlte. Etwas, das mich von den anderen unterschied. Zum Beispiel interessierte sich keiner von ihnen für Bücher. Ich dagegen interessierte mich brennend für Literatur und hatte sogar oft Bücher dabei, in die ich mich im Bus oder am Hlemmur vertiefte. Der Name Þórbergur Þórðarson zum Beispiel sagte den meisten überhaupt nichts, und für Anarchismus schienen sie sich auch nicht besonders zu interessieren. Aber ich kam nicht zum Rumhängen hierher. Ich kam, weil ich auf der Suche war. Auf der Suche nach Zugehörigkeit, nach gemeinsamer Wellenlänge und nach jemandem, der so war wie ich. Die Punks vom Hlemmur hatten im Grunde längst vor dem System kapituliert. Ich dagegen wollte etwas ändern und sehnte mich nach neuen Ideen und neuen Impulsen, die mich weiterbrachten und mir halfen, das ein oder andere aus einem neuen Blickwinkel zu sehen. Die Hlemmur-Kids waren stumpf und teilnahmslos, und letztlich war ihnen alles egal. Das war ihre Auffassung von Punk. Ich sah das ganz anders. Für mich war Punk das Leben selbst, Punk war Veränderung und Neuanfang und damit das genaue Gegenteil von Gleichgültigkeit und Stagnation. Für mich war Punk die Weigerung, weiterhin den ganzen Scheiß zu glauben, der einem von allen Seiten eingeredet wurde. Das war die stärkste Art der Auflehnung, die es gab. Der Punk schrie dem System ins Gesicht, und er schrie nach Veränderung. Er forderte die anarchistische Revolution, denn beides war untrennbar miteinander verknüpft. Punk war der Körper und der Anarchismus dessen Seele. Ich hatte nicht vor aufzugeben, ich wollte mehr Durchblick, wollte, dass die Leute endlich aufwachten und kapierten, was hier falsch lief, und hoffte, dass sich dann alles änderte. Aber ich hatte keine Ahnung, wie das gehen sollte. Wie verändert man Menschen? Ich wusste nur so viel, dass es mit Bewusstseinsveränderung anfing. Wenn jemand seine Einstellung änderte, würde sich auch sein Verhalten ändern. Man verhält sich so, wie man denkt. Aber wie veränderte man die Einstellung der Leute? Mit Worten? Durch Anpassung? Als Vorbild?

Die Hlemmur-Punks von damals sind inzwischen erwachsen. Manche haben es geschafft, haben sich selbst aus dem Sumpf gezogen und führen heute ein zufriedenes Leben, so wie ich. Aber viele dieser Kids leben nicht mehr. Ein guter Kumpel krepierte in einer ausländischen Großstadt an einer Überdosis Rauschgift. Ein anderer sprang völlig zugedröhnt ins Meer und ertrank. Und noch ein anderer wurde umgebracht. In meiner Erinnerung sind sie immer noch die Dreizehnjährigen von damals, kleine, verunsicherte Milchgesichter in coolem Lederoutfit.

Dass Liebe und Freundschaft trotzdem überlebt haben in dieser Welt, ist eigentlich ein Wunder.

Als ich klein war, glaubte ich an Gott. Das hatte Oma mir beigebracht. Sie ließ mich das Vaterunser lernen und sprach viel über Gott, erklärte mir, dass er auf mich aufpasse, mich beschütze und lieb habe. Deshalb sollte ich auch immer fleißig zu ihm beten. Ich unternahm damals ein paar wirklich ernsthafte Versuche, zu Gott zu beten, aber ich hatte nicht den Eindruck, dass Gott sich besonders für mich interessierte. Ich bezweifelte nicht direkt seine Existenz, sondern nahm einfach an, dass er Wichtigeres zu tun hatte. Gott hatte hauptsächlich mit Oma zu tun. Und als Oma starb, verschwand auch Gott aus meinem Leben. Punks hielten nicht viel von Gott. Sie lehnten ihn ab oder bestritten seine Existenz, denn schließlich ging es dem Punk ja gerade darum, christliche und bürgerliche Werte zu verurteilen.

Für mich waren es hauptsächlich die irdischen Vertreter Gottes, die mir gegen den Strich gingen. Alle diese Leute hatten eins gemeinsam: Sie waren langweilig, humorlos und abartig. Wer auf Gott hörte, hörte keinen Punk. Aber Konfirmation ist Konfirmation. Und eine Konfirmation wird gefeiert, und wo gefeiert wird, gibt es Geschenke. Eine Aussicht, die ich zugegebenermaßen ziemlich verlockend fand. Ich hatte es satt, von Papa abhängig sein. Wenn ich mich konfirmieren ließe, bekäme ich Geld geschenkt und könnte mir davon Platten und vielleicht sogar einen Kassettenrekorder kaufen. Ich besaß nämlich nichts dergleichen. Das einzige Abspielgerät bei uns zu Hause war Papas Crown-Stereoanlage, und die stand im Wohnzimmer.

Mama hatte einfach angeordnet, dass ich konfirmiert würde. Ich versuchte, mit ihr zu reden und sie umzustimmen, aber vergeblich. Die Konfirmation war beschlossene Sache, und daran war nicht zu rütteln.

– Ich weiß ehrlich gesagt nicht, ob ich mich überhaupt konfirmieren lassen will.

– Ach nein?, knurrte Mama.

– Nein. Ich bin mir nicht mal sicher, ob ich an Gott glaube.

Sie schnaubte verächtlich. Für sie hatte das nichts mit Gott zu tun.

– Aber wieso soll ich mich denn konfirmieren lassen, wenn ich nicht an Gott glaube?

– Das hat doch damit nichts zu tun. Du gehst. Das ist mein letztes Wort. Ich habe alle deine Geschwister konfirmieren lassen, und ich werde auch dich konfirmieren lassen!

Mama in Debatten über Glaubensfragen oder die Existenz höherer Mächte zu verwickeln, war hoffnungslos. Und mit Papa wollte ich darüber nicht reden. Als Atheist war Papa auf Pfarrer nicht gut zu sprechen und zog oft genug über die Kirche und ihre Leute her.

Ansonsten war es vor allem Þórbergur, der meine Einstellungen zu Religionsfragen beeinflusste. Ich hatte *Briefe an Laura* und *Das Genie* gelesen und wusste, dass Þórbergur die Existenz Gottes oder anderer höherer Mächte grundsätzlich in Frage stellte. Merkwürdigerweise war er aber in Bezug auf übernatürliche Wesen wie Elfen oder sonstige anderweltliche Wesen äußerst aufgeschlossen. Er glaubte an Geister, aber nicht an Gott. Ob ich an Geister glaubte, wusste ich nicht genau, aber immerhin hatte ich Angst im Dunkeln. Þórbergurs Betrachtungen und sein Seelenzustand beschäftigten mich sehr. Mein Vater war ein überzeugter Kommunist. Für ihn war Gott nichts anderes als Opium fürs Volk. Für Mama hingegen war Religion Teil der Alltagsroutine und Konfirmationen reine Formsache. Eine Familienfeier wie jeder stinknormale Geburtstag.

Schließlich ließ ich mich auf die Sache ein und musste zum Pfarrer in den Konfirmandenunterricht. Dort tat ich mich mit Eiki Dope zusammen, der eigentlich viel älter als wir, aber geistig zurückgeblieben war und mit uns konfirmiert werden sollte. Die Kirche war der ideale Ort, um mal so richtig aufzudrehen und eine Show abzuziehen. Am besten ging das, wenn schon alle versammelt waren und nur noch der Pfarrer fehlte. Das nutzte ich regelmäßig aus und verbreitete meine ganz speziellen Statements über Gott und die Welt.

Allmählich rückte die Konfirmation selbst in greifbare Nähe. Wir tauschten uns eifrig darüber aus, welche Geldsummen wir wohl als Konfirmationsgeschenk zu erwarten hätten. Ich hatte ein paar ältere, bereits konfirmierte Jugendliche dazu befragt und versucht, daraus ein paar Berechnungen abzuleiten. Auf jeden Fall würde ein ansehnlicher Betrag zusammenkommen.

Der Konfirmandenjahrgang fuhr immer auf eine Freizeit. Das war eine Art Klassenfahrt unter Aufsicht des Religionslehrers in ein Sommerlager irgendwo im Wald. Die Jungs fuhren meistens in den Vatnaskógur, und die Mädchen in irgendeinen Mädchenwald.

Ich hasste alles, was mit dieser Fahrt zu tun hatte und hatte einen regelrechten Horror davor. Außerdem war ich nicht sonderlich beliebt. Da Eiki Dope auf keine normale Schule ging, war er auch auf dieser Klassenfahrt nicht dabei, und ich musste ohne ihn klarkommen. Ich war der verquere Außenseiter, der Problemschüler, den man nicht aus den Augen lassen durfte. Wir würden einige Tage im Ferienlager verbringen, und ich hatte vorsorglich einen Marker eingepackt, um bei Gelegenheit hier und da ein paar Punk-Slogans zu hinterlassen. Ansonsten bestand mein Gepäck aus Büchern, einer Zahnbürste und ein paar T-Shirts zum

Wechseln, alles in einer Sporttasche verstaut. Wir fuhren mit dem Bus. Als wir im Vatnaskógur ankamen, wurden wir immer zu zweit auf die Zimmer verteilt.

Gleich am ersten Tag wurde ein Fußballspiel veranstaltet. Ich machte mir nichts aus Fußball und fand es extrem mühsam, zu laufen und gleichzeitig zu denken. Nach dem Fußball war Kaffeepause. Sandkuchen und Milch. Danach war freie Zeit, in der wir auf unseren Zimmern bleiben oder draußen herumstreifen durften. Ich ging in mein Zimmer, holte meinen Marker heraus, malte ein großes A im Kreis auf ein Blatt und klebte es mit Tesa von außen an die Tür. Damit hatte ich mein Revier markiert und fühlte mich erleichtert und auch ein bisschen stolz. Ich wäre nie auf die Idee gekommen, dass jemand an dieser Aktion Anstoß nehmen könnte, schließlich hatte ich nichts beschmiert oder sonst wie beschädigt. Es war einfach ein Blatt Papier. Doch die Sache sprach sich in Windeseile herum, und es dauerte nicht lange, bis der Religionslehrer mit wutverzerrtem Gesicht in mein Zimmer stürzte. Er starrte bitterböse auf mein Anarchiezeichen, riss das Blatt von der Tür und knüllte es zusammen. Ich saß wie erstarrt auf meinem Bett und verstand die Welt nicht mehr. Warum war der Mann bloß so wütend? Das musste irgendein Missverständnis sein. Da ich seine Wut im Anbetracht dieser Nichtigkeit vollkommen überzogen fand, lächelte ich ihn verlegen an, um anzudeuten, dass alles in Ordnung war und es keinen Grund gebe, sich so aufzuregen, aber auch, um ihm zu zeigen, dass ich selbst überhaupt nicht wütend war, weil er mein Blatt abgerissen hatte. Er stürzte auf mich zu, riss mich an den Schultern von meinem Bett hoch, schüttelte mich und brüllte:

– Und da grinst der auch noch!

Ich hatte nicht gegrinst. Ich wunderte mich nur, und ich hatte Angst.

– Bist du jetzt endgültig übergeschnappt, Junge?, schnaubte er und hörte nicht auf, mich zu schütteln.

Inzwischen hatte das Gezeter für Publikum gesorgt, und meine Mitkonfirmanden drängelten sich vor der Zimmertür und verfolgten gebannt die sonderbare Szene.

– Verschwinde, und zwar augenblicklich! Ich will dich hier keine Minute länger sehen!

Dann erschien ein Betreuer, nahm mich an der Hand und führte mich hinaus auf den Gang.

– Mach, dass du wegkommst!, kreischte mir der Religionslehrer hinterher.

Ich hasste diesen Mann. Diesen Geisteskranken. Der Betreuer raffte eilig meine Sachen zusammen, stopfte sie in die Sporttasche und brachte mich hinaus zum Auto. Die Jungs starrten uns sprachlos hinterher. Ich ließ mich auf den Rücksitz fallen, und dann fuhren wir los in Richtung Stadt. Allerhand wirre Gedanken wirbelten mir durch den Kopf. Ich verstand überhaupt nichts mehr. Was hatte ich denn getan? Warum hatte dieser Schwachkopf so einen Aufstand gemacht? Und warum sagte er mir nicht den Grund? Der Mitarbeiter, der mich nach Hause bringen sollte, schien auch keine bessere Laune zu haben, deshalb traute ich mich nicht, ihn zu fragen, sondern saß die ganze Fahrt über schweigend auf der Rückbank und zerbrach mir den Kopf. Wie sollte ich das bloß Mama erklären?

– Nanu, wo kommst du denn jetzt her?, wunderte sich Mama, als ich plötzlich in der Türe stand.

– Ich weiß nicht. Die haben mich heimgeschickt. Einfach so.

– Was hast du denn diesmal angestellt?

– Ähhh ... ich weiß es wirklich nicht. Wir haben Fußball gespielt, und dabei hab ich, naja, halt ein bisschen geflucht. Konnte ja nicht wissen, dass das verboten ist.

Das war die einzige Erklärung, die mir auf die Schnelle einfiel. Mama seufzte und zündete sich eine Zigarette an.

Erst als ich in der Woche darauf meine Klassenkameraden wiedertraf, verstand ich, warum der Lehrer sich so aufgeführt hatte. Nach meiner Abreise hatte der Religionslehrer die ganze Gruppe zu einer Vollversammlung einberufen. Es ging um mich. Als die Jungs sich gesetzt hatten, nahm er das zerknüllte Papier, strich es glatt und hielt es für alle gut sichtbar in die Luft. Ein A in einem Kreis. Anarchismus.

– Wisst ihr, was das da bedeutet?, fragte er mit schriller Stimme.

– Ist das nicht das Anarchie-Zeichen?, fragte jemand vorsichtig.

– Eben nicht! Dieses Zeichen hier steht für »Antichrist«. Der Junge hat das Zeichen des Satans an seine Zimmertür geklebt!

Es lag auf der Hand: Alle kannten sich aus, nur er lag völlig daneben. Vielleicht hatte er ja mal »Anarchy in the U.K.« von den *Sex Pistols* gehört und kannte die Stelle, wo Johnny Rotten singt:

I am an anarchist
I am am antichrist

Vielleicht hielt er auch »Anarchist« und »Antichrist« für ein und dasselbe? Vielleicht hatte er das einfach verwechselt? Aber das konnte mir ja egal sein. Er war dumm und unsympathisch. Und böse.

Als der große Tag herannahte, fing Mama an, sich über meine Konfirmationskleidung Gedanken zu machen. Sie schleppte einen Stapel Kaufhaus-Werbeheftchen an, in denen doof grinsende Jungs in potthässlichen Konfirmationsanzügen und ebensolchen Krawatten abgebildet waren. Ich stellte sofort klar, dass ich nicht vorhatte, in einem solchen Aufzug rumzulaufen. Aber Mama ließ in diesem Punkt genauso wenig mit sich reden wie in allem anderen, was diese Konfirmation betraf.

– O doch, du wirst diese Sachen anziehen!

– Kommt überhaupt nicht in Frage! Niemals!

– Hör zu, Jón. Du wirst einen Konfirmationsanzug tragen, sowohl morgens in der Kirche wie auch am Nachmittag auf der Feier.

– Nein!

– Jón, du tust, was ich sage. Haben wir uns verstanden?

– Warum kann ich nicht einfach irgendwas Normales anziehen?

– Weil ich es dir verbiete. Darum.

– Aber das da sieht doch völlig bekloppt aus.

– Wenn du dich konfirmieren lassen willst, dann wirst du das in angemessener Kleidung tun. Ende der Diskussion.

Also musste ich mit Mama von Geschäft zu Geschäft latschen und Konfirmationsanzüge anprobieren. Ich hatte eine Stinklaune, und mittlerweile war es mir scheißegal, was Mama für mich kaufen würde. Letztendlich entschied sie sich für einen Anzug aus braunem Wollstoff, was damals in Mode war, dazu ein hautfarbenes Oberhemd und einen braunen, ebenfalls wollenen Schlips.

– Na bitte, da drin bist du doch richtig schick!

– Da drin sehe ich zum Kotzen aus!

Mama hörte einfach nicht hin.

– Kann ich nicht vielleicht ein Clownskostüm anziehen?

Auch darauf antwortete sie nicht, sondern kaufte zu allem Überfluss noch ein Paar braune Anzugschuhe dazu. Und damit war mein Schicksal besiegelt.

Dann kam der feierliche Tag. Die Konfirmation selbst fand in der Kirche statt; ich trug meinen Anzug und darüber, wie der Rest der Gruppe, eine Art langes Gewand. Man hatte mich also sozusagen »entpunkt«. Mama hatte sich geweigert aus der Bank aufzustehen, als ich an die Reihe kam, was für die Eltern der Konfirmanden damals üblich war. Sie schämte sich so für ihr Alter. Also wurden mein Bruder und meine Schwester dazu verdonnert, sich als meine Eltern auszugeben und sich zu erheben, sobald mein Name genannt wurde. Davon abgesehen verlief die Zeremonie ohne Zwischenfälle. Ich hatte alles auswendig gelernt, was wir können mussten, nuschelte etwas vor mich hin, dass ich immer an Gott glaube werde und so weiter, und sagte die Bibelverse auf, die ich mir zu Hause eingepaukt hatte. So weit war es also schon mal überstanden.

Als Nächstes kam die Konfirmationsfeier. Sie fand bei uns zu Hause statt und war ein ziemlich durchschnittliches Familienfest. Mama hatte eine Kaffeetafel gedeckt, auf der allerlei Kuchen bereitstanden. Anschließend gab es Zigaretten und Macintosh-Konfekt, beides hübsch auf kleinen Schälchen drapiert, und dazu Kaffee und kalte Getränke. Ich versuchte, mich so oft wie möglich in meinem Zimmer zu verkriechen. Auf Mamas Anordnung musste ich den Konfirmationsanzug bis zum Ende der Feier anbehalten, aber ich begann schon bald, mich Stück für Stück aus diesem lästigen Outfit zu befreien. Als Erstes zog ich die Jacke aus.

– Wo ist denn dein Jackett, Jón?

– Mir war's plötzlich tierisch heiß.

Dann kam die Weste und kurz darauf die Krawatte an die Reihe, was ich mit derselben Ausrede begründete. Als der Nachmittag voranschritt und auch Mama ein paar Drinks intus hatte und etwas entspannter wirkte, tauschte ich das hautfarbene Hemd gegen mein Sid-Vicious-T-Shirt. Die Erwachsenen tranken Brennivín und Selbstgebrannten, und dann wurde Bridge gespielt. Bei Mama und Papa endete jede Einladung früher oder später mit Alkohol und Bridge.

Nach der Feier wollte ich mein Konfirmationsgeld an mich nehmen, um mir etwas zu kaufen. Davon wollte Mama jedoch nichts wissen.

– Nichts da. Das kommt alles auf ein Sparbuch.

Sparbuch? Was sollte das denn wieder? Warum musste sie ständig Stress machen? Warum durfte ich nicht ein einziges Mal tun, was ich wollte? War das denn nicht mein Geld? Wozu hatte ich mir diese Scheiß-Konfirmation ans Bein gebunden, wenn ich danach nicht mal über mein eigenes Geld verfügen durfte? Schließlich einigten wir uns darauf, dass ich einen Teil der Summe gleich bekam, den ich dann in Punkplatten anlegen konnte.

Als die Konfirmation und das ganze Theater drumherum endlich hinter mir lag und der Konfirmationsanzug im Schrank verschwunden war, fiel mir ein Riesenstein vom Herzen. Damit hielt ich die Sache für erledigt. Wie die meisten Konfirmanden hatte ich das Neue Testament geschenkt bekommen. Gelesen habe ich darin jedoch nur die Offenbarung des Johannes. Da, wo es um den Satan und das Weltende ging. Dieser Abschnitt war gruselig und spannend, aber nachdem ich ihn gelesen hatte, ging die Bibel denselben Weg wie meine verhassten Schulbücher: ins Feuer. In aller Öffentlichkeit. Draußen auf der Straße übergoss ich das Neue Testament mit Benzin und zündete es an. Das war, wie ich fand, eine starke Botschaft, die keinen Zweifel daran ließ, was ich von diesem ganzen Schwachsinn hielt.

Mein erstes eigenes Geld verdiente ich an einer Fleischtheke im Einkaufszentrum Glæsibær. Die Arbeit bestand überwiegend darin, Fleisch zu zersägen und zu zerteilen, Schweinehälften und andere Tierkörper herumzuschleppen und den Angestellten zur Hand zu gehen, aber wenn viel Betrieb war, wurde ich nach vorne an die Bedientheke geschickt und musste beim Verkauf mithelfen. Dabei erwies ich mich als erstaunlich talentiert, verkaufte Wurstbrät und Lammkeulenscheiben und bediente die Leute kompetent und zuvorkommend. Die Kunden schienen mich für eine Art Fleischexperten zu halten und stellten mir alle möglichen speziellen Fragen. Was ich ihnen empfehlen könne, ob dieses besser sei als jenes, und noch mehr in dieser Art. Ich hatte meist keinen blassen Schimmer, wovon sie sprachen, und antwortete einfach aufs Geratewohl.

Die Leute befolgten meinen Rat und schienen rundum zufrieden. Und mir gefiel das. Ich wurde dort ja von niemandem auf die Probe gestellt. Es war ein ziemlich entspannter Job. Wenn jemand mich nach dem besten Fleischbrät fragte, zeigte ich einfach vage irgendwohin und versicherte:

– Das da ist superlecker.

Ich empfahl den Leuten, was mir gerade einfiel, und hatte viel Spaß an diesem Job. Zum Beispiel gab es eine große Tonne mit Pökelfleisch, das bei den Kundinnen sehr gefragt war, und das ich mit derselben überzeugten Fachkenntnis verkaufte wie alles andere.

Guðmundur, mein Chef, war überaus zufrieden. Ich war nicht nur fleißig, sondern fand den Betrieb dort wirklich spannend. Ich überlegte ab und zu, ob ich mir diesen Job nicht auch als Berufsziel vorstellen könnte, denn ich fand diese Metzger und Fleischfachverkäufer ziemlich cool. Echte Kerle mit langen Gummischürzen, die den ganzen Tag im Blut wateten. Vielleicht könnte ich später tatsächlich in der

Fleischerbranche unterkommen. Das Handwerkszeug hätte ich schnell gelernt. Ich bewunderte die Schlachterjungs, wie sie ganze Tierkörper auseinandersägten und zerlegten. Doch trotz aller Faszination für den Metzgerberuf war ich doch immer noch hauptsächlich Punk und Anarchist.

Schon lange hatte ich mit dem Gedanken gespielt, mir einen Irokesenschnitt zuzulegen. Diese Haarschnitte hatte ich im *Melody Maker* und in der *Bravo* gesehen, so was hatten die echten, wirklich coolen Punks. Auch der Sänger von *The Exploited* hatte einen. In Reykjavík gab es bisher nur einen einzigen Punk mit dieser Frisur, und das war Bjarni von *Den Wixern,* mit dem ich auch befreundet war. Bjarni war stolzer Träger eines solchen Kunstwerks und wurde deshalb allgemein »Iro-Bjarni« genannt. Sein Iro bestand aus einem breiten Haarstreifen, während mir eher ein schmaler vorschwebte, so wie bei dem Sänger von *The Exploited.* Sich einen Iro schneiden zu lassen war ein Statement. Ein Iro war Punk in Reinform, und er verriet so manches über seinen Träger: Dass jemand mutig und selbständig war, nicht auf seine Eltern hörte, sondern seine eigenen Wege ging. Eine klare Ansage. Mama würde so etwas nie erlauben, so viel wusste ich, deshalb war es am besten, erst gar nicht davon anzufangen, sondern einfach zur Tat zu schreiten. Stattdessen zog ich den dicken Dóri ins Vertrauen, und der erklärte sich sofort bereit, mir diesen Haarschnitt zu verpassen. Sein Vater besaß einen elektrischen Rasierapparat, außerdem ein paar Handrasierer und das entsprechende Zubehör. Dóri traute sich die Aktion ohne Weiteres zu und war sogar richtig scharf darauf, also willigte ich ein, mich von ihm – bis auf einen schmalen Haarstreifen in der Mitte – kahlscheren zu lassen. Den Termin der Rasier-Aktion legte ich so, dass Mama gerade mit ein paar Freundinnen eine Londonreise machte, und ich mit Papa alleine zu Hause war. Dann ging Dóri ans Werk. Zuerst nahm er den Elektrorasierer und erledigte die Vorarbeiten, dann ertränkte er mich fast in Rasierschaum und verpasste dem Werk mit dem Handrasierer den letzten Schliff. Ich war restlos begeistert. Für mich war das ein entscheidender Schritt in Richtung Selbständigkeit, der bei den anderen Punks Neid und Bewunderung hervorrufen würde. Mit meiner Kunstlederjacke, die vom Altkleidermarkt beim »Verein der Katzenfreunde« stammte, meinen Punk-Buttons und dem Stachelhalsband hatte sich mein Stil endlich dem der Punks aus der *Bravo* angenähert. Außerdem hatte ich inzwischen eine beeindruckende Sammlung zerfetzter Jeans vorzuweisen, auch diese reichlich mit Bandnamen und Slogans versehen, und nicht zuletzt besaß ich ein Paar gut ausgelatschte Springerstiefel, auf die ich ungeheuer stolz war. Springerstiefel waren ein unverzichtbarer Bestandteil des Punk-Looks, solange man die Hosenbeine darüberzog und nicht oben in die Stiefel hineinsteckte – denn das machten nur Nazis. Schließlich hatte ich noch diesen olivgrünen Parka, den Mama mal in einem Berufsbekleidungsgeschäft gekauft hatte und der natürlich längst ebenfalls mit Anarchie-Zeichen und Sprüchen vollgemalt war. Mit dem Iro setzte ich dem Gesamtkunstwerk das ultimative Sahnehäubchen auf.

Am nächsten Morgen erschien ich wie immer zur Arbeit an der Fleischtheke. Ich zog meine Punkklamotten aus, stieg in die hohen Gummistiefel und band mir eine weiße Metzgerschürze um. Meine Frisur erregte sofort großes Aufsehen. Die Metzgerjungs machten große Augen und wollten wissen, was dieser komische Haarschnitt zu bedeuten hätte, viele waren völlig geschockt, andere lachten und fanden es witzig. Bevor ich wusste, was los war, erschien Geschäftsführer Guðmundur in der Tür und schaute mich sorgenvoll an. Stand dort im Türrahmen und sah aus, als fehlten ihm die Worte. Ich lächelte ihn freundlich an.

– Ich hab jetzt nen Irokesenschnitt.

Guðmundur schien von meiner Errungenschaft wenig begeistert. Er nahm mich mit in sein Büro und nahm mich ins Gebet.

– Warum hast du das mit deinen Haaren gemacht, Jón?

Ich versuchte es ihm zu erklären. Ich sei Punk, und diese Frisuren gehörten ganz einfach zum Punk-Outfit dazu. Im Ausland sei so was jetzt schwer in Mode, und selbst hier in Reykjavík gebe es mittlerweile ein paar Punks mit Irokesenschnitt, wobei ich, als Beleg meiner Aussage, auf Iro-Bjarni verwies. Ich versuchte ihm klarzumachen, dass so ein Iro nun wirklich kein Weltwunder sei, sondern ein reiner Modetrend – von dem ein alter Knacker wie er vielleicht nur nichts mitgekriegt habe. Ich war überzeugt, irgendwann würde er das alles verstehen, aber offenbar wollte er mich nicht verstehen. Ich legte noch einmal nach und nannte den Sänger von *The Exploited* und Wendy O. Williams, die Leadsängerin der *Plasmatics,* als weitere Beispiele. Guðmundur hörte mir stumm und interesselos zu. Als ich fertig war und ebenfalls schwieg, entstand eine unbehagliche Pause. Guðmundur musterte mich mit einem fast mitleidigen Blick.

– Da ist doch wirklich nichts dabei, oder?

– Nichts dabei?, stöhnte er. Hör zu, Jón. Was, glaubst du, werden die alten Frauen sagen, die schon seit Jahrzehnten hier einkaufen, wenn einer wie du ihnen das Fleisch abwiegt?

Darüber hatte ich noch nicht nachgedacht. Wäre denen das nicht ziemlich egal?

– Hmmm. Weiß ich nicht.

Guðmundur schüttelte ratlos den Kopf und ließ mich einfach stehen. Von da an durfte ich nicht mehr an der Theke bedienen, sondern musste in den hinteren Räumen mit anpacken. Nach der Mittagspause wurde ich dann runter ins Lager geschickt und sollte Bananenkisten von hier nach dort räumen. Nach Ladenschluss rief mich Guðmundur noch mal zu sich und erklärte betrübt, mit dieser Frisur könne er mich leider nicht weiter beschäftigen und sei gezwungen, dafür einen anderen Jungen einzustellen. Er bedauere das wirklich sehr, aber ihm seien leider die Hände gebunden. Ich war völlig fassungslos. Das war das Letzte, womit ich gerechnet hätte. Ich hatte Guðmundur immer für einen coolen Typen gehalten, der so was verstehen würde. Aber er verstand rein gar nichts.

– Du brauchst ab morgen nicht mehr zu kommen, Jón.

Ich war tief getroffen. Man hatte mich gefeuert. Nachdem mir der Job gerade anfing Spaß zu machen. Und nachdem ich sogar schon darüber nachdachte, das Fleischerhandwerk später zum Beruf zu machen. Und jetzt das. Ich ging schniefend nach hinten in den Personalraum, stieg wieder in meine Punksachen und schlich betrübt nach Hause. Plötzlich bereute ich das mit dem Irokesenschnitt unendlich und wusste auch genau, was Mama dazu sagen würde. Als ich nach Hause kam, saß Papa in der Küche, hörte Radio und trank Tee. Er begrüßte mich munter und gut gelaunt.

– Na mein Junge, was gibt`s Neues?

In diesem Moment schlug alle Anspannung und Enttäuschung über mir zusammen, und ich brach in Tränen aus. Papa fiel aus allen Wolken.

– Hey, mein Junge. Was ist denn los?

– Die haben mich rausgeschmissen, stieß ich schluchzend hervor.

– So? Aber warum denn?

– Wegen meinem Haarschnitt.

Papa warf einen kurzen Blick auf meine Frisur und schien daran nichts Außergewöhnliches zu entdecken.

– Deinem Haarschnitt? Was passt ihnen denn an deinem Haarschnitt nicht?

– Die finden den irgendwie nicht gut, antwortete ich und ließ meinen Tränen freien Lauf.

Papa hatte schon oft Dinge getan oder gesagt, die ich ziemlich sonderbar fand. Aber was er jetzt tat, stellte alles Bisherige in den Schatten. Er stand vom Tisch auf und sagte:

– Wisch dir die Tränen ab und komm mit!

Er nahm seinen Mantel von der Garderobe und ging mit mir hinaus zum Auto, ließ mich einsteigen und fuhr los in Richtung Suðurver.

Vor der Ladenzeile stellte er den Wagen ab und stapfte mit mir schnurstracks in den Friseursalon. Die Friseurin kam mit fragendem Blick auf uns zu.

– Guten Tag.

– Guten Tag. Wir hätten gern eine Perücke für diesen Jungen hier.

Die Friseurin starrte mich an.

– Was hast du denn mit deinen Haaren gemacht?

Ich erklärte ihr das mit dem Irokesenschnitt, dem Punk-Look und alles andere. Sie ließ mich auf einem Friseurstuhl Platz nehmen und baute verschiedene Perücken auf Plastikköpfen vor uns auf. Papa zeigte sofort auf einen dichten, rotbraunen, leicht gewellten Schopf.

– Die da nehmen wir. Damit sieht er aus wie vorher!

Ich konnte dagegen nicht viel Ähnlichkeit entdecken. Die Friseurin zog mir die Perücke über und kämmte sie zurecht. Papa war begeistert, aber ich blieb skeptisch. Auf dem Heimweg trällerte er vor sich hin und schien höchst zufrieden mit seiner Aktion. Vielleicht war die Idee ja tatsächlich nicht so übel. Vielleicht war das sogar die perfekte Lösung.

Auf diese Art könnte ich weiter an der Fleischtheke arbeiten und gleichzeitig Punk sein. Damit war Papa in meinem Ansehen deutlich gestiegen, und an der Fleischtheke würden sie mich sicher sofort wieder einstellen.

Am nächsten Morgen erschien ich gut gelaunt mit meiner neuen Haartracht im Glæsibær und stolzierte erst einmal direkt in Guðmundurs Büro. Guðmundur sah erstaunt von seinem Schreibtisch auf.

– Hallo! Ist das jetzt okay so?, rief ich gespannt und voller Erwartung.

Guðmundur musterte mich mit traurigem Blick. Nach einer kurzen Pause sagte er:

– Ach Junge, vergiss es einfach. Und dabei hatte ich so große Hoffnungen in dich gesetzt.

Damit war meine Karriere im Fleischerhandwerk ein für allemal beendet.

Im Frühjahr flog das mit der Schule auf. Mama war dahintergekommen, dass ich schon seit geraumer Zeit nicht mehr zum Unterricht erschienen war. Sie hatte mit dem Rektor telefoniert.

– Jón. Warum schwänzt du die Schule?

Ich hasste diese verdammte Schule. Ich hasste das Gebäude und alle, die da ein und aus gingen. Ich hasste diesen ganzen, verdammten Verein. Der Rektor war eine jämmerliche Witzfigur, und die Lehrer konnte man sowieso vergessen. Ich geriet in Panik, wenn ich die Schule nur von Weitem sah. Sobald ich das Schulgelände betrat, hatte ich einen Kloß im Magen und fühlte mich wie kurz vor dem Ersticken. Aber am allermeisten hasste ich die Idioten, die keine Gelegenheit ausließen, mich zu demütigen und zu quälen. Ich fürchtete diese Schule mehr als alles andere und wäre lieber gestorben, als weiter zum Unterricht zu gehen.

Da ärgern sie mich dauernd, murmelte ich. Es hatte keinen Sinn, Mama genauer davon zu erzählen. Sie würde das nie verstehen.

– Dann red einfach nicht mehr mit denen.

Einfach nicht mehr mit ihnen reden? Geredet wurde doch sowieso nicht. Sie lauerten mir auf und fielen über mich her. Ich würde keinen Fuß mehr in diese Schule setzen.

– Ich geh nie wieder in diese beschissene Schule, sagte ich bestimmt.

– Und was willst du stattdessen machen?

Am liebsten wollte ich ganz weit weg, weit weg von dem ganzen Schlamassel, um dort, wo mich keiner kannte, noch mal ganz neu anzufangen.

– Kann ich nicht auf ein Internat?

– Ein Internat? Was denn für ein Internat?

Ich kannte ein paar Kids, die auf dem Internat in Laugarvatn waren und mir davon erzählt hatten. Wie es sich anhörte, ging es da ziemlich locker zu.

– Ich könnte mir gut vorstellen, nach Laugarvatn zu gehen.

Im Spätsommer riefen mich Mama und Papa zu sich und setzten sich mit mir an den Küchentisch.

– Ich habe eine Schule für dich gefunden, sagte Mama, und wir haben dich auch schon angemeldet. Im Herbst fängst du an.

– Und was für eine Schule ist das?, fragte ich.

– Das Internat in Núpur am Dýrafjörður.

Núpur am Dýrafjörður? Das hatte ich noch nie gehört. Was war das? Und vor allem: Wo war das? Jedenfalls klang es spannend, und ich war überglücklich, endlich wegzukommen.

Ich würde gern in einem Land leben, in dem niemand das Recht hat, über andere zu entscheiden.

Anarchie wird im Isländischen mit »Regellosigkeit« übersetzt. Das ist keine gute Übersetzung. Regellosigkeit bedeutet nichts anderes als Chaos. Regellosigkeit ist Freiheit ohne Verantwortung. Anarchie ist Freiheit *mit* Verantwortung. Anarchie ist nicht einfach ein ungeregeltes, herrschaftsloses Durcheinander. Anarchie ist die Vollendung. Im Anarcholand gibt es eine Menge verschiedener Schulen, nicht nur eine einzige, die von dem einzigen, herrschenden System gesteuert wird. Nein, im Anarcholand hat man die Auswahl, und niemand wird gezwungen, überhaupt in die Schule zu gehen. Die Leute dürfen lernen, was sie lernen wollen, und machen, was sie machen wollen. Wenn jemand nachts lernen und tagsüber schlafen will, ist das in Ordnung.

Im Anarcholand sind alle gleichberechtigt und nehmen Rücksicht aufeinander. Sie wissen aber auch, dass nicht alle Menschen identisch sind. Deswegen sind die Leute aber nicht unbedingt egoistisch. Nur Egoisten setzen Anarchie mit Egoismus gleich. Im Anarchismus muss man zum Beispiel niemanden dazu auffordern, anderen zu helfen. Die Leute dort machen das gern. Weil sie kapiert haben, dass man dadurch nicht nur anderen hilft, sondern am meisten sich selbst. Leider kapieren das nicht alle.

Der Anarchismus ist so vielgestaltig wie die Menschheit selbst. Im Anarcholand darf jeder so sein, wie er ist, ohne ständig hören zu müssen, das sei abweichend oder falsch. Im Anarcholand ist es egal, ob du schwul bist, Punk oder Rechtsanwalt. Ein männlicher Anwalt darf sich durchaus die Nägel lackieren, wenn er Lust dazu hat. Du darfst drei Frauen haben oder vier Männer. Du darfst alles tun, was du willst, solange du niemandem damit schadest. Du darfst dich auch kleiden, wie du willst. Du könntest sogar nackt zur Arbeit erscheinen, verbieten kann dir das keiner. Verboten ist nur eins: andere schlecht zu behandeln. Alle haben etwas zu geben. Und jeder muss herausfinden, was das ist, und dann so viel davon abgeben, wie er kann.

Im Anarcholand darf ich mein Haus genau so bauen, wie ich es haben will. Ich darf in meinem Wohnzimmer Eidechsen züchten und auf einem Pferd zur Schule reiten. Ich darf in meinem Garten ein Lagerfeuer machen. Ich darf sagen, was ich will, und die Sprache sprechen, die ich will, solange ich darauf achte, andere nicht zu verletzen.

Im Anarcholand gibt es kein Geld und keine Banken. Zeit ist immer gleich viel wert. Die Leute bezahlen mit ihrer Zeit. Die Zeit eines Arztes ist genauso wertvoll wie die Zeit einer Putzfrau. Frauen und Männer, Kinder und Erwachsene, alle sind gleichberechtigt.

Ich hasse das System. Das System diskriminiert seine Bürger. Wer gelernt hat, wie das System tickt, und sich anzupassen weiß, der kann gut leben, aber wer sich auflehnt, bleibt im Regen stehen. Es gibt nur eine Art von Bildung, die zählt, und das ist die Bildung, die das System vorgibt. Das Prinzip dabei lautet: Frechheit siegt. Aber wer frech ist, ist nicht unbedingt gut. Die meisten sind nicht mal besonders intelligent. Eine Antenne für die Gefühle anderer zu haben, ist auch eine Begabung. Fantasie ist mehr wert als Wissen. Fantasie ist mindestens genauso wichtig wie Mathematik. Der Neandertaler war stark und konnte auch gut rechnen. Doch er starb aus, weil ihm die Fantasie fehlte. Die Frechen und Starken unterdrücken alle anderen. Die Gebildeten tun sich zusammen und stellen Regeln auf, die ungebildete, aber fähige Leute daran hindern, das zu tun, was sie wollen. Sie sehen die Ungebildeten nicht als ebenbürtig an, sondern als ihre Sklaven. Die Frechen haben viel bessere Chancen als die Guten und Fähigen. Die Frechen bekommen die besten Jobs, auch ohne besonders geeignet oder engagiert zu sein. Allein deshalb, weil sie einen bestimmten Bildungshintergrund vorweisen können.

Das ist falsch und ungerecht. Ich bin ängstlich und verunsichert. Aber ich bin nicht dumm. In der Kinderpsychiatrie haben sie meinen IQ getestet, und ich habe hervorragend abgeschnitten. Nur meine Fantasie haben sie nicht getestet. Die konnten sie nicht messen. Vielleicht ist das auch gar nicht möglich. Manchmal denke ich mir so viel aus, dass ich mich hundeelend fühle. Manchmal denke ich mir auch ziemlich grausige Sachen aus. Ich denke so viel, dass ich Kopfschmerzen bekomme. Und es gibt niemanden, der mir den Weg zeigt und mich weiterbringt. Niemanden, der mich versteht. Die anderen finden mich entweder witzig oder anstrengend.

Natürlich könnte ich mich in der Schule anstrengen. Aber das würde sowieso nichts bringen. Entweder ist der Stoff so leicht, dass ich mir gar nicht erst die Mühe mache, oder so kompliziert, dass ich ihn sowieso nie begreifen werde. Und außerdem finde ich es nicht richtig, etwas zu tun, das mir gegen den Strich geht und gegen meine Überzeugung verstößt. Ich will mich dem System nicht unterordnen. Das System will nicht, dass ich der bin, der ich bin – sondern irgendjemand anders. Ich verlange ja gar nicht, dass das System sich nach mir richtet. Für mich ist hier kein Platz. Ich bin auf immer ein Gefangener der Regeln. Ich werde es nie zum Professor bringen, egal worin. Ich werde nie in einem angesehenen Beruf arbeiten. Das haben mir meine Lehrer von Anfang an prophezeit. Ich werde höchstens Müllmann. Sonst will mich sowieso keiner, das weiß ich jetzt schon. Ich würde gern Schauspieler werden und in Kinofilmen spielen. Ich würde gern etwas Neues, richtig Gutes und Lustiges erfinden. Wenn es eine Schule gäbe, in die ich reinpassen würde, müsste sie Spaßschule heißen – weil dort nur Dinge unterrichtet würden, die Spaß machen. Aber leider gibt es keine solche Schule. In einer Spaßschule kann das System keinen Sinn erkennen. Denn was Spaß macht, kann nichts taugen. Stattdessen werden Regeln aufgestellt. Ich kann nicht auf die Schauspielschule, weil ich dafür das Abi haben muss. Ich weiß, dass ich das nie schaffen werde. Dafür müsste ich Dänisch und Mathe pauken, obwohl ich das später nie wieder brauchen werde. Ich kann noch so kreativ, originell und witzig sein – das interessiert keinen, solange ich das Einmaleins nicht kann. Ich bin ein Schulversager. Die anderen kriegen immer mindestens ein sieben Komma sowieso, während ich nie mehr als drei Komma sowieso schaffe. Ich werde wohl als ungelernter Arbeiter oder in irgendeiner Fabrik enden.

Die Angst in mir wird immer größer. Ich fürchte mich vor dieser Zukunft. Das ist nicht das Leben, das ich mir vorgestellt habe. Und wenn ich es dann nicht mehr aushalte und kurz davor bin, total auszurasten, gehe ich zum Arzt und lasse mir Tabletten verschreiben, damit ich mich entspannen und einschlafen kann. Die werfe ich dann jahrelang ein, bis auch in mir drin alles eingeschlafen ist und mein Leben grau und trostlos wird. Und wenn ich vor lauter Arbeit und lauter Pillen nicht mehr kann, kriege ich einen Nervenzusammenbruch. Dann schicken sie mich in die Nervenklinik und bieten mir an, einfach dazubleiben. Dort wohnen Leute wie ich. Sonderlinge, die tief drinnen sehr unglücklich sind. An diesem Punkt gebe ich vielleicht endgültig auf, heule auf offener Straße und bitte um Verzeihung, dass ich so bin, wie ich bin. Vielleicht habe ich auch irgendwann die Schnauze so voll von mir selbst, dass ich mir vornehme, mich zu ändern. Vielleicht bin ich dafür sogar bereit, Dänisch und Dividieren zu lernen und werde so wie die Politikertypen im Fernsehen. Aber vielleicht ist es dann auch schon zu spät, um das Ruder noch rumzureißen. Vielleicht käme ich auch einfach unter die Räder. Außenseiter leben gefährlich.

Pippi Langstrumpf war Anarchistin. Wenn alle so wären wie Pippi Langstrumpf, wäre diese Welt ein besserer Ort. Anarcholand gibt es nicht. Vielleicht liegt es ja irgendwo in der Zukunft. Vielleicht aber auch nur in mir selbst.